# 厄勒沉管隧道

Oresund Technical Publications–The Tunnel

原作者：NIELS J.GIMSING AND CLAUS IVERSEN
编　译：郭敬谊　韦良文
审　稿：白　云　张金屏 [丹麦]

人民交通出版社股份有限公司
China Communications Press Co.,Ltd.

## 内 容 提 要

本书原著为《厄勒技术文件》之《隧道》,由丹麦厄勒海峡固定连线工程联合体出版。由于其设计施工的先进性和实用性,以及独特的管理方式,对我国沉管法隧道设计施工大有裨益。其技术在我国港珠澳桥隧工程建设中有所采用,并得以印证。故此,译者征得原作者同意,将其译为中文。

**图书在版编目(CIP)数据**

厄勒沉管隧道/(丹)尼尔斯·简·吉姆辛,(丹)克劳斯·依维尔森著;郭敬谊,韦良文编译.—北京:人民交通出版社股份有限公司,2019.4
ISBN 978-7-114-15346-4

Ⅰ.①厄… Ⅱ.①尼…②克…③郭…④韦…
Ⅲ.①沉管隧道—隧道工程 Ⅳ.①U459.9

中国版本图书馆 CIP 数据核字(2019)第 014526 号

著作权合同登记号:图字 01-2019-0530

| | |
|---|---|
| 书　　名: | 厄勒沉管隧道 |
| 编　　译: | 郭敬谊　韦良文 |
| 责任编辑: | 刘永芬　钱悦良 |
| 责任校对: | 刘　芹 |
| 责任印制: | 张　凯 |
| 出版发行: | 人民交通出版社股份有限公司 |
| 地　　址: | (100011)北京市朝阳区安定门外外馆斜街 3 号 |
| 网　　址: | http://www.ccpress.com.cn |
| 销售电话: | (010)59757973 |
| 总 经 销: | 人民交通出版社股份有限公司发行部 |
| 经　　销: | 各地新华书店 |
| 印　　刷: | 北京虎彩文化传播有限公司 |
| 开　　本: | 787×1092　1/16 |
| 印　　张: | 20.25 |
| 字　　数: | 468 千 |
| 版　　次: | 2019 年 4 月　第 1 版 |
| 印　　次: | 2019 年 4 月　第 1 次印刷 |
| 书　　号: | ISBN 978-7-114-15346-4 |
| 定　　价: | 80.00 元 |

(有印刷、装订质量问题的图书由本公司负责调换)

# 序

盾构工法与沉管工法是地下工程的两种主要工法。盾构工法于1818年(由法国人Brunel)在英国被提出。第一次使用盾构工法是1825年伦敦泰晤士河横穿隧道,历经16年,于1840年贯通。沉管工法首先以工程创意的形式于1876年(乔治·特拉特维恩)被提出并申请专利。第一条沉管隧道是1885年的悉尼湾隧道,但是国际工程界通常将1894年竣工的美国波士顿港隧道(Shirly Gut Syphone),和1910年完工的底特律河铁路隧道并称为沉管隧道的鼻祖。两种工法相比较,盾构工法主要依赖设备,随着工业化进程发展较快,应用也比较广泛。沉管工法比盾构工法晚了近100年,沉管工法需要的工程知识面很广,涉及海洋工程、结构工程、机械设备、疏浚工程、基础基坑、巨量的潜水作业、机电工程,以及防火防灾等一系列专业问题,技术复杂,高风险,发展很慢。100多年来世界范围内已建成的沉管隧道的数量可能总共不到200座。

厄勒沉管隧道建设于1993年至2000年,是一座连接丹麦的哥本哈根与瑞典的马尔默的公路、铁路两用隧道。它曾经是世界上最长的跨海沉管隧道;在工厂化预制、全断面浇筑以及先铺碎石基床等方面的突破推动了沉管的技术进步;其管理模式、设计方案、技术创新至今都对欧洲交通工程建设有着深刻的影响。它是现代沉管技术的里程碑。2008年欧洲启动了长200km的丹麦到德国的沉管隧道——费蒙通道工程,2013年开始设计施工总承包招标。在招标文件中,业主鼓励投标人阅读有关厄勒海峡沉管隧道技术和管理方面的书,并希望将有益的经验吸收到投标文件中。在信息时代,社会、技术爆炸式发展的背景下,相隔13年费蒙通道业主仍然希望投标人借鉴厄勒海峡沉管工程经验,实在是耐人寻味。

港珠澳大桥沉管隧道长度超过6km,水深近50m,埋深超过20m,是当今世界最具挑战的沉管工程。我于2005年起参与该工程研究,2010年底开始组织该工程建设至今近11年后第一次读了这一本书,我理解了费蒙业主的用意,的确是十分值得参与大型工程建设各方一读的书。目前,我国在建以及规划中沉管隧道的数量正在逐年增长,但总体上,沉管隧道并非常见的工程,沉管隧道方面的专业性书籍很少,而以一个项目为例来讨论沉管隧道设计与施工的书籍更是少之又少。作者相信这本书可以为工程专业学生、专业人员及工程管理人员提供有益的借鉴与参考。

　　重庆交通大学的郭敬谊副教授对沉管隧道的设计与工法有深刻的认知，在港珠澳大桥前期规划阶段，她曾作为专业翻译人员负责中国工程师与外籍专家间的技术讨论与文件交流；港珠澳沉管隧道过去五年的建设期间直至今日，她协助负责与许多国家交通行业慕名而来、希望参观的专家交流，由于工作需要她进入施工现场，体验沉管隧道的建设。因此，郭敬谊副教授是一位专业的工程翻译学学者，她对沉管隧道工程的理解不仅停留在文字中，而是扎根于她为工程项目技术交流与现场实地接触的切身体会中。她的译文，相信可以准确地传递原文作者想要传递的信息。

2016 年 7 月于珠海

# 中文版前言

厄勒海峡大桥(Oresund Strait Bridge,也称欧尔松大桥),连接哥本哈根和瑞典第三大城市马尔默,于1995年开始动工。该桥全长16km,由西侧的海底隧道、中间的人工岛和跨海大桥三部分组成。西侧的海底隧道长4050m,宽38.8m,高8.6m,位于海底10m以下,由五条管道组成。它们分别是两条火车道、两条双车道公路和一条疏散通道。它是当时世界上最宽的海底隧道。中间的人工岛长4055m,将两侧工程连在一起。东侧的跨海大桥长7845m,上为4车道高速公路,下为对开火车道,共有51座桥墩,中间是斜拉索桥,跨度490m,高度55m,是当时世界上承重量最大的斜拉桥。厄勒海峡大桥作为建筑界的里程碑项目,将桥梁、人工岛和海底隧道完美地结合在一起,启发了工程师们利用组合方案解决重难点工程的思路。

厄勒海峡沉管隧道技术资料翻译版本内容全面、专业、易学易懂,介绍了厄勒海峡沉管隧道构思、设计、施工、检测、项目管理等方面的先进理念和技术重难点;本译著有助于国内水下隧道工程的从业人员学习、掌握先进技术和管理理论,一定程度上解决了水下隧道工程缺少专业参考书的紧迫难题。

本译著共26章,由重庆交通大学外国语学院郭敬谊副教授(1~19章)、土木工程学院韦良文副教授(20~26章)共同完成。在全书编译过程中,两位译著者有幸获得了中交公路规划设计院隧道事业部工程师和专家,重庆交通大学土木工程学院、河海学院以及机电学院专家教授们提供的有关沉管隧道的技术支撑、咨询、校核和编辑,以确保本技术文件翻译的准确性,我们有理由认为这是一次成功的校企结合的产品。在此,对为本书编译提供技术咨询、校对和编辑工作的校企专家们表示衷心感谢。

中交公路规划设计院沉管隧道专家提供技术咨询和校核的人员:林巍(1~3章校对),张志刚(4~6章校对),黄清飞(7~9章校对),吕勇刚(10~11章校对),付佰勇(12~13章校对)。重庆交通大学机电与车辆工程学院董绍江教授(23章校对),重庆交通大学土木工程学院林娜副教授(25章校对);重庆交通大学土木工程硕士研究生田琳协助完成了本书的排版及图片编辑工作,在此表示感谢!

特别感谢以下专家和大师:

感谢张金屏教授协助将本书原著介绍到中国并获得本书的翻译和出版权。感谢同济大学隧道专家白云教授、丹麦专家张金屏博士负责总审全书。

特别感谢中交集团总工程师林鸣在百忙之中对《厄勒沉管隧道》中文版翻译出版工作的支持和关心,并亲自为本书写了序言。

由于时间仓促和译者水平所限,书中对原著理解上难免有些不当之处,敬请读者批评指正。

郭敬谊　韦良文
2018 年 9 月于重庆

# 前　　言

在大型基础设施项目的设计和施工过程中，往往需要发挥创新性和想象力，因为所采用的很多程序并没有先例可循。再者，类似规模的基础设施项目的数量即使在世界范围内也是屈指可数的。因此，必须从地理位置条件下，其建设环境和商务条件各异的项目设计和施工活动中获取经验。

为了更好地将某个大型基础设施项目的相关经验应用到下一个项目中，业主应负责提供真实项目从开展设计到完工的全部资料，这一点非常重要。因为业主通常都很清楚他们的责任，并为参加国际会议做了大量准备工作，还发行了技术手册和专题论文，所以相关业内人士很幸运，能从中受益。

厄勒海峡大桥有如下独有的特征：

◆ 经修正的设计和施工理念，其中客户及其顾问预先确定了所有结构构件的整体形状和尺寸，体现了需求引导设计的理念；

◆ 首次大规模应用欧洲规范；

◆ 数千吨部件的预制和安装。

《厄勒技术文件》分为三卷（桥梁、隧道、疏浚及填海工程），这些技术文件作为厄勒海峡固定连线项目的施工依据，资料内容分别由与各项目直接关联的技术和管理人员编写，编写人员的名字在各篇章赫然可见。这些编写人分别代表各项目的各个方面，包括业主、业主咨询专家和顾问、承包商及承包商顾问，以便能及时获得与项目设计和施工各方面相关的第一手资料。《厄勒技术文件》投稿人来自方方面面，这同样证明了在整个过程中各方员工能在工作关系上保持合作和友好的精神。

在编制《厄勒技术文件》的过程中，所有相关人员一致希望，他们能够为大型桥梁、沉管隧道和疏浚填海工程设计与施工技术的进一步发展做出贡献。

尼尔斯·简·吉姆辛
（NIELS J. GIMSING）

# 目 录

项目介绍 …………………………………………………………………………………（ 1 ）
1 业主的组织和管理原则 ………………………………………………………………（ 9 ）
2 隧道设计 ………………………………………………………………………………（ 21 ）
3 营运期交通安全及防火措施 …………………………………………………………（ 33 ）
4 混凝土施工要求 ………………………………………………………………………（ 43 ）
5 隧道引道段的地下水控制 ……………………………………………………………（ 57 ）
6 承包商对"设计-施工"理念的评估 …………………………………………………（ 67 ）
7 施工方-设计方的团队合作——"设计-施工"成功的关键 ………………………（ 75 ）
8 浇筑场的研发及设计 …………………………………………………………………（ 85 ）
9 液压千斤顶及支撑系统 ………………………………………………………………（101）
10 沉管隧道的详细设计 …………………………………………………………………（109）
11 混凝土工艺技术 ………………………………………………………………………（125）
12 隧道管节的施工 ………………………………………………………………………（142）
13 引道段锚固结构 ………………………………………………………………………（159）
14 洞口建筑物 ……………………………………………………………………………（167）
15 隧道基槽开挖 …………………………………………………………………………（175）
16 隧道管节的碎石层基础 ………………………………………………………………（193）
17 沉管浮运 ………………………………………………………………………………（205）
18 隧道管节的沉放及最终接头 …………………………………………………………（213）
19 针对敏感的海上环境作业的海流预报 ………………………………………………（221）
20 第13节隧道管节 ………………………………………………………………………（235）
21 机械通风系统 …………………………………………………………………………（247）
22 公路隧道纵向通风限制 ………………………………………………………………（261）
23 隧道内机电工程及控制系统 …………………………………………………………（271）
24 平行作业 ………………………………………………………………………………（287）
25 厄勒连接线的大地测量控制 …………………………………………………………（297）
26 事实与数据 ……………………………………………………………………………（309）

# 项目介绍

**WIM PS JANSSEN**
总经理
隧道工程顾问
荷兰

## 特征

一条沉管混凝土隧道作为厄勒海峡大桥的一部分横穿了杜洛格敦（Drogden）航道。该隧道反映了混凝土沉管隧道半个世纪的发展史。它于 20 世纪末建成，其许多设计和施工特征充分体现了过去 50 年间沉管隧道技术所取得的长足发展。

## 历史

沉管隧道设计基本上遵循两种传统方法，即美式和欧式，其区别在于施工材料的选择：美国采用钢材，欧洲采用混凝土。在这些传统方法中，当地经济状况和具体项目条件也会影响材料的选择（钢材和混凝土）。

交通沉管隧道的建筑历史始于 1910 年，当时，在美国和加拿大之间的底特律河建造了一座水下双轨铁路隧道。随后，直到 30 年后才在美国范围之外修建沉管隧道。在此期间，美国工程师开发了一种特殊的钢壳技术，该技术即使在今天也未发生大的改变，仍然用于美国几乎所有的沉管隧道施工。在美国，仅出现了三座主要的混凝土隧道，最新的一座是位于波士顿的福特波恩特海底隧道（Fort Point Channel Tunnel）。

图 1　美国钢壳隧道（steel shell tunnel in the USA）

欧洲的第一座混凝土隧道是位于荷兰鹿特丹的马斯河隧道（Maas tunnel），于 1937 年到 1942 年间修建，它的修建标志着采用混凝土建造沉管隧道这一技术的开始。这种传统方法尤其集中应用于荷兰，即使现在，欧洲也未建造过钢铁沉管隧道。

沉管隧道技术的第三个重点发展区域在日本，其始于 1944 年在大阪建造的阿吉河横跨隧道。该隧道采用了美式单层钢壳。直到 1969 年，日本才开始建造混凝土隧道。从那时起，日本便采用两种方法建造钢铁和混凝土沉管隧道，但以钢铁沉管隧道居多，而最近建造的大阪南港隧道和神户港港岛隧道则是采用了复合钢-混结构。

杜洛格敦隧道（Drogden tunnel）完全采用了欧式混凝土构造，其四个特征使它与世界上其他混凝土隧道截然不同：

◆ 它是世界上最长的混凝土沉管隧道。

图2 鹿特丹马斯河隧道（Maastunnel in Rotterdam）

◆ 施工方法独一无二，首次采用工厂预制法生产沉管管节，采用制造业方式在陆域上加工，生产条件可受到严格控制。

◆ 无裂纹混凝土确保了水密性。这是通过连续浇筑整个横截面来实现的，没有留下任何施工缝。

◆ 首次采用碎石垫层作为如此大型沉管隧道的基础垫层。

## 世界最长隧道

在欧洲，沉管隧道主要作为横跨河流的公路隧道。这些横跨隧道通常相对较短，约500~600m；荷兰的隧道则为77m至1265m不等，如马格莉特公主隧道（Princess Margaret Tunnel）长度仅为77m，而阿姆斯特丹的海恩隧道（Heine Tunnel）则长达1265m。因此，沉管隧道通常为中等长度，杜洛格敦隧道（Drogden Tunnel）3510m的长度使它成为迄今为止世界上最长的混凝土沉管隧道。这并非取决于航道宽度，而是取决于环境要求。波罗的海环保要求"零排放"，加之对补偿开挖量的限制要求，因此只能通过修建3500m长的隧道来达到疏浚目的。

使用增压风机提供纵向通风对隧道的长度范围提出了更大的要求，因为在沉管隧道中，出于经济考虑，将间隙封层周围的额外空间大小降至绝对最低值。

最初，沉管公路隧道一直采用的是横向通风系统，需在隧道口提供额外的纵向通风管和建筑结构。马斯河隧道就设有此类横向通风系统，在隧道口修建了通风塔。纵向通风使新鲜空气从隧道口部进入，在整个隧道长度内推进，直至达到出口，该通风方式于1961年首次用于德国的伦伯格（Rengburg）隧道。

继科恩隧道（Cohen Tunnel）之后，纵向通风方式几乎已经成为荷兰公路隧道通风的标准形式，但在其他国家，却花了很长时间才接受纵向通风系统这种形式。在杜洛格敦隧道之前，阿姆斯特丹1265m长的科恩隧道是世界上最长的纵向通风沉管隧道。在整个杜洛格敦隧道中，提供了一个用于启动纵向通风系统的装置，它可以有效控制交通流量，从而避免造成过度污染。

## 施工方法

杜洛格敦隧道的长度及其直立水平和渐进竖向定线使得按非传统方法生产管节成为了可能。在先前的荷兰项目中已经考虑过工业化施工方法，但事实证明，当它们用于短横跨隧道时并不具有竞争优势。在厄勒大桥之前，沉管隧道所用混凝土管节全部在浇筑场或干坞生产，或在露天和地下水位以下生产。

图3　马斯河隧道的横向通风（cross ventilation in the Maastunnel）

图4　纵向通风：隧道口增压风机（Longitudinal ventilation booster fans at portal）

在某些情况下，浇筑场的位置应远离施工现场，管节必须在外海上浮运足够长的距离：悉尼湾、纬科尔和海恩隧道的浮运距离分别为85km、70km和175km。只有小型的沉管电缆槽和管道(如新加坡吉利戎海峡隧道)和横跨荷兰水道和欧德马斯河的服务设施隧道才采用工业化和重复的生产方法。在一些情况下,则在线路引道段生产管节,如玛格莉特公主隧道、阿夸达克特阿尔芬和塞伯杰隧道,均位于荷兰。

图5　浇注场中的维科尔隧道管节(Elements of the Wijker tunnel in casting basin)

图6　当沉管浮运了70km之后,在外海上将穿过艾默伊登水闸的管节
(Element passing the locks of ljmuiden after towing 70 km over open sea)

图7　阿夸达克特阿尔芬(Aquaduct Alphen)

杜洛格敦隧道管节的施工方法是在地面生产车间进行的一种工业化工艺。其中，工厂控制气候条件保证了较高而稳定的产品质量。此方法为沉管隧道施工历史增添了新的一笔，预计在未来必要的时候仍会被采用。

## 水密性

所有沉管结构必须具有永久水密性。对于混凝土沉管隧道，可通过外部防水薄层或混凝土本身来确保其水密性。早期的混凝土隧道全部采用各种类型的防水薄层，但1975年荷兰建造的夫拉克（Vlake）隧道却没有采用外部防水层。它完全依靠混凝土本身的水密性，通过人工冷却避免水化开裂来实现混凝土的水密性，这种工艺的可行性得到实践验证。自1975年以后，该方法已经成功用于荷兰建造的所有沉管隧道。此后，比利时、德国和英国分别在埃姆斯（Emms）隧道（1989）、利夫肯肖克（Liefkenshoek）隧道（1991）和梅德韦（Medway）隧道（1996）中采用了这种方法。所有的隧道都采用了人工冷却的方式来防止水化开裂。对于横跨荷兰水道（1973）和欧德马斯（1975）的服务设施隧道，通过整体浇筑整个横截面，从而避免了新浇混凝土中产生水化应力。垂直浇筑后，将截面转动90°，然后水平位置平放，以便于管节舾装。

全横截面整体浇筑这一方法已被杜洛格敦隧道采纳，并将它作为工业化施工方法的一部分。但是，此处的横截面小于$120m^2$，将在水平位置上浇筑22m管节。与服务设施隧道相比，这既大幅度增加了混凝土工艺技术运用规模，又增加了施工困难度。但是，得到的结果却是无异于一条无裂缝混凝土。

## 碎石层

由于种种理由，丹麦承包商克里斯蒂和尼尔森开发的新技术使荷兰施工建造首个混凝土沉管隧道——马斯河隧道成为可能。这种技术操作如下：用千斤顶将隧道管节临时撑起，同时在管节下面喷射一层沙/水混合物，最终形成砂层。随后，松开千斤顶，使管节压在砂层上面。

在马斯河隧道之前，美式隧道也是建在碎石层上的，但人们当时认为这种方法并不适用于混凝土隧道，因为混凝土隧道具有更大的宽度和更小的柔韧性。

喷砂通常在管节之上的驳船上进行。因为此做法会妨碍船只通行，便研究出了"砂流"法，并首次用于拉克隧道（Vlake tunnel）中（1975），这种方法是采用河岸泵将砂/水混合物通过管道从隧道下部灌入。"砂流"法已经用于建造混凝土隧道很多年，但由于其规模、地基土和时间限制，因此杜洛格敦隧道推动了另一新技术的进一步发展，并已经在新加坡用于建造沉箱。这使得根据严格的公差范围在海床上浇筑碎石层成为了可能。因此，在克里斯蒂和尼尔森研究出建造马斯河隧道所用创新技术的55年后，荷兰承包商博斯卡利斯·威斯敏斯特又研究出了在碎石层上建造杜洛格敦隧道（丹麦境内）的新技术。

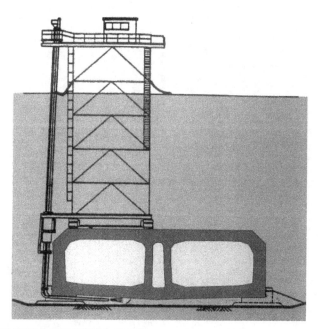

图8　克里斯蒂和尼尔森研究的喷砂法(Sandjetting developed by Christiani & Nielsen)

## 结论

　　杜拉格敦隧道的四个突出特征和整个厄勒大桥的成功竣工,将毫无疑问地推动沉管隧道的广泛运用,沉管工艺是一种具有自身应用范围且与其他施工方法相比具有多项优势的施工技术。隧道独有的特征将使它能够在未来半个世纪中更持久深入应用到实际中,甚至漂浮式沉管隧道也有可能变为现实。

# 1 业主的组织和管理原则

**PETER LUNDHUS**
土木工程师、技术总监
厄勒海峡工程业主联合体

## 成功的关键

厄勒项目成功的关键在于业主即厄勒海峡大桥项目业主联合体不具体控制施工,也就是说不直接控制现场大部分施作,这点作为成功秘诀听起来似乎很矛盾,甚至是错误的,但是,业主始终自信在任何情况下这都是正确的做法。关键原因在于厄勒海峡大桥项目业主联合体有专门的设计-施工总包原则,通过实施该原则,能够完全控制整个项目的实施,因此无需对项目实施面面俱到的控制。

## 设计-施工

在早期阶段,厄勒海峡大桥项目联合体选择对瑞典和丹麦之间的厄勒海峡两用大桥的大型设计-施工总承包模式(平均为 30 亿丹麦克朗)进行国际招标,我们所面临的项目价值 230 亿丹麦克朗(包括土地工程),将穿过边境公路和铁路(对于前者,在丹麦为行车靠右,在瑞典为行车靠左),所经过区域的人口大约为 300 万人,同时,还有大量令人困扰的环境要求,这一切从无到有将在八年内完成。

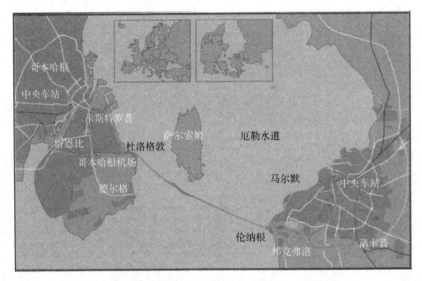

图 1  厄勒大桥线形(The alignment of the Bresund Link)

本章的其余部分应作为原则来阅读和理解。项目参考本身即展示如何实施这些管理原则。

| 预算(1990 年价格) | |
| --- | --- |
| 丹麦土地工程 | 54 亿丹麦克朗 |
| 瑞典土地工程 | 18 亿丹麦克朗 |
| 跨海连线的一端至另一端 | 158 亿丹麦克朗 |
| 总计 | 230 亿丹麦克朗 |

根据各自意愿,我们将根据能力分配或委派责任,这是与承包商协商的结果。术语"承包商"指最广义上的意义,包括顾问。业主的职责是领导施工过程,但不实施具体管理。我们将承包商视为合作伙伴,要求双方高度互信和公开对话。只要我们相信承包商能与我们朝着共同的目标前进——就价格、质量、时间、环境事项等而言,我们愿意给予他们足够的自由度,以此来证明我们的信心,还包括能直接从其创造活动中受益的人。但是,我们最不确定的是当地人与我们的关系。

在对业主和承包商之间的最关键互动进行深入探讨前,让我们回顾一下厄勒项目及其特殊条件。

## 厄勒海峡大桥

连接丹麦和瑞典的厄勒海峡大桥于 1991 年获得了瑞典和丹麦政府的审批。跨海段的业主厄勒海峡大桥业主联合体于 1991 年确定,该业主负责瑞典与丹麦海岸线之间的区段的项目设计和施工。此外,双方政府还授权厄勒海峡大桥业主联合体运营该跨海大桥,向使用者收取过路费。

通过贷款的方式筹集施工费用,并将向使用此桥的驾驶者收取过路费及向铁路运营商收取少量固定费用,来偿还此贷款。贷款由丹麦政府和瑞典政府以"连带赔偿责任"的方式提供担保。对于厄勒海峡大桥业主联合体来说,这种融资方式是很独特的,它将反映在标准及普尔氏和穆迪(Standard & Poors and Moody's)的授予的 3A 级信用中,尤其确保了国际市场上的有利借款期限。跨海管节的总施工预算费用为 147.5 亿丹麦克朗(1990 年价格)。跨海大桥包括一条 16km 的高速公路和铁路连接线,它们横跨了丹麦哥本哈根和瑞典马尔默之间的厄勒地区。

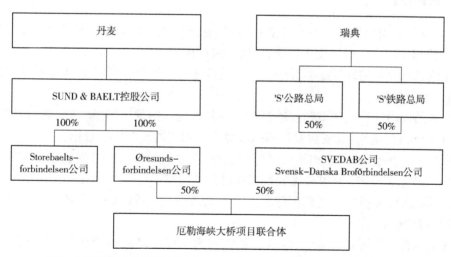

图 2　厄勒业主联合体组织所有权(Organisation Ownership of Bresundskonsortiel)

主要管节包括:
- ◆ 卡斯特罗普机场附近丹麦海岸线外的人工半岛;
- ◆ 杜洛格敦航道下的 4050m 沉管隧道;

图3 沉管浮运(Tunnel element under tow)

- 4055m 人工岛;
- 岛屿和高桥之间长 3014m 的西引桥;
- 横跨芙林特(Flinte)水道的 1091m 长的高架斜拉桥;
- 高桥和伦纳根桥基之间长 3739m 的西引桥;
- 位于瑞典伦纳根的收费站区和大桥运营中心。

对于该项目来说,高质量的设计和施工以及严格的环境要求(尤其与海洋生物相关)是不可或缺的,少数特殊情况除外。使用既有技术完成这些要求,除了须在短时间内完成大规模施工外,它们在技术要求上也特别复杂。

## 项目周围环境

如此大规模的项目从来都不是独立存在的,它是影响厄勒海峡大桥方方面面的关键因素,因为它跨越了两个拥有高度多样化,独特环境的国家。

- 无论是从大型基础设施项目一般决策过程还是从厄勒项目的具体决策过程来看,项目都具有政治敏感性;
- 项目的政治、经济、环境和交通参数在一开始就已明确。但是,它还必须对本身的愿景、目标和标准进行定义,以成功实现两国政界人士商定的预期框架目标;
- 项目从一开始就与"政治消费者"挂钩,即,业主直属小组之外的利益相关方、用户和员工。这些"政治消费者"都想对该项目施加自己的影响;
- 局部和总体环境要求受到广泛关注。无论是在该大桥的施工中还是完工后,大桥的环境要求都很严格;
- 无论是在现实还是想象中,这都是首次在两个国家之间修建桥梁,面临着不同的政治体系、不同的司法制度和不同的标准。为了克服技术难题,已根据现有欧洲标准设计项目,或必要时进一步制定相关欧洲标准;
- 此类项目是前所未见的,其各方面的实施要求都很高。从政治意义和公共领域来说,项目所带来的利益是巨大的;
- 变化就是生活本身。

项目的业主、两国政界人士、两国议会和政府都对项目提出了总体的现实、经济和质量要求(即,100年使用寿命)。在两国政府的联合协议中,规定了大桥施工应特别考虑环境要求。此外,作为筹备立法工作的一部分,政界人士提出了一系列有关交通、就业、项目文化和交易结果的期望目标。

无论是项目的未来使用者还是审批机关,从一开始就保持着高姿态——使用者为了维护自己的利益而对项目设计和运作施加影响;审批机关则是由于项目引发了激烈的公开讨论和听证,不仅仅涉及交通、金融和环境问题,尤其是环境问题,会对环境当局造成广泛压力,使之采取行动,发挥作用。

各种组织和个人也在施加自身的影响。他们在公众讨论中表现积极,对政界人士、当局及厄勒海峡大桥项目业主联合体本身施加压力。厄勒附近地区的当地居民、航海协会和公司坚持在施工期间保持负责任的态度,监督施工。

各种要求和期望目标通常都是互相矛盾的,实际上,它们在彼此排斥对方。同样,丹麦和瑞典施加影响的方式也大相径庭。这些事实对厄勒海峡大桥项目业主联合体的管理工作提出了极高的要求。处理此类事务既需要外交才华,也需要政治技能,但我们也从未忘记,必须根据技术和专业基础寻求解决方案。

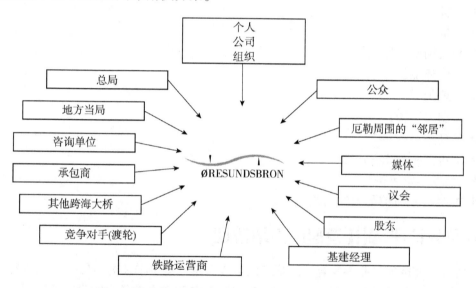

图4　合作伙伴和施加压力团体(Partners and pressure groups)

政治所有权的现实情况、地方团体的期望、政府机关的要求和重要媒体共同在早期促成了前两条管理原则的诞生:

1.参与该过程的相关方被视为合作伙伴(还包括非正式利益相关方)。所有相关的政府机关、顾问和承包商都被视为合作伙伴,纳入项目整体管理过程中,为共同的目标奋斗。

2.厄勒海峡大桥项目业主联合体必须始终带头提出解决方案。

在项目的早期阶段(成立厄勒海峡大桥项目业主联合体必不可少的阶段),有必要确认最重要的问题,以制定详细的政策和战略。这对组织成立和确保企业在就以下问题进行沟通时的容易性和有效性非常重要:

图 5　隧道口(tunnel portal)

- 时间；
- 经济；
- 环境；
- 质量；
- 交通期望目标；
- 工作环境；
- 工地位置；
- 劳动力市场；
- 最终用户；
- 承包商—技术—风险管理；
- 美学/建筑风格。

其中，环境是目前最大的问题。

## 战略：目标管理、委托管理和主动管理

厄勒海峡大桥项目业主联合体的第三条基本管理原则可描述为"通过目标、委托和发挥主动性进行管理"。我们为项目确定了明确的目标，并为各个责任个体确定了附属目标。这些目标是可衡量的，并为实现各个目标制定了相关战略。当然，对每个总体或附属目标的责任委托是与实现目标的能力和资源不可分割的。

这些管理原则不仅仅管控业主厄勒海峡大桥项目业主联合体采取的方法和行动，在同样范围内，我们的合作伙伴(顾问和承包商)也必须应用并采纳这些管理原则。这意味着我们需着重要求向承包商清晰明确地分配责任和职能，这实际上是我们合同授予的原则(将在后文讨论)和基本前提。

厄勒联合体领导该项目的作用基于"控制整个过程"，而这又是发挥主动性的结果。我们和合作伙伴必须在事件迫使我们进入反应模式之前随时做好行动的准备。

主动性一直是我们秉承设计-施工总包理念，在管理政治事务及无时无刻监督我们的媒体,以及作为业主处理与承包商的关系中应有的反应,因为承包商在某些方面将我们置于驾驶座位置。此外,主动性原则是处理背后各种关系的指导力量,包括我们与各主管机构、我们的设计工作、与质量管理体系之间的关系,而质量管理体系是我们与承包商各种计划中的一个不可分割的部分。主动性要求我们竖起耳朵,注意听取周围各方意见,并开口为项目说话。因此,我们着重强调将"信息"作为战略管理工具。我们的"公共事务部"(不是公关部)已经成为了该项目独有的内部重要发言部门,负责从周围收集信息,并与承包商进行密切合作。

为了使这种"伙伴关系"发展良好,必须保持高层次信息沟通和对话。例如,我们向大量员工发行了有关该项目的季刊,旨在使他们形成共识和了解最新信息,从而鼓励他们成为项目大使,影响外界的态度和看法,比如关于工作条件或环保问题的态度和看法。

这种主动性和与承包商的伙伴关系还意味着我们支持和鼓励他们采取公开面对面的方式开展咨询活动。以此方式,他们获得了公众形象,而我们则获得了公众参与度。

## 明确的目标

在施工期间,制订了一些长期目标,提出了有关时间和质量、环境和成本的具体要求,并提出了开放与合作的"软性"目标:

- ◆ 在 2000 年根据规划开通一条运作良好的综合交通线;
- ◆ 满足政府机关规定的严格环境要求;
- ◆ 完成商定的预算;
- ◆ 将开放性作为互信的基础——无论是在组织内,还是外部环境。

## 管理要求

通过目标和责任委托进行的管理能影响整个组织内的活动。这对每个管理人员的领导能力提出了巨大要求。因此,它要求具有较强的合作能力、沟通技能和开放性,以确保整个组织的沟通渠道流畅。

## 跟进

我们不断致力于完善组织,确保责任和权利同时到位及对未达到目标的情况及时作出调整。我们不允许组织中存在这种观念,即允许组织中存在潜在不足,并期待由正式组织之外的非正式甚至扩展组织对该不足之处进行完善。

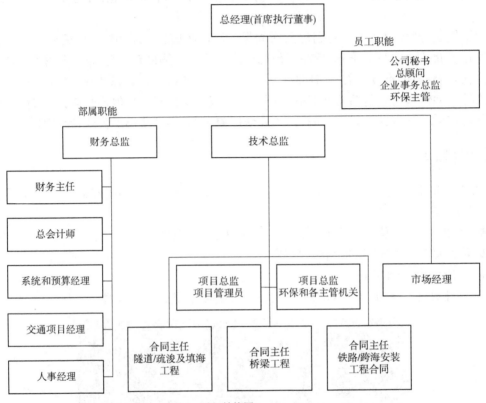

图 6　组织结构图（organization）

## 组织

如何将这些原则应用于实际?

厄勒海峡大桥项目业主联合体的技术部门对施工过程负全部责任。因此,单个合同经理不仅要对各自的区域负责,还应负责时间安排、预算、环境要求、工作条件、公共关系及与当地居民联络。尽管技术经理也是合格的工程师,但他们对项目的责任不仅仅限于技术问题,还应从合理、专业的角度发挥经理的作用。我们从专业技术人员中精心挑选人员,组成管理团队。

## 通过目标进行合同管理

"通过目标进行合同管理"的总体原则并不意味着个人或组织放弃对完工项目施加影

响。正如我在开始所提到的(可能会引发争议):我们不实施控制,只管理项目。我们不能也不应该准确了解项目之外发生的事情,但应该知道谁了解这类事情以及他的责任是什么。

"通过目标进行合同管理"的原则要求对将要传达的目标进行明确定义,必须委托工作任务并获得执行战略所需的资源。

为了保持完成目标的信心,其关键在于:一旦将人员派遣到现场工地,并告知目标和方法后,应进行下列跟进工作:

◆ 在技术领域和管理工作上提供支持,以便跟进;
◆ 对质量管理体系实施控制和审查(可能以抽查方式进行),以便跟进;
◆ 以调整和验证的方式跟进,以确保调整工作得以实施。

## 设计-施工总承包合同的管理

如本章开头所述,厄勒海峡大桥项目业主联合体决定将厄勒海峡大桥的单个工程包作为设计-施工标在国际市场上进行投标,因此需负责设计、技术、执行方式和获得有技术资格的机关的批准。

然而,设计责任的转移并不意味着业主厄勒海峡大桥项目业主联合体与设计、施工方法、完工项目的美感,或项目将在何时以何种方式完工毫不相干。整个线路及其主要部分(隧道、岛和桥)的线形最初是由双方政府签订的联合协议决定的。在政府机关对项目进行处理时(首先通过环境听证会),厄勒海峡大桥项目业主联合体也在顾问工程师、建筑师和作为"内部顾问"的环保专家之间举行了国际设计竞赛。对于所提交的方案,我们将在支付费用后予以采用。

设计竞赛为我们提供了一些内部顾问和大桥单个管节的框架设计,并诞生了一些理念(其本质适用于整个项目)。以此方式,我们作为业主获得了所需设计类型的清晰描述,及对双方政府原始协议进行更改协商所需的必要论据。

在相关政府列举几个实例后,当局颁发的环境许可指出必须更改设计来满足对完工设施的新要求,即,不会阻止海水和富氧水流入波罗的海(将变成所谓的"零措施")。因此,隧道长度增加了一倍,岛被移到了另外一处,在那里,它被萨尔索姆天然岛所遮盖。施工期间允许的溢流量被降至极低(当时),仅为疏浚量的5%。

1993年,厄勒海峡大桥项目业主联合体成立了一个由其本身和内部顾问、政府机关、消防和救援机构、警察、铁路运营商等组成的团队,其职责是提交对大桥功能的要求及完工时就相关安全运营的技术和组织解决方案提出建议。此咨询工作需收费。投标文件是根据该团体的建议和调整后的设计来编写的,在很大程度上以功能要求为基础,但也包含正式程序中针对当局最初制定的解释性设计。该解释性设计旨在向投标承包商提供指导和建议;同时,有必要将其风险限制在能够掌控的范围之内或可以衡量价格的范围之内。其他风险全部由业主负责。

1995年夏天,厄勒海峡大桥项目业主联合体与三家大型国际承包商财团就80%的施工工程(隧道、桥梁、疏浚和填海工程)签订了合同。随后,就跨海铁路设施、场站区域、收费系统、SCADA(监控和数据采集)和通信设施签订了大批小型合同。

## 合作和伙伴关系

事实上,设计-施工合同包含的风险是有限的(但并不是小风险),这意味着作为业主,我们必须能够指导过程和结果,但是,不能实施具体控制。确切地说,我们需控制三大领域:基本设计审批;质量保证系统审批;规划过程审批。这导致在任何设计和施工活动之前就已进行早期综合规划。我们的内部顾问负责监控承包商的详细设计工作,并在一些重要领域亲身参与平行作业。在此基础上,厄勒海峡大桥项目业主联合体的任何合同经理需充分了解承包商在既定阶段的规划内容,同时就问题的解决方案提出自己的观点,保持并进。

图7 铁路隧道(The railway tube)

因此,业主应能够"指导"或询问相关的"愚蠢问题",并继续负责施工过程和结果。

毫无疑问,厄勒海峡大桥项目业主联合体的设计-施工原则具有以下优点:

◆ 产生了良好的规划,高效的执行力和能力同步到位;
◆ 为承包商提供了最好和最有效的施工方法;
◆ 在对技术问题和"软性因素"(如环境和工作环境)进行详细规划时,提供了最大程度的合作。

通过制定和提出精确的质量保证要求(其中质量、环境、健康和安全都是必不可少的部分),业主能够充分确保达到优良的质量。承包商每次要求付款时,必须证明已满足了这些要求。

由于该程序的制定和实施,我们避免了因设计实施与详细施工规划不匹配而导致的索赔,因此,我们能够以奖金分成的方式更好地利用资金。

图8　隧道口减光段(The light screen at portal)

# 警告

很明显,该模式的正常运作是至关重要的。

如果业主向承包商发布详细说明时"过度依赖于细节",就会出现相关的风险,以至于要承担相应的责任。一名承包商的工作可能会对另一名承包商的工作造成影响,损失时间的风险同样意味着巨大的财务风险——可能大于单个合同规定的任何罚款或奖金。因此,业主在这种情况下可能发现自己迫切地需要实施干预。另外一个区域与"行为"相关,即"软性"因素,如工作环境或针对当地居民的考虑事项;该领域不存在任何目标或衡量标准,完全取决于态度问题。在此,可能存在诱发业主实施干预的风险,因为承包商无法证明态度的正确与否,从而将整个项目置于了政治压力之下。

承包商必须能够理解这些问题并采取相关行动。对于业主来说,关键在于继续扮演"聪明提问者"的角色,而不是以讲师的身份结束。

如先前所述,业主本身也必须对此类问题及其解决方案有所了解,以维护与承包商的伙伴关系——当然,不得转移责任和权限。

相反,由于业主害怕承担责任和索赔而全身而退,这也会有风险。这意味着承包商需独立解决问题(事实上,这几乎是不可能的)。即使在单个合同框架内较好地解决了问题,整个项目仍会受到危害,因为最终不管采取什么模式,业主都要保留自己对于交接和总体时间安排的责任。

我们知道,为了获得成功,我们的任务不仅仅限于达到自身的目标,我们也有责任让公众了解项目整体情况。

经过两个国家共同商议，目前的实体结构是以钢铁和混凝土来实现的，它体现了融合、合作、发展和增长的思想理念，这种理念直到今天也未得到清晰的定义，甚至是构想出这一理念的政客们也无法清楚定义。作为业主，我们应充当厄勒地区融合理念的催化剂。在该地区的海上所修建的实体结构正是这种理念的体现。我们成功传达了它——不但我们的行动象征着融合，理念本身也是如此。

因此，早期的焦点从"施工"变成了"利益"。这使得厄勒海峡大桥项目业主联合体无论是在政治上、公共场合，还是在面对媒体时的斡旋空间更为广阔，从而捍卫项目的最终目标：该项目于2000年7月1日通车。

# 2 隧道设计

如何进行设计,主要限制因素有哪些?

**WIM JANSSEN**
总经理,隧道工程顾问
厄勒海峡大桥顾问(1993~1996年)
隧道工程部经理

1991年3月,瑞士和丹麦签订了建造大桥的协议。1994年9月,该隧道设计和施工的询价文件出台了。以上述协议和文件的出台为标志,业主的设计(导致仿真计划的产生)也随之形成。本章描述了有助于达到环境要求的设计过程和设计要素,同时提供了设计选择和合同战略的背景信息。本章包括以下内容:

- ◆ 现场条件:现场水文、地理和地质条件;
- ◆ 协议:基本要求,包括4.2km长的线路定线和厄勒海峡大桥的布局;
- ◆ 顾问的投标设计代案:包括采用设计竞争方式,竞标选择建筑顾问;
- ◆ 布局发展:将准线和顾问的设计进一步开发为图解设计方案;
- ◆ 协约设计问题:影响设计的策略问题;
- ◆ 解释性图解设计:说明解释性设计,询价文件的部分内容。

## 隧道开挖的现场条件

### 水文特征

厄勒海峡大桥与杜洛格敦航道口部平齐建造,而且大桥建在哥本哈根卡斯特鲁普国际机场与马尔摩之间。杜洛格敦航道口部把波罗的海的淡盐水与卡特加特海峡的分层水隔开。由于厄勒没有显著的潮汐影响,风力和大气条件的不断变化使盐水流入波罗的海,而淡盐水流出波罗的海,因此厄勒的当前条件受天气影响,杜洛格敦水深适中,其深度从3.5m到8.5m变化不等,局部水深可深达12m。现有的杜洛格敦航道可以提供7.7m的吃水深度。

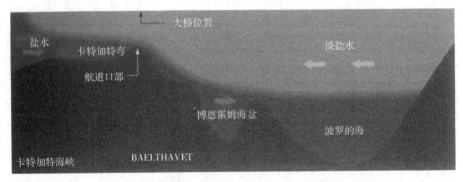

图1 厄勒地区的海水分层(Stratified water in the Oresund)

### 地理特征

丹麦的厄勒海峡大桥终端位于卡斯特鲁普国际机场附近。厄勒(准线的正北方向)的莎尔特霍姆(Saltholm)岛是天鹅和灰雁重要的换羽地,而且这里栖息着绒鸭的各种繁殖群落。该岛屿和周围的水域有一个欧共体鸟类保护区。据此,人们严禁将该岛屿纳入厄勒大桥范围内,这样一来,线路准线一直延伸至该岛屿的最南端。人们无论何时都不能进入该地区。岛屿的两边均设有航道:丹麦的杜洛格敦(Drogden)航道,瑞典水域的芙林特航道(Flinterenden)和特林德尔(Trindelrenden)航道。

### 地质特征

丹麦碳酸盐沉积岩(包括哥本哈根石灰岩与苔藓虫类(Bryozoan)石灰岩(带有有限、不相连的表层冰川沉积))涵盖整个项目区。哥本哈根石灰岩包括石灰质砂、淤泥和泥浆,并且造就了按结核和燧石带种类不同而划分的沉积物。哥本哈根石灰岩顶部的介于海平面以下 5.0m 和 9.5m 之间。哥本哈根石灰岩水平分层堆积,并且石灰岩的上部 5~10m 被压碎,形成裂缝。我们在海床上沿着准线找到了沙石海洋沉积物。在杜洛格敦(Drogden)的背阴部,第四纪沉积物覆盖石灰岩。

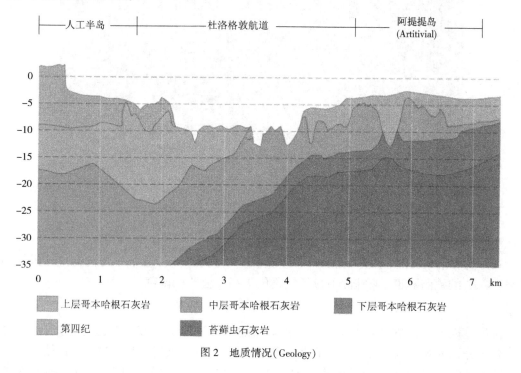

图 2 地质情况(Geology)

# 协议

丹麦政府和瑞典政府的协议以及丹麦市政工程法案规定了厄勒海峡大桥设计和施工的总体条件。参考工程定义了"4.2km"(哥本哈根-马尔摩,四车道,双轨道)。然而,由于以下提及的原因,解释性设计与参考工程具有天壤之别。

## 项目 4.2km

4.2km 准线始于哥本哈根机场(哥本哈根机场将要建造一个人工半岛)北面,经过马尔摩南面,一直穿过莎尔特霍姆(Saltholm)的南面。

一个约 2000m 长的沉埋式隧道的施工始于 900m 长的人工半岛,途经杜洛格敦(Drogden)航道,在 2500m 长的岛屿(莎尔特霍姆(Saltholm)西南部)上绵延到了尽头。大桥人工岛屿的东端是一个低水位桥,与高水位桥梁相接,该线路横跨芙林特(Flinte)海峡和特林德尔(Trindel)海峡航道,大桥总长度为 51700m。

准线位于卡斯特鲁普机场的航道下。这种设计方案排除了桥梁选项,对于跨越航道桥梁,有必要采用高桥塔。杜洛格敦航道的各种条件倾向于使用沉埋式隧道,如:半岛的有限水深、有限空间,以及多相下卧土层条件。根据这些条件,协议要求沉埋式隧道施工时要穿

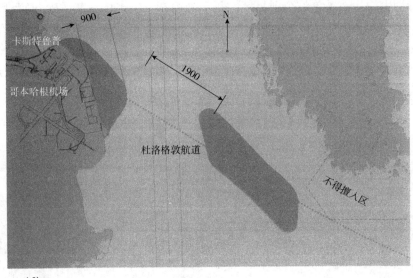

图3 4.2km 准线（KM4.2 Alignment）

过杜洛格敦航道（Drogden）。

在丹麦和瑞典海岸，准线与道路和铁轨连接。在丹麦海滨，道路和铁轨也包括机场通行铁路04-22的铁路隧道。4.2km项目的铁路位于高速公路的南部。

**要求**

协议也规定了大桥的主要参数。铁路运输的设计速度为200km/h，并且隧道的净高度和净宽度分别为6.1m和6.5m。由于货运因素，允许的最大倾斜度为1.56%。铁轨中心线间的距离为4.5m。高速公路的设计速度为120km/h，防撞护栏间的宽度为9.0m，净空高度为4.6m。

垂直准线必须考虑到杜洛格敦航道可能会延长，坚向定线必须使得宽度为600m的杜洛格敦航道加深至丹麦正常标高-10m处。关于引桥，船舶交通的桥下净空高度必须为平均高潮以上7m。

大桥结构必须按照欧洲规范以及标准进行设计，同时设计时应考虑到100年的最低设计寿命。

**环境**

协议规定，必须限制施工期间及施工后对环境产生影响。协议规定，不能改变波罗的海的物理化学环境或生物环境。这意味着大桥施工时必须避免减少厄勒海峡的水流量（所谓的"零阻水"）。水流阻塞被定义为流入和流出波罗的海的水流量的减少，为此，我们设计了液压计算机模型来确定阻水率。该模型用于测定数年内的正常流量（通过大流量测定来实现）。

厄勒海峡本身仅能承受适度有限环境影响。环境影响的主要因素是悬浮液中带有淤泥和石灰岩颗粒的疏浚开挖作业，其造成的结果为光强度减少并影响水生动植物的生长。疏浚作业也会对淡水地产生不利影响，同时也影响了莎尔特霍姆（Saltholm）地区鸟类的繁殖群聚。然而，必要的填筑造成的水力条件的局部变化对厄勒海峡地区的永久性影响是可以接受的。

瑞典国家环境保护委员会和丹麦环境保护局认为基础工程 4.2km 所造成的环境影响应进行优化处理,处理目的为:

◆ 在补偿疏浚为 1.0% 前,限制水流堵塞的影响,水流堵塞的影响通过补偿疏浚的方法减少到 0%;

◆ 厄勒海峡疏浚的最小化;就淤泥溢出而言,所有疏浚工作按溢出限制要求而受控制和监管项目的严格限制;

◆ 通过避免跑道口部中断层的出现,使其具有杜洛格敦航道口部的功能。

参考工程 4.2km 的阻水率为 2.3%。这表明约为 $1170 \times 10^6 m^3$ 的必要补偿疏浚需实现零阻水的目标。基本工程仍需完善。

## 顾问的投标设计代案

### 选择过程

1993 年春天,厄勒联合会开始招投标该海峡大桥的建造和监管项目。除了招标的资金方面以外,厄勒海峡大桥联合会的咨询工程师是根据设计竞标来挑选的,我们邀请一些通过资格预审的咨询工程师联合体提交本项目的设计方案,设计方案主要针对 4.2km 的基本工程。由于该 4.2km 的基本工程必须在环保方面进行优化设计,因此我们也邀请了咨询工程师还提供了他们的设计代案。这些设计代案的目标主要是减少大桥结构的阻水率和疏浚带来的不利影响。

根据本次投标的结果,厄勒海峡大桥咨询工程师获得了厄勒海峡大桥项目咨询联合体 ØLC 的职位。

ØLC 是丹麦的蓝波(Rambøll)的一家合资企业,瑞典斯堪的纳维亚咨询(Scandiaconsult)兼英国顾问威廉·哈尔克罗(William Halcrow)先生和其合作伙伴以及荷兰的隧道工程公司(TEC)的隧道工程顾问,根据丹麦帝星+魏特琳(Dissing+Weitling)惯例规定支持本建筑设计。

厄勒联合体(ØLC)的设计代案的特点

顾问为隧道设计的最主要的特点与大桥的布局、横截面和安全原则有关。隧道是根据低建工险和合理造价的公认概念进行设计的,设计目的是把对环境影响降至最低。合同的重要部分为隧道和疏浚以及填海作业,其目标是减少合同界面。

厄勒海峡大桥顾问委员会的设计奖获得者将阻水率降低至 1.4%,从而补偿疏浚的数量也减为 $730 \times 10^6 m^3$。上述减少结果是通过以下手段来实现的:

◆ 将半岛长度减为 600m;

◆ 将沉埋式隧道的长度增加到 2900m;

◆ 将岛屿长度从 2500m 增加到 4200m;

◆ 将芙林特(Flinte)海峡和特林德尔(Trindel)海峡上的主桥桥跨连接到重组航道的桥跨上。

在未改变纵向通风的条件下,采用增压鼓风机从而隧道长度增加了约 50%,这是基本工程的设计原理。和其他方法相比,上述措施是通过执行交通管理系统(控制由阻水造成的淤泥流入隧道的原理)来实现的,这样,空气对流的使用(要求大量通风管)可以在很大程度上避免增加成本和开挖量。

通过减小隧道横截面的总高度,可以最大程度减少隧道基槽的开挖工作量(将高速公路和铁路整合到横截面中,见图4)。总高度受非压载轨道系统的限制(要求非压载轨道系统的高度低于压载轨道的高度),同时鼓风机部分嵌入高速公路隧道的顶端。

尽管我们很希望减少疏浚,但是隧道横断面需要设计交通管廊之间应急逃生和服务通道,因为逃生通道对隧道安全方案至关重要。

半岛和岛屿的土方工程在堤岸间进行施工,而且施工时不能发生淤泥溢出。

设计方案是根据安全方案制定的,安全方案包括无烟逃生坑道、安全柜、消防系统、带有闭路电视(CCTV)系统、改道、交通管理系统、行车道等的低速检测。这些方案也包括通过隧道危险品运输的规定和限制。为确保烃类灭火的结构完整性,结构顶部和墙体上部的混凝土需要采用耐火隔热材料加以保护。

沉埋式隧道设计为混凝土隧道,其隧道横截面如图4所示。我们提出的施工方法比较传统,并且该方法考虑了在许多隧道项目施工中得出的经验。只能靠混凝土本身来实现不透水性。口部和坡道结构设计为重力式结构。为减小坡道结构的开凿工作,准线在靠近岛屿和半岛处进行升高处理,这样隧道顶板就伸出原海床面。由此造成的附加阻水是可以接受的。沉管管节的施工计划是在人工半岛上设计两个浇筑池,一个浇筑池与坡道结构的建筑基坑连接。考虑到坡道作为自重结构施工因素,浇筑池的地面标高约为-10m(丹麦国家基准)。根据该计划,一个浇筑池可被使用两次,预计总施工时间为64个月。

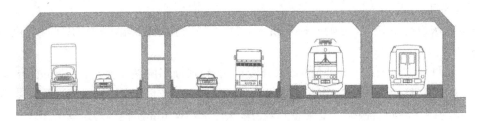

图4 隧道横截面结构布置示意图(Cross section, Illustrative Design)

## 设计设置

考虑到正在进行的调查结果,结合业主提出的修改要求,以及为满足环境要求(公众听证会专家小组提出的要求)而作出的更改,咨询师的设计最终发展为带有询价文件的设计方案(即解释性设计)。由于环境限制,有必要对该项目进一步优化。

**环境最优化**

在设计阶段,当局对开挖量的限制最终变成总开挖量约$7m^3$,$7m^3$中有$2.3m^3$为实现环境"零阻水"的补偿疏浚。为达到这一严苛的环境要求,需要改进设计方案。需特别引起注意的是补偿疏浚数量的减少也要求该构造减少阻水率。考虑到人工半岛的长度和位置因素,隧道长度对实现这些改进条件至关重要。

**准线**

在项目4.2km和厄勒海峡的设计代案中,铁路准线穿过现浇隧道段的卡斯特鲁普机场。

把铁路和高速公路的水平准线确定在北面,这样就可以避免隧道穿过机场并减少人工半岛(图5)的长度,这样的话就可以施工更长的隧道。准线的重新确定减小了施工期间空气流的阻力,但是也会造成口部建筑和引桥被移至跑道22的航线的下端。准线的改变将半岛长度进一步减小到450m,并且岛屿被移向东南部。这种改变将沉埋式隧道的长度增加至3500m,同时也大大地减少了丹麦海岸隧道施工成本,这些节省的成本可以用于改善本项目对环境产生的影响。

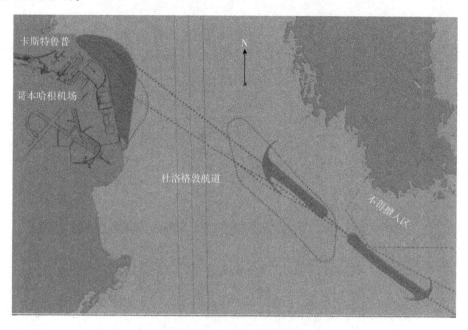

图5 厄勒海峡备选设计方案(BLC alternative design)

表1说明了大桥布局符合各设计阶段的环境要求。

**参考工程、投标设计以及解释性设计的比较**　　　　表1

(Comparision between the reference project, the tender design, and the illustrative design)

| 方面 | I-参考工程 | II-咨询投标设计 | III-解释性设计 |
| --- | --- | --- | --- |
| 半岛(m) | 900 | 600 | 450 |
| 隧道(m) | 2000 | 2900 | 3510 |
| 人工岛(m) | 2500 | 4200 | 1730+600+2055 |
| 阻水率(%) | 2.3 | 1.4 | 0.5 |
| 补偿开挖0%($10^6 m^3$) | 11.7 | 7.3 | 2.3 |

通过将岛屿分为两块小岛屿并由岛际桥梁连接这两块小岛屿,进一步降低了阻水率。

海岸两侧的垂直准线的标高(厄勒海峡设计备选方案)更改为隧道防护略超过原海床的标高,这样就减少了阻水和船舶搁浅的风险。我们改造了半岛和岛屿的海岸线以及桥墩,从而将水流阻力降到最低。

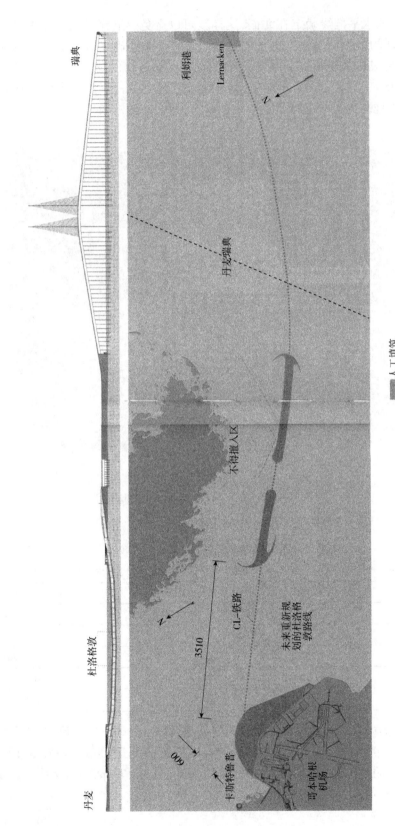

图6 准线，解释性设计(Alignment,Illustrative Design)

总之，通过数个措施，最终将阻水率减少到 0.5%，这样就可以实现 2.3m³ 的补偿开挖。1994 年 4 月，瑞典水上运输法庭批准通过了上述项目布局的对环境的或有影响。审批结果是瑞典和丹麦政府一致同意大桥的修建。

# 合同设计问题

### 合同数目

在设计阶段，我们打消了将隧道、疏浚和填海项目编制在一个合同中的想法，而是选择了在四个合同，分别规定本项目中的：隧道部分的疏浚和填海；引桥以及高架桥。隧道以及疏浚和填海合同分别制定的目的是限制独立合同的数目，并建立业主以及疏浚和填海承包商之间的直接合同关系。

由于与淤泥溢出相关合同的敏感性，该设计合同突显出其重要性。该合同建立在承包商以及业主之间的直接关系上，以期这对于淤泥溢出量的控制和监管措施会更加有效。隧道以及疏浚和填海的独立合同对隧道承包商规定了更多的界面和更多限制。对一些项目而言，附加界面会导致相关承包商的责任划分不清。签订独立合同的另一个结果是隧道承包商不得进行疏浚工作或造成溢出后果。这意味着考虑到溢出对施工作业造成的影响，疏浚和填海承包商在将设计方案交给隧道承包商之前，必须提前准备半岛和岛屿的施工现场。

### 合同类型

一开始，业主就打算公开招标大桥的设计和施工，由承包商负责设计工作。承包商必须按照质量保证体系的规定满足设计、材料以及施工功能要求和规范。

尽管合同旨在为承包商提供较高的设计自由度，但实际上，这种自由是受限自由，其原因是：
◆ 环境因素限制了桥型布置；
◆ 合同界面；
◆ 业主对混凝土质量的担忧，这使得业主决定在文件中规定了详细的混凝土规范；
◆ 大桥构件的外观和结构特征的要求。

### 询价文件

合同文件包括几个技术文件，这些技术文件中规定了功能要求、设计和结构技术规范。合同文件强调承包商确保桥梁设计和质量的程序和方法。文件包括两套图纸：一套定义图以及一套解释性设计图纸。定义图按照业主出具的相邻合同段的设计方案，给出了对合同界面的强制性要求以及自然分界线。而解释性图纸提供了满足业主要求的，且风险较低的技术方案。在评标时，该解释性图纸可根据实际情况作为技术方案和建设风险的参考资料。

### 欧洲规范

设计要求遵循欧洲规范，并且项目应用文件（PAD）（给出了欧洲规范的"加框值"和其他相关修改）补充了设计要求，这为国际投标做好了准备工作。可靠性分析为特定最大极限状态定义负载因数。安全级别的制定采用了 4.7 的可靠性指数（可靠性指数符合土木结构 100 年寿命的斯堪的纳维亚标准）。项目应用文件（PAD）的制定是询价文件的一部分。

**具体策略**

坚固性与不透水性对项目的成功至关重要。丹麦、瑞典和荷兰的专家组成了一个专家小组,其目的是交流经验,并规定询价文件中提出的业主的特殊要求:生产检测、化验以及全尺寸试验的要求。这些要求旨在给承包商提供足够的自由,但是这些要求必须事先确保可以满足功能需求和设计质量。分别规定了两种混凝土类型即抗压强度分别为 40MPa 和 35MPa A 型和 B 型,并且规定了 0.4 和 0.45 的水灰比。水泥可以是普通水泥(CEM I 42.5 of 52.5),也可以是高炉水泥(CEM III 42.5 of 52.5)。易受冻的混凝土只能使用普通水泥。最高含量为 15% 的粉煤灰或 5% 的微硅粉只能用于普通水泥。普通水泥和高炉水泥的最少水泥含量分别为 275kg/m³ 和 340kg/m³。最少的干粉含量为 340kg/m³。我们给出了细集料和粗集料的碱活性材料的最大含量。硬化混凝土中的最小含气量为 3%。外层钢筋的最小混凝土保护层为 75mm。

所有挡水结构都要求进行温度和应力计算。任何时候的实际压力和强度比率必须小于 0.7,并且已凝固混凝土与新浇混凝土之间的温差必须小于 15℃。挡水结构中不能有漏水裂缝。根据绝热材料的热量增加情况,水合作用完成 75% 之前,不得脱模。

必要制定蒸发防护措施,指到水合作用完成 90%。正式浇筑混凝土之前,必须进行预浇筑和全尺寸浇筑试验,以测试混凝土浇筑方法是否可行,此外,这些试验还提供必要的参数和混凝土特性,以便开展温度和应力模拟。必须准备好钢筋和预埋件,供以后的阴极保护之用,必须预埋检测仪器,检测氯离子渗入量。

**美观性**

美观性是设计时需考虑的重要因素,洞门结构包括服务大楼必须与周围环境协调一致,同时与减光板融为一体。考虑到美学因素,在公路的出洞行车道上方也布置了减光段。并且高速公路隧道和铁路隧道的口部组合为一个洞口。铁路隧道在顶层带有开口,从而平衡高速火车驶入隧道时的高压力波。隧道内部、口部、引道段的外观至关重要,因此,这也必须包括在定义图纸内。

# 解释性设计

设计过程中的解释性设计说明(表1)了以下内容:
◆ 人工半岛减小为 450m;
◆ 杜洛格敦(Drogden)航道下方的 3510m 长的沉管隧道;
◆ 包括由西岛(west island)(1730m)和东岛(east island)(2055m)组成的人工岛组合,由 653m 长的桥梁连接;
◆ 总长为 7485m 的引桥,分别布置在高架桥东部和西部。

隧道合同范围还包括总长 5785m 的大桥以及人工半岛、沉埋式隧道部分的西引桥以及人工岛屿的东引桥。

**准线**

沉埋式隧道的线形是直线形的。鉴于最短隧道长度和最大重建率,做出上述决定是相当容易的。除了半岛部分,高速公路和铁路部分的准线是平行的。在半岛的口部结构前,货运轨道与标高较高的岸以及岸间的轨道，两个主轨道和一个火车维修站间设有跨接装置。

纵坡符合约 0.3% 的海床梯度。在半岛和岛屿上，高速公路爬升的最大梯度为 2.5%，铁轨的最大梯度为 1.56%。各种梯度在沉埋式隧道以外开始施工。

半岛上高速公路的垂直准线高于最高海平面，但是半岛上的有限空间不允许铁路准线升高到上述高度。因此如果隧道发生严重渗水的话（原因是铁路连接机场的地铁站），需要做好卡斯特鲁普机场地下的防洪准备工作。

**引道坡**

东西引道段斜坡的设计相同，每个引道坡带有包括混凝土槽和现场隧道的敞开坡道，现浇隧道和沉管隧道具有相同的间距。业务大楼位于隧道口部，业务大楼设有其他系统、消防水库以及排水坡沟。

为坡道和引道段的施工提供足够空间，隧道承包商必须享有人工半岛和岛屿区的施工权。该区域与沿江大道相接，隧道承包商负责填海这块区域。在解释性设计中，隧道管节不只在封闭区和人工半岛的引道段上进行施工。引导段坡道的上部设计为带有地面压载防水膜的人工开拓地，防水膜也使得墙体的总高度减为−1.0m。门形结构和引导斜坡段计划建在带有临时排水系统的基坑中。

**沉管隧道**

沉管隧道设计有 26 个管节，每个管节长度 135m，并且根据顾问的投标设计方案，这 135m 长沉管采用等横断面。管节在距施工现场约 10km 的诺德哈芬（Nordhavn）的浇筑池分三批预制。地域限制和取材限制使我们放弃了在人工半岛上生产沉管的想法。

拟定施工方法采用经过检验的传统工法。沉管由 22.5m 长的节段浇筑而成，节段之间采用伸缩缝分隔开。沉管浮运和沉放过程中采用临时纵向预应力将这些管节连接在一起。采用承插式接口，以便能通过接头传递剪力，可注浆止水带为伸缩缝提供水密性，橡胶止水带 GINA 和 OMEGA 为沉管接头提供防水。自防水混凝土提供了结构本身的防水性。因此，我们认为混凝土冷却能预防早期的温度裂缝，而挡水结构的施工缝仅限于连接底板和外墙。

隧道顶铺设 1.5m 厚块石回填层，足以保护隧道免遭船舶抛锚导致的破坏，这种保护机制的基础是根据传统砂流法制定的。基槽超挖可采用由导管灌注混凝土填充。

公路隧道的内部装饰包括墙面覆盖层和新泽西模式。隧道顶部墙体上部必须进行防护，从而降低烃火燃烧时（2 小时温度高达 1350℃）产生的不利影响，防火绝缘材料必须确保钢筋中的温度在着火 2h 后，不超过 250℃。

**隧道系统**

在中央控制室控制整个厄勒连线的营运，除了中央控制设备外，隧道设计也允许系统在半岛的口部建筑内操控。这些系统分为岸到岸系统和目标特定对象系统，只有特定对象系统才是隧道合同的一部分内容。这种独立设计的目的是实现紧急情况下隧道系统的局部独立操作。独立设计的系统包括：

◆ 通风；
◆ 排水、泵、消防设施；
◆ 电源；

- ◆ 照明设备；
- ◆ 局部控制系统；
- ◆ 局部施工安全和通信设施。

通风设备按纵向通风设计，其设计方法是把通风扇悬挂在天花板上，并放在隧道顶的凹进处。上述通风设备的开启是通过一氧化碳（CO）和二氧化氮（$NO_2$）以及/或可视检测来控制的。除了口部的主要集水井之外，我们也计划在中段修建三个集水井用于排水。排水系统的设计包括预防爆炸性空气/气体混合物的装置，并且设备中的集水井具有防爆作用。丹麦和瑞典网络都可以提供高压输电。如果发生事故（要求峰值功率），丹麦和瑞典可以同时供电，因此没必要使用应急发电机。最重要的系统采用不中断电源系统。如果流量减慢的话，控制系统可以将信号直接传入隧道配电室中。彩色闭路电视可以使操作员了解整个大桥的状况，同时隧道中的基质信号用于显示速度、交通堵塞以及改道的交通量。在隧道中每隔50m安装应急配电盘。如果发生紧急情况，我们会从应急通道疏散道路使用者，并且消防队和应急救援组会经过未发生事故的隧道抵达事故现场。

## 结论

回顾询价文件提交之前的设计，可以得出经历了以下设计过程：

- ◆ 顾问提供了新思路，改善4.2km项目设计对环境的影响；
- ◆ 设计过程可对日益变化的环境做出灵活响应；
- ◆ 顾问的投标设计包含了整个施工过程中所要求的关键内容（安全、防火材料、应急通道、水密性）；
- ◆ 设计阶段对设计中的关键事项作出定义，这一点至关重要，因此必须与主管当局进行磋商，以获取相关许可证；
- ◆ 根据顾问的投标设计深化设计方案。本设计提出的方案反映在文件中。尽管我们打算制定开放系统规范，但是最终技术规范在很大程度上由设计者的方案决定；
- ◆ 该询价文件关于永久性工程方面内容十分有限，其结果是完成的永久工程的设计方案或多或少的体现在解释性设计中；
- ◆ 并非所有的团队成员对设计-施工概念的理解都相同。

# 3 营运期交通安全及防火措施

**ERIC SKOTTING**
厄勒海峡工程联合体

**MIKAEL W BRAESTRUP**
首席顾问
桥梁部

**RAMBOLL**

# 介绍

由厄勒联合体拥有和运营厄勒大桥(图1),其资金来源为收取过路费,该公司同时还负责修建一段连接两岸、长度为16km的工程。业主总体营运安全方针是用户承担的风险与岸上基础设施建设承担的风险一致,并将其写入风险分析文件中。对于主要风险因素(船舶碰撞、火灾),如果其风险情景的重现期与应用负荷特征值相一致,则此种风险被认定为设计事件,建筑物应该抵御此种风险。此外,更为严重、发生频率较低的事件则包含在风险预算之中。因此,风险分析有利于实际布置和作业顺序。杜洛格敦海底隧道由2条双向轨道铁路和2条双车道公路以及一个中央设施和逃生管廊组成(图2)。这是安全理念的主要特征,这种结构能够在事故或火灾发生时提供一条安全无烟的疏散通道,从而体现出安全概念的最主要特色。防火减灾系统包括耐火隔热结构以及消防栓,但是不包括自动喷淋灭火装置。

图1 连接丹麦卡斯特罗普和瑞典马尔默的厄勒大桥
(The Oresund Link between Kastrup In Denmark and Malmo in Sweden)

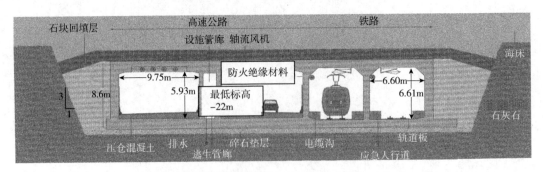

图2 杜洛格敦海底隧道的横截面(Cross-section of the Drogden Tunnel)

## 风险管理

在 1993 年项目处于设计初始阶段时就已启动厄勒大桥的风险分析,并在当时确立了一项风险管理制度。该制度包括以下细则:风险组织、风险策略、风险接受、风险账户制度以及年度运营风险分析(ORA)现状报告的制备与更新。

对项目实施定量风险分析的主要原因如下:
◆ 该大桥对整个厄勒地区至关重要;
◆ 该大桥是不受惯例约束的特殊结构;
◆ 该大桥施工时特殊危险的种类和数量是其他工程所不能相比的,因此需要区别对待;
◆ 业主的总体目标是防止大桥施工时发生事故。然而即便是在营建新的交通设施时,由于技术和经济上的原因也很难达到此目标。因此,该风险策略提出该大桥使用方承担的风险应与在丹麦和瑞典进行交通运输普通基础设施建设的相关人所承担的风险相当。运营风险分析已经在执行之中并对一些可能会导致灾难或大桥断裂的关键环节予以排查;
◆ 该大桥的风险分析是以项目描述作为依据的,其中包括设计图纸、技术设计基础等,同时还结合了对各种过往车辆的预测性分析。因此就可以对预期中位于大桥周边地区的公路和铁路、船运以及空运情况做出预报。此外,还准备了一项对公路和铁路运输过程中运载的危险品数量的单独评估。这些针对实际交通运输情况的预测性分析将在实际运营的基础上保持更新。在风险分析中使用的所有预测均指向 2010 年,因此选择 2010 年作为风险分析的目标年度;
◆ 对于大桥上可能出现的各类危险,几种事故情景已被确认,这些情景分别描述了一些可能发生并且类别不同的事故情况。例如一辆油罐车在交通事故后泄露出大量氨水、一艘轮船在隧道顶部搁浅后导致隧道内部大量进水、汽车或火车上发生火灾等等。目前已经对这些事故情景的出现频率(重现周期)以及事故对公路和铁路上乘客造成的影响做出了分析。每种危险的风险占有率需根据事故情景的出现频率和对乘客造成的影响做出计算。而总风险值需要根据大桥上可能出现的各种危险的总风险占有率来计算;
◆ 在评估是否实现指定风险策略的目标(大桥上的风险应与其他类似的交通设施的风险一致)时,一个相对的风险测量标准被定义为对应于大桥总长度,100 万乘客在丹麦和瑞典的公路和铁路线上单位长度内的平均死亡率。根据此项分析得出图 3 中显示的个别风险平均水平,其中隧道的风险占有率用深色阴影显示,桥梁和人工岛的风险占有率用浅色阴影显示;
◆ 如图 3 所示,大桥上交通工具所承担的风险实际上小于相对应的普通公路交通工具所承担的风险。

风险水平差异的原因在于大桥上并未构建引道坡,因为这样可以减少事故数量。此外,还值得注意的是在大桥的设计中添加了很多安全措施以降低事故发生的频率和减小造成的影响。

对于铁路用户,大桥上铁路运输的风险水平略高于普通铁路运输的风险水平。这一差异主要是由于船只与桥梁碰撞导致了大桥的特殊风险率的提升。

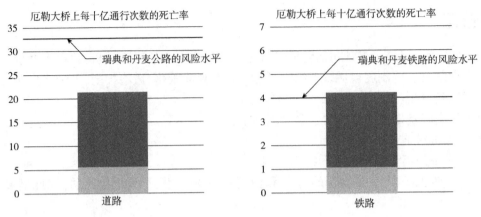

图 3　厄勒大桥与其在瑞典和丹麦地境内连线的风险水平比较
（Comparision of the risk on the Oresund Link with corresponding stretches in Sweden and Denmark）

以下为用于分析的火灾情景：

| 公　　路 | 铁　　路 |
| --- | --- |
| ◆ 汽车 | ◆ 乘客列车 |
| ◆ 卡车 | ◆ 货物列车 |
| ◆ 庚烷 | ◆ 庚烷 |
| ◆ 液化石油气 | ◆ 液化石油气 |

由此携带危险物品与未携带危险物品的情景都包括在内。

在评估火灾对结构的影响时需将防火隔热和消防工作考虑进去。人为的影响是基于假定通风系统在运转中降低热度并排烟。

在公路隧道中,最为危险的情景就是由庚烷和油料泄露所引起的灾难性火灾。在不同的时间段,火灾所导致的死亡人数也不同,从3~30人不等,而一小滴庚烷的滴落也将导致一条车道关闭一周。对于铁路隧道,因为大量集中的人群,火灾的后果会更为严重。一场由大量泄露的庚烷所引发的油池火灾可以造成最多300人死亡,并使得受火灾影响的隧道关闭1~2周。虽然液化石油气泄露引发火灾的可能性很小,可是一旦发生将导致整个隧道的崩塌。

目前已经针对运输危险品的交通工具做出一项专门研究,而在运营分析报告中得出的结论是不需要对危险品的运输实施任何限制。进一步降低风险的措施还包括在同一条铁路隧道中禁止运载危险品的货运列车与搭载乘客的列车同时运行。已成立工作组对此问题进行研究,相关管理条例在大桥开通之前就已制定落实。

为了将安全要求纳入到初期设计之中,在业主的提议下于1993年10月成立了一个顾问组,被称为两岸安全、事故、营救(KKSURR)。该顾问组成员包括了来自于公路、铁路运营单位、警察局、消防队、救援组织、两国市政当局派出的代表,还包括业主及其顾问。由此将所有的利益攸关方都纳入到大桥的运营之中。

小组报告总结了该顾问组的工作,得出的结论纳入"设计基础-安全"之中,而"设计基础-安全"也是技术设计基础(TDB)内部项目的一部分。技术设计基础的要求包含在施工工程相关合同文件中。

在隧道火灾的预防与检查方面,《两岸安全、事故、营救和清理报告》中提出了多项建议,但是并未对隔火措施提出要求。而业主在隧道设计中也沿用了此种做法,未对隔火措施予以要求,原因稍后解释。

由特别工作组继续完成《两岸安全、事故、营救和清理报告》的工作任务,任务完成后将被写入大桥的营运手册中。

## 逃生路线

安全概念主要体现在两条公路隧道之间的中间管廊的通道部分,在紧急情况发生时,该通道可以作为一条安全无烟的逃生线路。在隧道中每隔88m安置一个紧急滑动门,可以由此进入疏散通道,滑动门上方标有紧急标识(图4)。铁路隧道的疏散通道与公路隧道的不同,是在另一条隧道中,借由多条高架人行道来疏散人群。其紧急出口则被安置在隧道之间的隔墙上。使用与公路隧道相同的测链长度来安置紧急出口,同时在出口附近安装应急配电盘。

疏散通道配备超压系统用于防止烟尘进入。疏散通道的内部标识指引逃生线路。疏散通道被中间的控制室分为两部分,因此各部分距离隧道口的距离都可以达到最短。

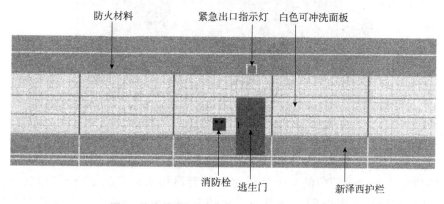

图4 公路隧道的纵断面,显示通向逃生管廊的门
(Longitudinal section of roadway tunnel, showing the door to the escape gallery)

疏散人员到达隧道洞门建筑之后,继续沿着疏散通道可以走出隧道,进入位于新泽西护栏之间的露天中央隔离带。在大量人员受伤的情况下从隧道洞门建筑逃离并不可行。

根据隧道管廊内事故的严重程度,酌情关闭事故发生的管廊,甚至整个隧道。事故发生时,警察、消防队等救援组织人员将沿畅通的公路隧道进入事故区域。紧急闪光指示灯可以指出通道口的方位,使救援人员能够穿过疏散通道抵达事故区域。

通过位于勒拉肯(Lernacken)大桥控制中心的数据采集与监视控制系统(SCADA)对道路交通状况进行监测,电子控制和监视装置可以对大桥上的交通情况和车流量进行昼夜监测。总共大约200台摄像机安装在桥梁、人工岛以及隧道顶部以便提醒交通管理员注意任何异常情况。此外数据采集与监控系统控制着隧道和桥梁上的机械和技术设备,以及整条大桥上的通讯网络。

交通中心由两名交通部门经理 24 小时管理。其中一位负责道路交通管理,另一位负责监视收费站。在发生重大事故时,控制中心也将对警察及救援组织开放。交通部门经理随时与瑞典和丹麦气象局保持联系,以获取包括大桥在内的厄勒地区定期天气预报。需要时,交通部门经理可以通过公路上的遥控矩阵式显示屏示意机动车辆驾驶员降低车速。

## 火灾防护

4 条交通隧道的外墙、天花板以及内墙的上部所使用的防火耐热材料,可以抵御持续 2 个小时以上且在起火 1 小时后最高温度达到 1350℃的烃类火灾。

使用的防火耐热材料是 Fendolite MII,使用时喷涂厚度至少为 26mm。Fendolite MII 是一种专利粘结材料,它的主要成分是蛭石"粒料",这种成分会遇热膨胀且不会造成对内部的压力,因此能够抵抗温度的急剧变化。通过在喷嘴的混炼胶中添加水分,这种材料可被应用于隧道天花板以及高于新泽西护栏的整个外墙的喷射混凝土中。对于内部隔离墙只需喷涂低于钻孔梁腋大约 1m 的部分。在修建荷比卢以及香港的隧道时这种防火耐热材料已经被使用,其防止混凝土收缩的性能已经通过了实验室的检验。

图 5　防火涂料喷涂(Spraying of fire insulation layer)

对于构成每一个隧道管节的 8 个节段之间的管段接头以及将 20 个隧道管节隔开的沉管接头,需要采取特殊防火处理。使用可压缩的 Pyro-Plus GSX 型防火材料对节段接头处 35mm×35mm 的凹槽进行填塞,之后再使用 Fendolite MIL 型防火材料进行喷涂。沉管接头处 100mm 的间隙填入厚度为 80mm 的 Pyro-Plus GSX 型防火材料。其凹槽处使用不锈钢板衔接,钢板表面喷涂的 Fendolite MIL 型防火材料的厚度至少为 2.5mm。其耐火性能已在节段接头和沉管接头的专项耐火试验中得到验证。

应急设施中包括消防器材和应急电话,每隔 88m 安装一部电话机,具体安装在两条铁路管廊之间的紧急出口处、铁路和公路管廊之间的紧急出口处以及为疏散通道提供口部的墙壁上。应急配电盘配有火灾警报按钮和干粉灭火器。

如发生火灾,通过通风系统可以抑制烟尘和热度,便于消防队和营救小组的救援工作。通风系统还能够提供氧气以避免未燃气体的聚集,这种聚集有可能导致爆炸。通风系统能够在 250℃高温下持续工作至少 1 个小时。

在公路和铁路隧道中使用自动水喷淋消防系统的提议在经过调查研究后并不被推荐。原因在于当火灾发生时,自动水喷淋消防系统会使烟尘沉降,从而导致能见度的下降和空气

图 6　消防栓（Firehydrants）

图 7　应急配电盘（Emergency panel）

质量的下滑,给疏散和救援工作带来了危险。自动水喷淋消防系统的主要功能在于通过隔火性能保护建筑结构不受损伤。在维护通道中则采用了水喷淋系统,用于保护电器柜、电缆和零部件。

这种自动水喷淋系统包括:

◆ 在每个隧道洞口建筑中都安装一台主体设备,包括蓄水设施、水泵以及控制面板;

◆ 一条总水管连接两台主体设备,沿着中央管廊的底部铺设;

◆ 大约有 64 节水管(间距大约 60m)通过分流阀与总水管连接,各自为指定的一段喷嘴供水。

每个隧道口的储备水量按照设计能够随时为一条分水管提供最多10min的用水量,从而能够为相邻的两条喷水管提供10min的用水量。

每一台主体设备的控制面板上都配有一个可编程组件,借此可以实现系统的局部自动控制。信息通过数据采集与监视控制系统传递。自动火灾探测系统用于激活淋水系统,并将基本信息传递给数据采集与监视控制系统。

关于隧道内的消防工作,在通往疏散通道的紧急出口附近安装了消防栓,并为之供给增压水。消防栓系统的主要构成如下:

◆ 在中央通道铺设了一条消防总管,这条总管在每条公路隧道中相隔88m就有一个分支用于连接此处的消防栓;

◆ 在每个隧道洞门建筑中都安装一台水泵装置和蓄水池。

消防栓安装在侧墙的壁龛处,并且装有防护门,这些消防栓同时备有匹配丹麦和瑞典消防系统的水管接头。每栋隧道洞门建筑都存放有消防水袋卷盘。消防栓系统还被用于给淋水系统在隧道洞门处的蓄水池供水(参见上文),此外还给泡沫灭火系统位于隧道中间的泵井供水。

位于半岛口部处的蓄水池由哥本哈根城市供水系统提供水源,而人工岛的蓄水池由消防栓管道供水。混凝土蓄水池建在距离消防栓泵站很近的位置,从而缩短了输送距离。每个泵站都备有2台主泵,其中一台作为备用。在正常条件下,主泵设计能够为消防栓网络中一半单位提供最高800kPa,最低450kPa的水龙头出水压力,并能供给每个单位2台消防栓的同时运转。

在半岛上游的蓄水池中安装的水处理系统用于过滤多余的次氯酸盐或是清理管道中水垢。

## 通风

在正常情况下,交通运输的活塞效应保证了隧道的自然通风,但是基于风机的纵向通风系统会打破这种模式。每一排有4台固定在隧道天花板上的风机,扇叶安装在鼓风槽内700mm深的位置。每一条公路隧道划分为4个区域,每个区域有5排风机。通风系统完全可逆运转,因此可以在事故发生时根据现场具体情况朝有利方向吹风。在正常情况下,气流与交通流量方向保持一致。

图8 公路隧道(Motorway tube)

通风系统的主要设计标准列于表1~表3。

设 计 标 准　　　　　　　　　　　　　　　　　表1

| 项目 | 值 |
|---|---|
| 隧道口部风速 | 12m/s |
| 风机在隧道中央产生的最大风速 | 10m/s |
| 二氧化氮最大值 | 800μg/m$^3$ |
| 交通畅通时一氧化碳最大值 | 50ppm |
| 交通拥堵时的一氧化碳最大值 | 100ppm |
| 道路维修时的一氧化碳最大值 | 35ppm |
| 交通畅通时的能见度 | 0.005m$^{-1}$ |
| 交通拥堵时的能见度 | 0.007m$^{-1}$ |
| 道路维修时的能见度 | 0.003m$^{-1}$ |
| 火灾负荷 | 100MW |
| 风机能够承受并持续送风1小时以上的最高工作温度 | 250℃ |
| 风机的A计权声压级最大值 | 95dB(A) |

交 通 特 征　　　　　　　　　　　　　　　　　表2

| 交通特征值 | |
|---|---|
| 年平均日每个方向的交通量 | 10,000辆/平均日 |
| 高峰时期每一个方向的车流量 | 2,390辆/h |
| 时速为20km/h,交通拥堵时每一个方向的车流量 | 2,000辆/h |
| 每个方向的最大高峰交通量 | 65辆/min |

车 辆 排 放 量　　　　　　　　　　　　　　　　表3

| 高峰期的交通组合 | % | 时速60km/h下的车辆基本排放 | | |
|---|---|---|---|---|
| | | 二氧化氮 (g/km)(每辆) | 一氧化碳 (g/km)(每辆) | 烟尘 (m$^2$/h)(每辆) |
| 汽车 | 88.0 | 0.23 | 1.01 | — |
| 重型卡车,柴油 7t | 4.2 | 0.81 | 3.24 | 50 |
| 7~18t | 3.2 | 3.60 | 2.09 | 120 |
| 18t | 4.6 | 11.63 | 3.09 | 180 |

公路隧道的通风系统设计能够在隧道中央提供最大为10m/s的风速。这一风速确保在任何情况下安装,能够将火灾发生时可能产生的烟尘排掉。通风系统还能将空气污染控制在允许界限内。一氧化碳探测器以及能见度感应器并接入风机,以控制污染水平在允许范围内。在紧急情况下,通风系统还能够通过控制中心手动操控。

除了在每排只安装一台风机,铁路隧道通风系统与公路隧道通风系统大体上相同。

# 4 混凝土施工要求

**CHRISTIAN MUNCH PETERSEN**
土木工程师,理学硕士
中心经理
丹麦技术研究所,混凝土中心

**ANETTE BERRIG**
土木工程师,理学士
项目经理
丹麦技术研究所,混凝土中心

**GORAN FAGERLUND**
DR. S.
教授,隆德理工学院

从一开始，厄勒海峡大桥项目业主联合体就拟定了策略来界定和控制混凝土的质量，以此来确保建筑的 100 年使用寿命。一份全面的混凝土规范也相应的制定出来，包括对配合比设计和施工的要求。这些要求以众所周知的技术为依据，通过质量控制执行该策略。结果就形成了一份要求明确而严格的混凝土规范，这份规范还为承包商选择适合自己生产方式的材料、配比设计和实施方法提供了参考。

## 策略

1994 年，厄勒海峡大桥项目业主联合体指派了一个专家组，包括丹麦技术研究所和隆德理工学院的专家，按照共同议定的策略制定了一份混凝土规范，然后将这份规范作为隧道、桥梁和其他建筑的投标文件基础。专家组的第一个任务是制定混凝土策略，该策略形式如下：

- ◆ 业主应界定和控制混凝土质量；
- ◆ 通过混凝土的生产要求，包括对混合比设计（材料）的要求，对施工的要求包括养护（工艺）的要求来界定质量；
- ◆ 通过对检验、测试和文档提出要求要进行质量控制，确保满足国际标准化组织环保 9001（EN ISO 9001）质量体系；
- ◆ 该要求应由业主制定；这些要求应以众所周知的技术为依据，在没有任何大修情况下，通过适当的维护，保证建筑的 100 年使用寿命；
- ◆ 通过制定综合的混凝土规范并将它作为投标文件的一部分来强化该策略效力；
- ◆ 该规范应为承包商设计混凝土混合比提供尽可能多的选择自由，但是必须十分注意防止质量不达标的风险。

## 众所周知的技术

众所周知的技术指相似环境条件下的试验证明效果良好，并具有正向效应的技术。业主希望使用众所周知的技术，而不愿意尝试新技术（以及可能不安全的技术），其目的是为了降低成本。当制定规范时，关于原则的问题就会提出来。哪一种技术是"众所周知"的？被谁所熟知？如果一些专家认为普通的，众所周知的技术事实上并不安全，因此，根据这些专家意见，使用一种安全的新技术就会变得敏感。这就是一种"创新"。

该规范中的主要创新是：
- ◆ 定义符合性工序；
- ◆ 早期裂缝应力计算；
- ◆ 使用寿命计算，包括工艺。

根据混凝土工艺技术的技术发展水平和类似混凝土施工项目的经验，在纂写最终规范版本前，评估的主题必须通过验证。对于每一个主题都必须制定技术说明，每一个技术说明都要给出其关注主题的现状思考，以及对先前制定的要求给出批评性分析。

为下列主题制定技术说明：
- ◆ 抗冻性；

- ◆ 温度和应力要求；
- ◆ 抗蒸发措施；
- ◆ 符合性工序；
- ◆ 混凝土要求与其他建筑类似要求和性能的对比；
- ◆ 氯离子对混凝土的侵蚀；
- ◆ 碱-硅反应；
- ◆ 矿渣水泥；
- ◆ 浇筑方法；
- ◆ 裂缝调查；
- ◆ 防火性能。

然后专家组需要基于丹麦和瑞典两国的经验——丹麦桥梁结构混凝土规范《AAB Betonbroer》和瑞典的类似规范 BRO 94 将技术说明写成技术规范。如此给出一套更全面，更严格的要求：业主对100年使用寿命的规约不能通过其他形式满足。同样，厄勒项目规范结合两个国家规范的最佳部分，从两个国家的混凝土经验中给出一个最优方案。

图1 经过1300℃高温测试后的混凝土变化情况
(The concrete after testing up to 1300℃)

图2 工厂化条件下室内生产的隧道节段
(The Tunnel segments produced indoor under factory like conditions)

## 混凝土的主要种类

混凝土结构耐久性设计中的一个关键因素是保护层。保护层的质量取决于其厚度和混合料的质量,而后者主要是水/灰比这个函数,因此,耐久性设计必须包含最小保护层以及最大水/灰比。这些规定值都必须取决于要求的使用寿命和所处环境的侵蚀程度,这又或多或少取决于结构的详细几何设计并且沿着结构表面变化较大。

在厄勒大桥情形中,环境的侵蚀性很大一部分取决于所涉及的结构部分。桥塔顶部的环境不同于位于浪溅区的环境,因为在浪溅区会面临盐水和霜冻作用,这又不同于隧道侧壁,隧道侧壁受水压力,但不受霜冻作用。

明智的做法是在水灰比方面,只规定少数几种混凝土,而覆盖层厚度变化范围较大,这样就减少了混凝土种类的总数量。就厄勒大桥而言,只规定了以下两种混凝土。

A 型:最大水灰比为 0.40;
B 型:最大水灰比为 0.45。

混凝土的两种类型一种是抗冻,另一种是不抗冻,并且都可以根据环境,使用 50mm 或 75mm 的保护层厚度。这种情况下,只采用 2 种不同混凝土就可以应对 8 种(2×2×2)不同的环境等级,并用于所有 8 种不同区域,这样才可能实现 100 年使用寿命。可以从图 3 中看到的,并不是 8 种可能性都要应用于本项目中。考虑情况详述如图 3 所示。

| 位置/结构 | 混凝土种类 | 是否暴露于霜冻之下 | 水灰比 | 保护层(mm) |
|---|---|---|---|---|
| 外墙、门和顶部 | A | 否 | 0.40 | 75 |
| 内墙<br>洞口建筑物 | B | 否 | 0.45 | 50 |
| 引道段<br>洞口建筑物 | A,带空气 | 是 | 0.40 | 75 |

图 3　与混凝土类型相关的隧道结构部分实例

(Examples of structural parts of the tunnel in relation to concrete types)

## 水灰比

对 100 年使用寿命的要求与对密实(低孔隙率)混凝土和厚混凝土保护层的均衡结合要求是相同的。原则上,当水灰比下降时,孔隙率也会下降。因此业主应该早些尝试用非常低的水灰比来促进使用更薄(正常)的混凝土保护层。但是,即使这种情况理论上可行,采用极低的水灰比生产密实耐久的混凝土技术却不是一种"众所周知的技术",因为极低的水灰比会产生一些负面影响,而这些负面影响反过来又可能会对孔隙率和耐久性造成负面影响:

◆ 因为低水灰比,骨水泥反应引起的内部微小裂纹趋势增强。当水灰比低于 0.40,裂纹的趋势会大大增加,伴随着矿物掺合料内容的增加——主要是硅粉(微硅粉)的数量增加,裂缝的风险似乎也随之增大。但是,并不能科学地解释这些内部裂缝如何减少密度。也许它们具有"微"重要性,但是很难证明;

◆ 伴随着采用极低的水灰比,会产生混凝土很难浇筑的风险。即使坍落度正常,振捣时间大大延长,才能压实混凝土,并且模板振捣是不可能的。此外,很难采用普通方法实施混凝土终饰作业。

为了弥补这些不利的影响,通常需要使用非常大剂量的附加剂,如三聚氰胺系高效减水剂。因而延长混凝土凝固时间可导致生产问题,如白天浇筑、终饰和夜间凝固,导致最终产品的质量下降。在某些情况下,还出现表面结皮;

◆ 由于采用低水灰比的混凝土,延长凝固时间,加之大剂量的增塑剂一起,会引起混凝土引气系统变得不稳定的风险,因而使混凝土的抗霜冻作用大幅度减小。但是,因为并不暴露于霜冻之下,隧道的沉管部分不会有任何问题。

将所有潜在的风险与低水灰比一起考虑进去,得出的结论是使用最大水灰比为 0.40,水灰比不至于太低的混凝土得到最佳的混凝土质量。瑞典和丹麦桥梁建筑的经验告诉我们,这种质量通常能满足很高的质量要求。在环境更加温和的区域,要求最大水灰比为 0.45(均值是 0.43),这同样能达到很高的混凝土质量。

## 混凝土保护层

基于以上描述的混凝土水灰比要求,可测算钢筋所需的足够混凝土保护层厚度,或者,从另一种角度考虑:考虑到要求的水灰比和 100 年使用寿命的总体要求,需要使用什么样的保护层?

首先,除非混凝土保护层特别厚,否则在海域或防冰环境中达到 100 年的使用寿命基本不可能,这个认知在科学家中广为流传,而且也都同意。但是意识到这个理论是基于氯离子扩散和临界氯含量(腐蚀开始之前)的试验室测量很重要。问题是:在现实使用寿命期间会发生什么?

为了弄清楚实际氯离子扩散情况,在瑞典和挪威已经开展了全面的实地勘查,研究在真实使用寿命期间,海域环境中,混凝土的氯离子扩散情况。

图 4 混凝土垫块(Concrete spacers)

对瑞典厄兰大桥(Oland bridge)维修桥墩的氯离子侵蚀测量,以及对瑞典特赖斯勒夫斯莱格(Traslovslage)野外试验站的样品测量显示在海域环境下达到100年的使用寿命也是可以实现的,为了实现这一目标,如果保护层近75mm,需要使用水灰比为0.40的无裂缝混凝土以及纯正的普通水泥。

# 防水

沉管隧道耐久性设计的首要因素自然是防水。第二个因素是氯盐腐蚀预防的需要,因为此类腐蚀能随着时间延长削弱安全性。事实上,这两个因素相互联系,因为氯盐腐蚀的风险很大程度上与海水携带的氯离子渗透相关。正如下面所述,如果没有出现裂缝,氯离子就不能侵蚀高性能混凝土。

可以通过四种不同的机制消除混凝土中的海水和氯离子侵蚀:

◆ 对没有裂缝的混凝土的侵蚀。氯离子从混凝土外(逆流)表面逐渐侵蚀混凝土——在高性能混凝土中是个非常缓慢的过程。暴露于海水中的混凝土外表面上积聚着最大量的氯离子;

◆ 由在无裂缝混凝土中流过的海水毛细运输引起的氯离子对流。这个过程在用于薄建筑构件质量不好或中等质量的混凝土中会很快。氯离子在混凝土内表面(顺流)积聚,此处构件的氯离子沉积量最大;

◆ 由在无裂缝混凝土液压下水运输引起的对流。这种流动与毛细流动叠加在一起,在结构上造成同种类型的"氯离子负载"。毛细作用和叠加的液压作用引起裂缝中的对流运动。氯离子积聚在内表面上,在那里发生氯离子富集。裂缝的主要部分遭受连续的氯离子积聚,这就与海水中的外部沉积相同。

四种不同的运输机制会在下面进行讨论。你将会发现只有第四种裂缝中的液体流动——实际上才是高性能厚混凝土构件的最大危险;水灰比≤0.40。因此必须避免液体在裂缝中流动。

机制1:扩散

水灰比为0.40的原生未开裂混凝土氯离子扩散性是$5\times10^{-12}m^2/s$,这是暴露前在试验室计算的结果。混凝土暴露于海水中几年后,氯离子的扩散性就会很大程度的降低,这能在挪威和瑞典的研究项目"海上混凝土建筑"中得到验证。混凝土芯样从沉入北海很多年的建筑中提取出来。研究了通过$t$日内暴露的混凝土氯离子纵断面图计算的真实有效的扩散系数$Deff(t)$。在从相同芯样不同端取下的非氯盐材料切片上,进行了所谓的体相扩散测试,以在试验室测试获得的氯离子纵断面图为依据,得到了体相扩散系数。这就意味着10年混凝土的平均真实扩散率只有原生混凝土体相扩散率的4%。

瑞典现场试验显示了与挪威研究相似的趋势。1400天之后的真实扩散系数只有$0.5\times10^{-12}m^2/s$——35天后计算的扩散系数只有6%,$8\times10^{-12}m^2/s$。这和挪威的研究结果很相近。海水扩散系数明显降低的原因还不清楚。这种在自由氯离子和粘着氯离子之间减少扩散系和/或增加关联的情况可能取决于海水和水泥浆体之间的化学反应。另一种解释是混凝土在真正的结构中并不完全是水饱和,也就是说扩散系数比饱和状态下小很多。

瑞典的研究显示密级混凝土中的极限浓度比正常情况下大很多。当水灰比为0.40、水泥是低碱水泥时,可能会要求自由氯离子浓度达到40g/L或1.14mol/L。这事实上意味着除非氯离子通过增湿/干燥循环得以积聚,否则厄勒的水并没有达到能引起腐蚀的盐性。这种情况与隧道无关。

结论:扩散引起的腐蚀并不会给厚的混凝土构件、水灰比≤0.40 的混凝土带来很大的麻烦。

机制 2:无压对流

氯离子流动比水流慢。混凝土中的水流已经被研究了很长时间,在这些试验里,混凝土和水泥砂浆试块暴露于顶面相对湿度为 33%、底面为流动水的恒定气候中长达五年。这个试验在稳态状况下通过毛细作用,让水流过,比如流过沉管隧道的顶端或侧墙。

经过多年的暴露就会达到稳态状况。水分剖面的形状显示了低水灰比混凝土的水分迁移是正常扩散过程的一部分,而不是主体水的流动。这就意味着稳态状况下的水汽通量与构件的厚度是相反比例——这当然是微不足道的陈述。

在此基础上,100 年曝露期间的水迁移就能计算出来,并且按照隧道内的相对空气湿度的不同来区别对待。计算所得出的结果是:水流动在混凝土周围积聚的氯离子量很少,因此如果混凝土构件很厚且性能很高,那么氯离子就不会造成腐蚀。

机制 3:水压对流

水压在理论上会增加混凝土周围水的流动。但是,计算却显示水压只对水分流动产生了一点点作用,因此,在没有裂缝的混凝土中可以忽略不计。

机制 4:裂缝周围的对流

在考虑隧道建筑时,需要涉及三种类型的裂缝:

裂缝 1:贯穿整个混凝土厚度的裂缝;如,生产期间在混凝土构件之间由不同温度热压力引起的裂缝。

裂缝 2:只在混凝土逆流部分产生的裂缝,这些主要是由外部负载引起的。

裂缝 3:混凝土顺流部分产生的裂缝主要是由于外部载荷和/或隧道内部收缩所致。

可以看见,只有类型 1 的裂缝是需要关注的关于建筑物水渗透的裂缝。同时还要注意裂缝经常会因为逐渐填入水化产品、方解石等而愈合起来,因此很多情况下,新的混凝土建筑裂缝间的水流是最大的。自己愈合的能力在含有大量矿物附加剂如粉煤灰、硅粉或矿渣粉的混凝土中可能会大大降低。

如果计算进入裂缝的渗水量,而这些裂缝是由热应力产生,则 1m 宽的标准光滑裂缝的计算结果如图 5 所示。

| $W$(裂缝宽度)(mm) | $W$(μm) | 流率(kg/100 年) |
| --- | --- | --- |
| 0.2 | 200 | $9 \times 10^8$ |
| 0.1 | 100 | $1.13 \times 10^8$ |
| 0.05 | 50 | $1.41 \times 10^7$ |
| 0.01 | 10 | $1.13 \times 10^5$ |
| 0.001 | 1 | $1.13 \times 10^2$ |

图 5　100 年间穿过标准裂缝的总水流量

(The total water flow through ideal cracks during 100 years)

2年内流入0.2mm宽、1m长的裂缝的水流量相当于90万吨。

在现实的裂缝中，因为裂缝墙壁的粗糙、裂缝的弯扭系数等原因，水流量会更小一些。但是，很明显，水流会给混凝土带来大量的水和氯离子。如果它们持续地流过整个混凝土，那么这同样也适用于很小的裂缝。因此，我们得出结论：如果技术条件允许，是可以避免水的流入的。丹麦人的经验和最近的研究已经证明：众所周知的技术可以减小开裂风险，因此需要根据此技术，制定相应的要求。

## 无裂缝混凝土

隧道的外墙壁承受非常大的环境压力。隧道外表面没有布置防水层，这样一个很大的水压会不断地作用于混凝土上。这就意味着大量盐水将渗透到混凝土内。

当(或如果)水能到达隧道的内部，水分会蒸发，而氯离子就会残留在混凝土表面。在整个使用寿命中，隧道内部表面的氯含量绝对不能达到引起腐蚀的水平。因此必须尽可能的限制水和后续的氯流量。这个过程的控制靠控制裂缝数量如上面描述的那样，并且这些裂缝是由早期裂缝引起的；也就是说，由温差和自收缩产生的应力和应变引起的。

因此，要求计算早期裂缝应力和应变，这是规范不可分割的一部分。该计算以早期裂缝控制新技术的发展为依据，在过去20年里，已经被瑞典，尤其是丹麦所引用。

正如前面提到的，裂缝形成的风险首先与结构温差有关，其次与结构自收缩有关。裂缝形成风险的计算包含了温度变化的计算，因为混凝土性能的发展很大程度上取决于温度。另外，温度变化代表了参与应力计算的荷载量。

## 计算方法

当混凝土变硬、热能释放时，混凝土内的温度就会上升。当这种情况发生时，混凝土就会膨胀。因为某些热量流失到了周围环境中，在混凝土浇筑结构内(以及或有相邻结构)，并不是所有部位的温度都一样。因此就产生了三维应力状态。应力状态取决于结构的温度的生成和几何设计，包括其与相邻建筑的相互作用。另外，应力状态还取决于硬化过程中混凝土力学性能的变化。

从理论上来讲，这是结构分析的经典部分，展示了两个主要问题。第一个是为分析取得可靠的输入数据，这主要是指混凝土的性能及其在时间中的变化。第二个问题是进行计算，要求具备能处理大量数据的电脑程序。

问题的第二个部分可以通过一些现有的商业程序来解决，这些商业程序大部分基于有限元方法。通过将硬化过程组织成几个短时间间隔，很有可能在正常线弹性基础的时间间隔上决定应力的增加。这种计算不包括正常静力计算内新技术与传统方法的比较。

### 混凝土性能

下面的材料性能会被列入硬化混凝土应力的计算：
- 生成的热量；
- 弹性模量；
- 热膨胀系数；

图6 管段全横断面一次性连续浇筑
(Full cross-section of a segment cast in one continuous casting)

◆ 泊松比；
◆ 缩水和自干燥；
◆ 徐变。

另外，开裂发展风险的计算还要求：

◆ 抗拉强度。

建议这些性能应该按照图7中显示的测试方法进行界定。

| 材料性能 | 方法 |
|---|---|
| 热生成 | NT 正常温度产热 388 |
| 弹性模量 | 美国材料试验标准 ASTM C469-67 A |
| 热膨胀系数 | TI-B 101 |
| 泊松比 | — |
| 缩水和自干缩 | TI-B-102 |
| 徐变 | TI-B-102 |
| 抗拉强度 | 美国材料试验标准 ASTM C496-90 |

图7 测试方法(Test methods)

如果对混凝土性能进行了灵敏度分析，所有的结论都要以开裂风险的相对变化为依据。在这个基础上，混凝土性能的灵敏度分析可以总结如下：

◆ 边界条件可能对裂变风险产生很明显的效果。因此，计算模型反应约束力或约束力合理的上下限制是很重要的；

◆ 看起来徐变可能会极大的影响开裂风险。对开裂风险的评估要求用于计算的徐变模型也应该呈现可逆的徐变；

◆ 如果涉及构件被相邻建筑所限制，很明显，收缩会对开裂风险产生重大的影响；

◆ 热膨胀系数的值具有很大的作用。及时采用一个恒定值(取决于使用的混凝土)就已经足够。如果开裂风险——在加热期(最初30个小时)数值很大，很有必要使用一个时变的膨胀系数。在这种情况下，保守估计就已经足够；

◆ 泊松比对开裂风险来说作用不是很大。可以将恒定值设为0.17(与混凝土类型和时间无关)。

## 早期裂缝控制

温差要求一直是传统上用于预防早期裂缝的方法。温差要求并不反映约束条件影响和混凝土力学性能(例如,早期收缩依旧取决于混合料设计)。如果开裂风险转换成温差要求,那么对于所有约束条件和混凝土种类而言,这些要求过于保守。因此,早期裂缝控制的要求以应力计算为基础,这样,有可能考虑实际约束条件和混凝土性能。

这些要求作为双重要求被陈述,其中,承包商应该:(1)计算(数值模拟)开裂风险($P$),并且记录开裂风险低于限值的情况;(2)检查结构是否有裂缝,测量所有裂缝宽度($w$),并且记录裂缝宽度 $w$ 低于限值的情况。

除了隧道的挡水部分,桥上浪溅区处不允许裂缝以外,其他部位的裂缝宽度不能超过 0.20mm。

开裂风险的计算应该利用计算机和有限元方法进行。输入的数据应该是通过测试得出的硬化混凝土的性能以及其他描述承包商施工计划和环境条件必要信息(模板施工、绝热、风、温度等)。该程序计算得出的应力除以轴抗拉强度,构成开裂风险 $P$。

所有防水结构和浪溅区的裂缝($P$)可接受风险为 0.7,其他建筑的可接受风险是 1.0。

因为应力和应变力的原位测量基本不可能,因此监控和硬化过程应该基于温度测量。

图 8 浇筑场的隧道管节(Tunnel element at the casting yard)

应该在预备试验或试浇筑中测试所有的施工方法、检测方法和温度控制设备。施工方法和设备应该通过温度测量值进行评估,温度测量值应该与计算得出的温度进行比较。

在产品测试过程中,应该从不同位置对温度进行监控,这些位置的挑选是基于计算计划中关键横截面的识别。

## 配料设计

允许隧道的所有部分采用纯硅酸盐水泥和矿渣水泥(矿渣含量大于 66%)。粉煤灰和硅粉可以连同硅酸盐水泥一起限量使用。含有矿物质添加剂的混凝土,以及带有纯硅酸盐水泥和矿渣水泥的混凝土可采用相同的水灰比。

在考虑水灰比的计算时,允许使用添加剂,通过添加剂量乘以一个效率系数并将乘积与水泥量相加,该效率系数是固定值。从耐久性角度考虑,相当于多少千克的纯硅酸盐水泥能替代 1kg 添加剂。

鉴于碱集料反应的风险,硅酸盐水泥必须是低碱类型。考虑到海洋环境中抗硫酸盐侵蚀的需要,允许 $C_3A$ 的含量达到 5%。不要求 $C_3A$ 的最小值,因为现代实地测量并不能证明 $C_3A$ 浓度会改变钢筋腐蚀的风险。

并没有说明对最大产热量的要求,但是考虑到对早期裂缝控制的要求,低热水泥或具有适当水合热的水泥通常是最佳选择。

隧道建筑允许采用矿渣水泥。ENV 197-1 作为参考,CEM III/B 42.5 和 52.5 是要求使用的。矿渣水泥应该是耐硫酸盐水泥,因此它应该具有很高的矿渣含量(矿渣大于 66%)。这种水泥 19 世纪 70 年代末、80 年代初产生于瑞典,以"Massivcement"为名出售,包含 65% 矿渣粉。

矿渣水泥混凝土经常有一个相对低的热产量,这原则上有助于减少开裂风险。实践和试验室测试已经证明含有矿渣水泥的混凝土较易脆,因此,与有相同热产量的普通水泥相比较,对早期裂缝更加敏感。含有矿渣水泥的混凝土已经在荷兰很多沉管隧道中得以成功应用,尽管 0.55 的水灰比相对高一些。

允许添加硅粉(硅微粉),其最大含量可占总粘结剂含量的 5%,但只能添加到带有硅酸盐水泥的混凝土中。效能系数应该是 2——与丹麦标准相同的数值,但高于瑞典标准。但是,考虑到允许的含量,该效率系数的大小的影响有限。

粉煤灰允许应用在不遭受严重冰冻作用的结构上,但仅仅用于含有或不含硅粉的硅酸盐水泥混凝土中。允许的最大硅土粉含量是总粘结剂含量的 15%,效能系数为 0.3,即:与应用于瑞典的数值相同,但低于丹麦的 0.5 数值。

骨料。目前没有可操作的欧洲标准,因此对骨料的要求设置很全面。要求规定骨料必须是"纯净且健康的",因此所有含有沙子和细料的骨料必须要通过针对碱活性的综合预测试。很多这样的试验都很浪费时间,因此此类试验必须早点开始。

应该选择具有高质量和稳定性引气系统的混凝土混合料来确保抗冻性能。通过对混凝土的综合预测试,需要确定新浇筑和硬化混凝土内的空气含量。该预试验根据瑞典方法"Boråsmetoden",包括盐致混凝土剥落试验,以及采用所谓的临界膨胀法进行内部抗冻试验。这里的混凝土处于水饱和长达半年,接着经受冻融循环周期,混凝土内不不允许产生裂缝。

图 9　骨料储存场(Slock yard for aggregates)

通过频繁测验新浇混凝土的空气含量来控制生产。还要测试硬化混凝土的空气含量,在钻孔取芯样本上测试盐致混凝土剥落的情况。

## 试验构件和全尺寸试浇筑

应对各组件和混合料设计进行全面的综合试验项目。完成试浇筑前试验和正式生产之间的一个重要中间步骤是全尺寸试浇筑。在这一阶段,承包商拟用混凝土配料与所选用的生产工艺相符。全尺寸试验浇筑是一个大型浇筑,考虑到运输、浇筑和养护方法,基本在全尺寸条件下进行,并且这些全尺寸试验浇筑必须在每次新型结构构件使用前进行。

## 一般经验

作为《施工要求》(CR)的作者与混凝土顾问在施工过程中总结如下最重要的施工经验:
◆ 允许承包商很自由地选择配料和配合比设计,承包商的确也这样做了;
◆ 虽然预测试计划很全面,但被承包商和供货方接受了;
◆ 某些构件的供应商过去常常不习惯仔细阅读《施工要求》(CR)及其所要求的正规质量体系;
◆ 设计方同意 75mm 的混凝土保护层;
◆ 承包商喜爱《施工要求》(CR)的具体验收标准,因为他很清楚什么是合格,什么是不合格。这同样把承包商内部质量品质经理和"现场员工"之间的合作变得简单;
◆ 当没执行计划工序的时候才会发生结构开裂,这表明理论计算是有用的。通常情况

图 10　预试验块(Pretesting block)

下,早期裂缝很少见;

◆ 承包商选择一次性浇筑整个隧道横截面。这种方法省去采用冷却管及随后的全面温度控制,另一方面,该浇筑方法要求严格控制浇筑顺序;

◆ 承包商选择非常容易流动的混凝土,但是该混凝土还需要插入式振捣。外部振捣是不够的;

◆ 即使水灰比低于0.40,暴露于霜冻下的混凝土还是需要稳定的空气空间系统来防止霜冻。

图11　全横截面一次性混凝土浇注
(Casting the full cross-section in one casting)

图12　在未硬化的混凝土上浇筑侧墙
(Casting the walls against still not hardened concrete)

# 5 隧道引道段的地下水控制

**AAGE HANSEN**
项目协调员,地质工艺学
厄勒海峡工程联合体

**JENS KAMMER MORTENSEN**
厄勒海峡工程联合体工程负责人

**HENNING KRYGER HANSEN**
土木工程师
丹麦岩土工程研究所

**LARS RASMUSSEN**
岩土工程师
KAMPSAX 建筑咨询公司

# 引言

建造沉管隧道的引道段时,不可避免地要影响或干扰非常复杂的地下水领域。业主尽最大努力确保这些介入活动既安全又节约成本,同时不会对环境造成不可接受的不利影响。他们采用最先进的方法对地层状况进行了全面了解,对调查结果进行模拟,最后本着对环境负责的考虑,制订出施工方法。

## 主要情况

### 区域方面

阿迈厄岛(Amager)地处低洼,地下水情况复杂,西侧的隧道引道段从这里一直延伸到厄勒海峡:

- ◆ 岛上的情况是淡水和咸水处于一种微妙的平衡状态。
- ◆ 坦比(Tårnby)和德拉格(Dragør)是两个主要的地下集水区,可以从灰岩含水层为大约20000人提供饮用水。
- ◆ 岛上的主要地下结构排水畅通,部分废水被第二次作为工业用水。
- ◆ 以往人类活动带来的污染成为集水区的永久性威胁。

在沉管隧道的另一端附近,也就是在东岸的引道段,是无人居住、地势低洼、沼泽般的萨尔特霍姆(Saltholm)岛。那里是一个宜人的半海洋环境,生活着各种珍贵的动物——不同品种的鸟类、海豹及其他动物。

很显然,以上情况要求在任何干预地下水活动时必须采取谨慎而周全的方法。

### 项目

该沉管隧道长达3510m,其最深处达到航道下面22m处,引道段的隧道口部位于海平面10m以下。

由于上述原因,早在项目一开始,业主便断定采取永久性排水是不合适的。现浇混凝土洞口结构的上浮动力正好被它的自重和地锚的作用力所抵消。在对引道段而言,采用一个深埋防水层加上填土压载保证了竖向力的平衡。

业主认真研究了采取临时排水的可能性,本章的主体部分对此进行了描述。

### 全面地质勘察

1992到1993年间,对引道段和沉埋段沿线进行了深水测量、反射地震探测和折射地震探测。根据探测结果,沿着引道段和隧道沿线进行海底钻孔取芯,钻孔深度从海床面达海床以下30m至50m不等,孔间距为200m至500m。该钻孔取芯技术经过改进,能达到几乎100%的取芯率,然后这些钻孔再用于地球物理钻孔测井记录,结合其他各种记录。

### 地质模型

图2显示的是引道段和沉管隧道的地质断面;根据设计,两个引道段都应置于水深高达4m的近海地区。海床被第四纪沉积物所覆盖,第四纪沉积物主要由冰川堆积物构成,位于达宁阶石灰岩的下面。西岸的引道段建在地下10m处的冰川堆积物上,东侧建在地下5m

处的冰川堆积物上。灰岩沉积物的整体地质结构呈下陷的凹面,沉管隧道和两岸的引道段沿线东西长达25m。在项目结构所要占用的范围内没有发现断层。然而,由于冰川活动和折叠过程,灰岩受到了侵扰。这些侵扰增大了石灰岩层的渗透性,因而成为在露天挖掘地建设引道段时必须考虑的事。

图1　皮伯霍姆(Peberholm)人工海岛上的隧道口部,以及杜洛格敦航道
(The tunnel portal on Peherholm and the Drogden Channel)

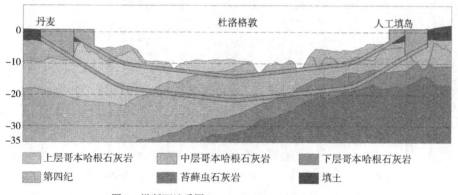

图2　纵断面地质图(Longitudinal geological section)

## 水文调查

### 海底抽水测试

1993年,在隧道引道段区域进行了近海水文地质勘探,借鉴了在莫斯(MOSES)项目预调查阶段研发的海底抽水测试技术的经验,该经验与大贝尔特海峡大桥钻挖隧道有关。理论上说,海底抽水测试与陆基抽水测试并无不同,只是要考虑的实际问题更为复杂。在此之前,人们尝试过使用分离的钻井平台和观测井,但是因成本昂贵而被弃用。

使用专用井头可以使海底抽水测试更为容易，它可以在不同模式下用来安装潜水泵、压力传感器或直接关闭井区。这一理念最初应用于莫斯(MOSES)项目，需要潜水员辅助进行切割、焊接和安装工作。在厄勒海峡大桥项目中这一理念得到进一步改进，整个作业过程不需潜水员辅助，仅靠自升式钻塔上工厂内安装好的设备、轮船或驳船上的车间成品设备便可完成。图3显示了该理念最初在大贝尔特海峡大桥(左图)和改进后在厄勒海峡大桥(右图)项目里的体现。

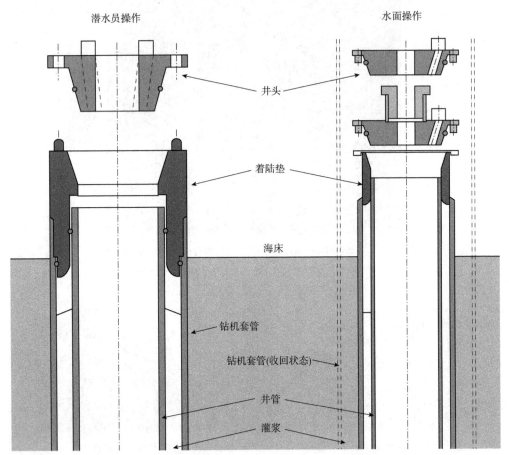

图3　海底井头：左为潜水员操作(大贝尔特海峡大桥)，右为地面操作(厄勒海峡大桥)
(Subsea wellhead Left: Diver-operated(Storebaelt), Right: Surface operated(Oresund))

在隧道两端的两个引道段各打入多个钻孔，都在石灰岩层内加过滤网，在第四纪沉积层里密封，配备有可用于固定井头的着陆片。除了标记地质界线和进行切割取样以外，这些钻孔还可运用各种不同的测井设备进行地球物理钻孔测井。尤其是，流体流量测井(结合井径测井)曾被用于描述灰岩储层水力学特征的竖向变化。

加过滤网钻孔被用于对石灰岩储层进行抽水测试，把一个或多个钻孔当作灰岩储层的抽水井，把位于同一引道段的其他钻孔当作观测井。使用多个观测井在西岸的引道段进行了六次抽水试验，初步确定了引道段的位置。这些试验与正常的岸上测试的试验方法一样，把潜水泵与井头连起来，水流过水量计然后排到厄勒海峡。然后在引道段的最终位置，大约在最初估计的位置向北 1000m 处，进行四次抽水测试。这些测试是在自升式平台上进行的，通过远程（电缆）监测了 500m 外海上钻孔的孔隙压力变化，同时还采用传统的压力传感器和数据收集器对现存的一公里以外的岸上钻孔进行了测压水位变化的监测。

虽然海上测试是在钻孔里进行的，而且这些钻孔靠近灰岩储层与厄勒海峡直接相连接的地方，其中几次抽水测试的有效影响半径超过 1km，同时岸上钻孔的水位下降情况也被记录下来。根据抽水测试的结果，可以弄清楚石灰岩储层中的一些复杂情况。

结合引道段位置的两次海中勘探结果和一次最初的岸上定位的试验结果，我们可以清楚地看到灰岩储层呈水平分布带。这些区域基本上呈现西北/东南导向。在引道段区域内或附近，一共发现了 11 个水文地质参数变异度较高的区域。有资料显示，渗水性变化至 2 个数量级，蓄水系数改变至一个数量级，泄漏系数改变至 2 个数量级。

据推测，渗水性最高的区域总宽度达 250m 到 500m，与所记载的该地区中的哥本哈根石灰岩和苔藓虫石灰岩之间的边界的竖向位置向西倾斜相吻合。特别需要指出的是，根据流量测井记录，在引道段区域内的大多数钻孔里可以追踪到两个高度渗透性区域。

◆ 一个上部区，与假定被冰川压碎并断裂的石灰岩上层吻合，而在水力作用下石灰岩与海床连在一起，而且

◆ 地势稍低的高度在 4~8m 的低区域，它的顶部在地下 15~30m 之间。

水文地质勘探采用的是多井测试的方法，其目标是弄清楚离岸排水计划对岸上环境的影响。测试方法如下：以 170m³/h 的速度，在 24 天内同时从四口离岸测井里抽取海水，不断记录除抽水井以外其岸上观测井里高达 3m 的水位下降情况。试验表明，量级 0.15m 的水位下降可以在距抽水井 1.2m 远的地方记录到。

东侧的引道段区域同样进行了五次抽水测试，试验表明灰岩储层里有一个水平带状区，而且东引导段区域的水文地质条件没有西侧引道段区域复杂。以上测试还显示东侧引道段的过滤性较低，变化较少，没有清楚的垂向分带。

## 水文模型

区域性及局部地下水模型，开展 SHE 模拟试验。

### 概况

1987 年始于哥本哈根地区的地下水模型，使用的是三维动态的水流与污染分散模型 SHE，其目的是保护饮用水集水区。1992 年，区域模型开始覆盖阿迈厄（Amager）岛，它与厄勒海峡大桥岸上部分的准备有关，所以在对隧道引道段的勘探过程中，可以获得可操作的区域地下水模型。得益于厄勒海峡大桥项目进行的东西两岸的地面勘探结果，使得这一模型不断更新和进一步完善。

在项目开发过程中，为东西引道段区域建立了局部模型。随着知识积累，这些地下水模型得以建立、校准、更新/重新校准，并得到了如下的应用：

◆ 预测拟开展的抽水测试调查的可行性及结果。

◆ 通过模拟实施过的抽水测试，对可能出现的暂时性地下水下降进行模拟，重新校准该模型。

◆ 研究该区域内预选参照点处的效应,阐明所有区域或局部性后果。

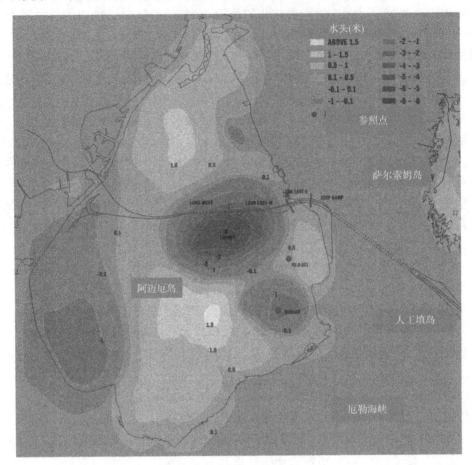

图4　现存的地下水水势(Existing groundwater potential)

## 西岸的引道段(半岛)

阿迈厄(Amager)岛是一个位于海面以上约5m的岛屿,该岛地势平坦。厚厚的第四纪岩层厚度为5至17.5m,由填土、后冰河期沉积物和冰川沉积物构成。该层下方是厚度达35m的哥本哈根石灰岩层,再下方是苔藓虫石灰岩层。在石灰岩层的顶部,是厚度为10到40m的区域性地下水储水层,覆盖了整个阿迈厄岛并且延伸到厄勒海峡。整个灰岩储层被做成一个分层式的模型结构,包括两个主要的地下含水层。该引道段的主要特征是顶部为高传导性能区域。

区域性模型(200m×200m 网格线)和地方性模型(50m×50m 网格)均同时运行,相互填入边界条件。通过计算排水量和水位下降量,计算在10种不同情况组合下,岸上施工地下水下降量和西引道段区域的地下水下降量。每种情形的模型结果表示为岸上所选参照点的地下水排出量和水位下降量。模拟时间为两年和五年,即整个施工期。

西引道段的排水量大约为550m³/h,受其他近海岸的地下水水位下降的影响较小。近海岸参照点的两年地下水位下降预测值为0.0~0.6m,此预测值取决于其他岸上地下水降水活动的情况。

| 情景 | 截面排水量($m^3/h$) | | | | | 参照点水位下降量(m) | | | |
|---|---|---|---|---|---|---|---|---|---|
| | 陆上西部 | 陆上东西 | 陆上东东 | 深度 | 斜坡段 | Tårnby | Dragør | 钻孔 | 93.0.021 |
| 1 | 0 | 0 | 0 | 0 | 0 | - | 0.0 | 0.0 | 0.0 |
| 1 | | 0 | 0 | | 550 | - | 0.0 | 0.0 | 0.1 |
| 3 | 0 | 0 | 110 | 0 | - | 0.0 | 0.0 | 0.1 | - |
| 4 | 0 | 90 | 0 | - | 0 | - | 0.1 | 0.0 | 0.2 |
| 5 | 290 | 0 | 0 | | 0 | | 0.1 | 0.0 | 0.0 |
| 6 | 0 | 0 | 70 | 540 | - | 0.0 | 0.0 | 0.2 | - |
| 7 | 290 | 90 | 0 | - | 0 | | 0.5 | 0.0 | 0.2 |
| 8 | 290 | 80 | 0 | | 550 | | 0.6 | 0.0 | 0.2 |
| 9 | 290 | 80 | 0 | - | 550 | | 0.6 | 0.0 | 0.2 |
| 10 | 230 | 70 | 50 | 540 | - | 0.6 | 0.0 | 0.3 | - |

图5 2年后10种情形的预计排水量和降水量

(Predicted discharges and lowerings for 10 scenarios after two years)

注释:零地下水流动意味该截面无水位下降。

## 东岸引道段(人工海岛)

模型所覆盖的地区,除了萨尔霍姆(Saltholm)岛都被6m深的海水覆盖。在萨尔霍姆岛的海床和地表上,是0~15m厚的第四纪冰积层或后冰河期沉积层,其下方是0到15m厚的哥本哈根石灰岩层,再下方是苔藓虫石灰岩层。位于整个岩层的上方的哥本哈根石灰岩层被认为是主要含水层,它具有高的传导性,其下方岩层的传导性就相对较低。

这个校准模型适用于预计施工程序,包括露天挖掘和(被动的)污水泵排水。我们设想过建立一个临时的人工海岛作为引道段区域挖掘的工作区,不过没有考虑减少水流量的措施,即灌浆或止水墙。

在得出结论一个月后,这些地下水位下降模型及其数据被证明是稳定的,因此可用于整个施工期。三年后模型计算出的水流量为$200m^3/h$,模拟得出的萨尔霍姆岛(Saltholm)岸边的地下水位下降量小于0.05m。

## 地下水模型工程:三维有限差分地下水流动模型(以下简称MODFLOW)模拟试验

为了给隧道引道段施工中采用的各类排水方案提供评估工具,当地的MODFLOW模拟逐步补充地区地下水模型。利用抽水测试中发现的参数,在每一引道段建立一个覆盖面积达5km×4km的三维数字的水文地质EDP模型。

虽然区域性SHE模型和地方性MODFLOW模型是由两个独立的顾问公司创建的,但是这两个模型采用的都是由抽水测试得来的水文地质参数。结果,对于各种挖掘观念泵取出的水量,这两个模型给出了相似的结果。采用这两种不同模型的好处是,区域性安全、健康及环保(SHE)模型可以阐明必要的排水作用对环境带来的影响,而地方性MODFLOW模型则可以展现挖掘观念的小变化带来的不同结果。

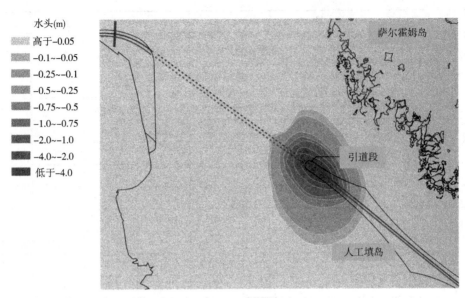

图 6　东岸引道段，模拟水位下降
(Eastern ramp, simulated lowerings)

# 施工

### 地下水排水系统

对引道段的施工，包括水位降低系统的施工，都是在围坝内进行的，这些围坝主要由各项疏浚工程中挖出的黏土冰碛物堆成，并直接建在由沙或沙质层构成的海床上。在西岸引道段的东侧和东岸引道段的西侧都建了防渗墙以减少堤坝下方渗漏，防渗墙由膨润土水泥墙或板桩墙组成，安装在石灰岩顶部两米以下。

关键问题是挖掘工作的稳定性，即没有底部隆起或强度恶化，冰碛物和石灰岩能否经受得住向上的梯度。最后得出的结论是冰碛物不能承受这种梯度而石灰岩可以承受。

因此，在建设排水系统时采用了以下两个施工原则：

◆ 在冰碛物上建有建筑物的地方同时使用排水系统和减压井。减压井要建在这些建筑的边缘和底部，一般情况下都会钻到石灰岩层的 2m 处，而且里面要安装有槽的聚氯乙烯套管。在挖掘前和挖掘到地基标高期间，给多口井配备了潜水泵而且被用于主动抽水，从而有效地把地下水位降到了地基标高以下。当最终挖掘到预定深度时，所有的减压井与在建筑物下面 1.5m 处挖掘的排水沟连接了起来。

◆ 在石灰岩层上修建建筑物时，在挖掘之前，排水系统已建好，抽出的水来自挖掘地或来自简单的污水沟。当最终挖掘到预定深度时，会沿着建筑物或在建筑物的下方建造水平排水沟。

### 监测系统及结果

利用几个管体式水塔对排水系统的影响进行每日监控。从各泵水站集水坑对不同的排水系统的排水量进行连续监测。

对沉淀物的成分做定期检测。在实施挖掘工作期间,大部分从系统中抽出来的水都在排入大海之前被抽到不同的蓄水池沉淀。对水的各种成分如铁、石油等的含量也做定期检测。被测量的水量一般和预计量一致。在西岸的引道段,抽出的水量比假定值 550m³/h 高出大约 200m³/h。这个多于 150m³/h 的增长,与西岸引道段的东部唯一的石灰岩水平高渗透带有关。在东岸引道段上,抽出的水量大约为 200m³/h,与假定值一致。无论是在萨尔索姆岛还是在岸上的参照点,均没有检测出意外的水位下降。

图 7　排水—西岸引道段—早期阶段
(Dewatering—Western ramp—early stage)

图 8　排水—东岛引道段—成熟阶段
(Dewatering—Eastern ramp—mature stage)

对该项目所做的水文调查为建设具体的排水系统奠定了良好基础,在进行详细的规划设计时采用了不同的水文参数。结果显示,采用的排水系统是有效的,仅在系统的操作和维

图 9　排水—西岛引道段—流入排水系统
(Dewatering—Western ramp—inflow to drainage system)

修方面存在一些小问题。

有趣的是,我们注意到东西岛引道段地段在预测和记录排放量方面存在明显差异,而这些差异仅仅由西岸引道段位置的地质褶皱引起的。

## 结论及得到的经验

任何地勤工程师都会面临的挑战是准确预测某地区所适合的建筑类型,这样对于客户、承包商和当局来说实际的施工就像是例行业务一样进展顺利。

从厄勒海峡这一实例可以看出恰当的做法是:

◆ 广泛应用最先进的广谱法来阐释地层状况;
◆ 利用获得的资料形成一个反映地层状况的综合模型;
◆ 以有组织的方式向有关各方汇报对地层的了解情况;
◆ 使用最先进的模型工具对施工工程和地层状况之间的相互作用做出预测;
◆ 全面监控系统性能及对周围环境的影响。

# 6 承包商对"设计-施工"理念的评估

**PER NIELSEN**
NCC 土木工程公司董事长

# 引言

在世界上许多地区,"设计-施工"现已成为大多数基建工程的既定采购格式。选择这种方式的主要原因可能是为了通过使承包商免除不必要的限制而减少施工费用和项目执行时间。这只是其中一项潜在益处,但绝不是唯一一项好处。"设计-施工"还赋予承包商更大的责任,那就是要求其能够更完全地了解在建工程;在施工过程中不断对设计进行调整;达到柔性流程,继续最优化,直到工程的所有沉管完成。

设计和施工相结合为优化项目创造了许多机会,如果在指定承包商之前就完成设计,那么,就无法利用这些良机。本文中,"最优化"不是单纯指减少施工费用,尽管这是各方追求的利益。"设计-施工"还可加快施工进度,提高已完成永久性工程的质量和耐久性,还可减少施工风险。

因此,业主确信物有所值,他会尽可能不参与设计和施工过程,但他的知识和经验必须达到一个更高的水准——高于传统的施工合同。要制定设计和施工合同,业主就必须遵守纪律,确定项目的潜在目标,然后用性能说明的方式予以表达。这些目标的执行交由承包商负责,其最好能决定如何实现这些目标。

合同中必须指明与第三方(如官方机构)之间的关系。承包商应负责官方机构的审核和批准。对于厄勒隧道来说,很明显,业主必须负责与各种官方机构联系。经验告诉我们,通常情况下,如果承包商直接与相关官方机构联系,再加上业主的必要协助,则耗时较短,沟通也简单,还能获得较好的解决方案。

厄勒隧道采用的施工方案是一个极好实例,充分体现了"设计-施工"总包的优点,还阐释了这种采购方法为何特别适合沉管隧道。所选择的方法取决于隧道结构的设计,这种设计为施工方案量身订做,同时,将施工方案应该随着设计方案的优化而发展作为主要目标。

这种设计与施工工艺深入且详细的结合与沉管隧道尤其有关,这是由于沉管的预制、浮运、沉放、对接及回填(隧道管节在完成其最终状态前所必须经历的过程)的复杂过程所致。这些过程选择的方法会对设计产生影响,而且,每一过程均为设计/施工界面优化提供了机会。

如果设计方单独为隧道项目发包人工作,则可能永远无法到达以这种施工方案作为支撑的设计水平。同样,承包商进行的仅以施工为基础的招标工作只能对永久性工程进行大量的重新设计来得到这种施工方案。

根据传统的采购方法，在任命承包商之前，设计方应确定管节和管段的长度，这种情况下，由于影响这些选择的各种可变因素均与施工相关，因此，这些管节和管段的长度可能无法完全优化。例如，管节长度的优化取决于施工现场的位置和运输距离（由承包商决定）。同样，管段长度的优化部分取决于承包商是否决定在单独的混凝土浇筑件中浇筑完整的管段。"设计-施工"将这些决定权交给承包商，因而允许一个全面优化过程，确保考虑到了所有相关问题。

## 厄勒隧道合同

厄勒隧道合同（厄勒隧道联合体（ØTC））在招标前6个多月以及在联合体完全建立之前就任命了设计方。因此，从一开始，设计方和承包商便可以以完全结合的方式研发设计概念和施工方案。预招标期和招标期的目标是开发优胜设计方案和施工方案，而这些方案是任何一方不能单独完成的。

从设计和施工合同来看，隧道横截面的开发成果体现出较少的益处，但也有一些益处。例如，根据已选工法，对可实现的施工公差进行仔细分析之后，将内部横截面积减至最小，这样降低混凝土总耗量，同时能满足完工结构的耐久性要求。

投标时，未发现任何接头创新设计，直到最终设计阶段，创新设计才浮出水面。对于沉管接头，改变的动机是担心位置的容差和隧道准线。这些施工问题将反馈至设计团队，他们不仅要找出解决方案，同时，还要利用解决方案简化接头。

减少钢筋的数量而不影响质量和耐久性是投标准备前期的一个主要设计目标。为了实现这个目标，设计方和承包商专家联手合作，共同开发为结构、现场和施工方案专门定制的细节，而且，与采用传统采购方法设计的标准混凝土沉管隧道相比较，最终出台的设计方案的钢筋重量减少15%。

沉管隧道的海运作业，尤其是像厄勒海峡那样的外海条件下，会给永久性结构施加重大荷载，但该问题的细节无法解决，除非任命一名承包商，提出首选处理技术并选择海运设备。通过设计与施工的结合，可首先选择施工工艺，然后优化类似临时工程项目如临时预应力以及海运设备的固定的设计，并纳入最终设计方案，其结果是节省费用。厄勒隧道管节采用的临时预应力比相同尺寸的传统隧道管节临时预应力要小得多。

厄勒项目有很多重大实例可说明上述各点。从隧道管节施工的关键路线上删除钢筋组装，这大大缩短了完成20个隧道管节的计划工期；所有的室内设备用于所有的钢筋、模板及混凝土浇筑操作，大大提高了永久工程的质量。同时隧道下方的碎石垫层消除了一个海洋工工程的重大风险，即当管节被放置在临时基础上后，管节下方产生的淤泥。如果隧道设计和施工被分开操作的话，这些创新均不可能完成。

### 承包商投标设计的合同状态

准备设计和施工投标文件时必须解决一个问题，那就是在编制设计与施工投标文件时，承包商的投标书在多大程度上会被纳入主要合同中。很明显，报价受合同约束，但与设计和方法相关的技术提交文件呢？业主可采用以下两种极端立场：

- ◆ 承包商的技术提交文件纯粹为报价的支持文件,一旦签订合同便无合约责任。
- ◆ 承包商的完整投标建议书受合同约束,包括所有技术方案。

图1 "设计-施工"总包的好处举例(Excellent example of benefits of "Design and construct")

厄勒隧道的业主采用有趣的妥协措施。投标人必须提交详细的技术提交文件,但这些文件不会被当作自动构成合同的部分。相反,业主有权选择让投标书的哪一部分受合同约束。这就使得业主必须确保合同中包括技术提交文件的理想部分,但对剩余部分保留灵活性。例如,隧道管节施工工艺的主要原则,打算在引导段使用地基锚固的意图,业主考虑将这二者作为厄勒隧道合同投标的基础,并写入合同中。

质量、细节程度,以及技术规格的一致性

厄勒隧道的技术规格采用了很高的技术标准,并且有经验的沉管隧道专家从头到尾参加技术规范的编制。然而,值得考虑的是所采用的细节标准对于设计施工总包合同是否最优,这是因为,技术文件必须只能严格限制在实施规范中。采用该方法是由承包商完全承担设计责任;如果承包商可自由开发自己的首选设计方案,才可能提供最大价值;此外,本规定迫使业主在授予合同时明确自己的最终目标。

如果业主尽可能清晰简洁地规定性能要求,同时尽可能给承包商设计的自由度,我们坚信设计-施工总包模式能起到最佳效果。

## 施工成本与全寿命成本

厄勒隧道合同规定了全寿命期限,并且必须满足非常严格的规范。通常情况下,我们认为如果规范更灵活则效果会更好,因为反过来,这会使得承包商做出更多对整个项目有益的贡献。如果承包商在规范编制完成之前便参与进来,很可能会增加一点施工成本,但会在未来的维修费用中节省出来。结果便是施工费用稍多一点,但总成本会有所降低。

### 设计验证

设计单位内部成立独立的设计验证团队对厄勒隧道的设计进行内部验证。这种体系可节省时间,并提高团队之间的沟通效率。

设计-施工总包概念的其中一项益处是,随着项目开工,设计能继续进行,与施工平行开展,这样可以节省工程时间。设计方和验证团队的紧密合作也能节省很多时间,他们具有如何将验证结果进行归档的质量体系和特殊程序。该体系必须以适当方式记录,且记录必须提交给业主,并由其密切监控。

## 厄勒隧道合同引发的一般问题

### 业主的知识和专业技术水平

由于签订了设计-施工总包合同,因此,对业主的要求也比传统的施工项目要高。如果要设计-施工总包概念发挥作用,业主需要具备不同的品质。首先,他必须能定义并制定出所需的功能,其次,在功能要求得到满足时,还需要对功能进行计量和确认。而危险就是,如果业主不具备足够的能力,或未能完全理解并接受设计-施工总包概念,便会产生争议,最终结果也不如预期那样令人满意。但我们发现,厄勒隧道项目的业主能够理解设计-施工总包概念,并在这方面具有足够的能力。

如果要在建设行业取得进步,我们就必须改变合同形式,把极其详细的要求变为功能性要求,这样做还能鼓励承包商开发技术、施工工艺等。功能性合同将会鼓励承包商开发更多技术解决方案,而这些技术解决方案无法在普通的纯粹施工合同中得到开发。

### 设计方/施工方在设计-施工总包模式下的合作

对设计方和施工方两方组织来说,相互了解大有益处。双方的态度相互公开,而且双方的员工应能理解合作的优势。这就是为何沟通如此重要。

如果承包商想通过设计和施工总包合同获取最大益处,其应具备能在设计方和承包商之间起协调作用的人员。而且,这还能增强业主的信心。当然,设计方负责实际设计,但施工方与设计方就可施工性保持联络,这点十分重要。如果承包商能提供施工概况,便可以通过多种方式影响设计。在厄勒隧道项目中,设计方和承包商之间的联络沟通很重要,因为大多数解决方案均与沉管隧道的施工工法相关。承包商必须具备较强的设计管理团队,以进行高效的思想交流,这点很重要。

### 承包商/业主在设计-施工总包模式下的合作

相互合作同样也适用于承包商和业主。如果承包商只是在设计方和业主之间起着传递消息的作用,其将不可能对设计产生影响作用,而且也不可能从设计和施工总包概念中获取最大益处。

显然,如果业主完全了解工程的主要方面,这对于业主和承包商之间良好的关系也大有益处，尽管业主没有理由涉及更细小的细节。为了取得良好的效果，从业主到承包商和设计方都必须具备有能力的代表。在厄勒隧道项目中，承包商和业主之间具备较好的公开性和建设性态度。

设计和施工总包模式下的设计管理

承包商的职员有机会审核设计方案之后才提交业主最后审批，这点很重要。承包商的设计经理应安排该部分设计流程，并进行协调。承包商的工地人员必须使设计方了解如何使施工更加方便。设计方案必须非常清晰明了并具备较高的技术水准，但如果施工技术难度较高，不一定性价比高。最好能够对设计进行修改，以便提高可施工性，此外，还须提供可用的时间和资源，以方便沟通。

对类似厄勒隧道的工程来说，有些施工阶段的信息流量大，因此，必须有足够的员工来处理这些信息流。还需要有工地工程师代表抽时间对设计方的初稿进行评价。如果没有此类人员，则不可能对设计进行修改，施工也会受到损失。

设计-施工总包模式的成功关键因素就是承包商需要建立一支有效的设计管理团队，需要有效的沟通方式来充分发挥设计-施工总包概念的优势。在递交至业主之前，必须仔细检查图纸，比如施工的方便性。

**地方性知识与实践**

在厄勒隧道项目中，我们有一位沉管隧道技术水平很高的英国设计师。但是，该工作要有其他部分即引道段，例如必要的结构，土工工程，排水等。这些方面的地方设计知识则非常有益。地方性知识对材料供应而言也益处颇多。所以，我们认为地方性设计经验至少对合同的某些部分大有帮助。

沉管隧道需要具备特别专业的设计知识，但洞口结构则必须遵守当地规定，当地经验也非常有利。当地设计师还能管理好地方各相关权力机构之间的关系。

# 结论

新的、实验性的建设合同的采购形式不断涌现，"设计-施工"总包合同已经是成熟的模式。在正常条件下，该模式能为重大基础设施的发起人产生真正的重大效益。但是，为了实现这些效益，基本条件必须正确，合同形成的方式必须是由承包商完全承担设计的责任，并允许一个完整的优化过程，将所有相关事宜考虑在内。

设计-施工总包概念还有助于开发技术和工艺。建筑行业中的大部分开发工作是在实际项目过程中完成的,与传统的单纯的施工合同相比,本项目的设计-施工总包概念提供了更多的创新机会。

图2　填筑岛佩博霍尔姆(Peberholm)上的隧道洞口建筑物施工
(Construction of the poral building on the reclaimed island Peberholm)

# 7 施工方-设计方的团队合作——"设计-施工"成功的关键

**ROBERT BITTNER**
土木工程师
BEN C. GERWICK 有限公司
厄勒隧道联合体(ØTC)竞标经理

**CHRIS MARSHALL**
SYMONDS 集团董事
厄勒隧道联合体(ØTC)设计部经理

**RODOLFO SPRENG**
DUMEZ GTM 公司土木工程师
厄勒隧道联合体(ØTC)设计部经理

# 引言

厄勒隧道在今天看来是成功的,因为它提前竣工,费用在业主的预算范围内,而且质量也很高。从厄勒隧道的成功案例中可以提出了两个问题:它是如何完成的?厄勒隧道的经验是否可运用于未来大型项目?

厄勒隧道的成功可归因于多个因素,其中包括业主和承包商员工在隧道详细设计和施工阶段的优秀管理。然而,该项目成功的基础是承包商和设计方在投标期间有效的团队工作,业主的决策使团队工作成为可能,从而选择了"设计-施工"的合同方式。然而,正是由于业主对"设计-施工"过程的正确实施,才使得承包商和设计方可以自由进行团队合作,成功开发出运用于厄勒隧道的设计和承包商法。

厄勒项目的最终成功,有其他两个因素在投标期间起着关键作用——业主和承包商对风险的有效控制;承包商就项目的创新概念进行有效沟通的能力。

## 承包商与设计方之间有效的团队合作

厄勒隧道联合经营团队有效开发了承包商人员和设计团队之间的团队合作。在发布投标文件前一年便对设计团队公司进行选择,设计团队的成员参加了所有与施工方案及潜在制造工地评估相关的标前会议。在收到投标文件两个月前,在瑞士马尔默设立了项目办公室,并组建了由建筑工程师、评估师和设计工程师组成的团队。全职的团队人员在投标期间被分配到马尔默。

投标团队所面临的主要挑战可能是找到一个隧道管节的建造方法,从而开发项目的独特范围。最终选择的解决方案的关键要素在下文中讲述,当然,这个方法已经得以实现,它提供了高品质工程,加快了施工速度,而且比传统方案更能降低费用。然而,无法轻易或快速得到此方法,若不是投标团队采用开明的方法将其运用到设计开发中,此方法可能永远也无法出现。

在投标早期曾多次召开会议,讨论隧道管节施工所面临的挑战,会议上,所有人都提出了创新概念和解决方案,不考虑个人专长和资历,也不考虑这些概念在首次检验时是否有希望成功。在这一过程中提出了很多看似不切实际的建议,有些建议尽管无法以原始形式得以实施,但却在最终方案中以全新的形式出现,或作为产生新的研究方向的催化剂。

这种极其重要的概念设计过程可通过实例做最好的阐述。其中一个简单的办法就是在现有的干船坞旁边建造隧道管节,然后再将隧道管节滑动至船坞内的浮船上,浮船可下沉以便使隧道管节下降至海平面。这种方法有很多缺点,但却采用了它的基本思路,那就是通过上升或降低船坞内的水位来降低隧道管节至海平面。

另一种方法就是连续预浇筑短的隧道截面,然后转动这些截面,使其方向正确,并将其连接起来。对于厄勒隧道中较大横截面来说,最终证明这种方法是不切实际的,但它却促使投标团队思索如何移动整个隧道的截面而不使其在水中起浮。最终的解决方案确实做到了,但方法确完全不同。

最后,当现有的干船坞被当作施工现场时,很明显,由于这些场地的空间限制,现场安装钢筋不太现实。最终解决方案并未使用现有的干船坞，而采用的是离线式预制钢筋组架（因此可绕开关键路径）。

一旦提出开发新方法的程序，则首先要收集和宣传所有与正在讨论的问题相关的信息。在举行会议之前，会制定初步解决方案并分发给投标团队的所有成员，以挑战他们的想象力并帮助确定任务的范围。每一位成员都有时间来研究解决问题的方法，因此，他们可以在脑海中勾勒出清晰的有关解决方案的画面，而无需努力回答所有关于如何解决的问题。然后举行会议公开讨论可行的解决方案，并对各个方案的优点进行比较。最后，团队会选出各方案的最佳要素，然后将这些要素组合成一个所有人都觉得是解决问题的最佳方案。在对最佳方案一致同意后，团队便重点研究如何使其运作起来。

隧道的设计师在这个过程中起着关键的作用。因为他们提出了可行的解决方案，但更为重要的是，他们指出了各种解决方案可能对整个隧道带来的潜在优点和负面影响。例如，设计师可在投标早期确定，全截面浇筑不仅可以降低新浇隧道管段早期开裂的风险，还能完全消除混凝土人工冷却的需要。他们还能确定新浇管段需要液压支撑系统，以确保新浇管段从浇筑场划至舾装场时不会产生裂缝。

设计师还通过工具展示如何修改隧道设计以适应创新的施工方案。例如，通过使用固定的刚性夹具预组装钢筋组架可实现巨大的成本优势，但是夹具的使用是唯一方案，这是因为设计师可使钢筋条的间距标准化以容纳夹具。

总之，该方法的精髓在于：
◆ 鼓励所有人提供建议，无论他们的专长是永久工程设计、临时工程设计还是施工方案。
◆ 鼓励想象力和创造性。
◆ 以开明的态度接受意见，即便这些意见在首次检验时毫无意义，并探索这些意见是否可以与从其他处得来的意见相结合从而得到改善。
◆ 尽可能使用客观标准对在公开讨论中提出的意见进行比较。

# 有效团队合作的效果

业主从其他设计和施工分离的典型合同格式中选择了设计-施工工艺。此决定使得设计方和承包商在投标阶段共同合作，这样做有很多优点。例如，在投标期间，设计方和承包商的共同目标是降低施工费用。承包商能够向设计方提供可靠的费用数据，并帮助他们迅速找出其设计方案的成本关系。设计方有效利用此信息，因为他们完全相信，在向业主提交之前，价格也随附在设计方案中，而且，若价格太高，该项目的联合提案可能会被拒绝。

永久性工程的最终设计不仅要减少材料，还要关注如何使施工变得更加容易、为特殊承包商的优先工程方案制定专用化方案。

承包商法的选择由所有人来执行，并作为整体隧道设计工艺的输入，而不是在设计完成之后确定。所采用的很多承包商法本身并不简单而且价格也很高，但选择它们是因为它们能从根本上改进隧道设计，间接提供巨大的成本效益和时间效益。

承包商和设计方的合作还能帮助双方更好地认识到项目固有的风险，然后采用可降低这些风险的设计及承包商法。

观点和意见交换的最终结果是提出大量隧道设计和施工的创新方法,这些创新方法可降低成本同时提高质量。此过程的成功可通过以下关于提高质量和降低费用的实例说明:

**标准化和流水线生产**

投标阶段,人们也认识到隧道管节和管段应尽可能统一,如果管段可持续生产,并且具有相对平均和稳定的劳动力要求,便会产生巨大的费用效益和质量控制优势。厄勒隧道可能是有史以来建造的最大的沉管隧道,而且需制造的管段的数量可证明建立流水线设备的高额费用(图1)。

生产流水线可大大改善材料周转和劳动生产率,还可进行系统监控和质量控制。这种结合有助于确保降低施工费用并提高隧道施工的质量。

图1　预制隧道节段的装配线设备(Assembly line facility for precast tunnel segments)

**预制钢筋组架**

预制工作使得大部分的钢筋必须放置在胸高的高度上捆扎,胸高是人工舾装的最佳位置。同时,利用刚性模板建造钢筋组架,以确保单个钢筋条位置准确且间距一致。预制工作还要求在将钢筋组架放进框架前对所有钢筋进行彻底检查(见图2)。最终结果是4万吨钢筋有效实现紧密度公差。此外,此方法可使整个钢筋舾装流程绕开隧道施工的主要路径。

图2　已完工的钢筋笼(Completed reinforcing cage)

## 封闭式制造

斯堪的纳维亚的冬季寒冷而漫长,但丹麦和瑞士的承包商及其施工团队已经有效利用了这种环境并可以从容应付冬日气候。尽管如此,寒冷、刮风、下雨和冰冻仍然对生产率和施工质量存在影响。施工方/设计方团队已经充分认识到这一点,并认为大型项目以及沿生产流水线的快速直通式隧道管段可能会节省完全封闭式制造和浇筑设备(见图3)。这种决策要求全天24小时施工,不能受到天气的影响,或因天气而中断。但它也有助于持续工作并不断增加生产率。从质量角度看来,它提供了一种温度控制环境,有助于降低新浇隧道管段早期开裂的风险。

图3 全封闭浇筑设备中的液压支架上的隧道节段
(Hydraulically supported tunnel segments exciting the enclosed casting facility)

## 海平面以上的管节制造

传统浇筑隧道管节的方式是在大型干船坞底部开挖一条低于海平面的、足以容纳管节的深坞池。用船坞门将浇筑坞池与海水截断并将浇筑池中的水排干。然而,这种设备可能会在高水位或排水失败时被淹没;而且,由于所有工作在洪水、管节下水及排水期间都必须停止,因此,它也不适用于连续浇筑工作。为了避免这个问题,浇筑场和垫木均位于海平面以上,并在浇筑池周围建造护堤以防洪水,还建造了一个滑动式闸门将浇筑区和下水区分开。这种方法既可降低连续生产的费用,还能提高干地施工的质量。此外,它还为无需长期排水的浇筑区带来了巨大的环境效益。

图4 海平面以上的管节预制(Element fabrication above sea level)

**采用固定浇筑底座和钢模**

　　生产流水线生产的概念的前提是生产工具保持不变时生产力得到提高。为了将此过程运用到 7000t 隧道管段,必须要确保刚度足够的浇筑底座和钢模以便重复使用。过去 30 年中,同类工艺(规模稍小)已成功运用于越来越多的桥梁梁段的顶推法浇筑和顶推法,证明该工艺极为经济,同时也有助于提高质量。该系统通过液压控制,使模板安装与脱模机械化,因此大大降低了劳动力需求。此外,钢模浇筑的容差一致并且较小,从而减少浪费混凝土,也有助于在所有钢筋上浇筑最小厚度的覆盖层。

图 5　全截面浇筑钢模体系(Steel form system for full section casting)

**混凝土从搅拌站到钢模的直接浇筑**

　　最经济的混凝土浇筑方法是直接从混凝土搅拌站将混凝土运输到钢模中。大量的混凝土要求在浇筑场 100m 内建造搅拌设备,这样做可实现经济效益,浇筑场位置的集中使得建立永久性泵运系统成为可能。这样做的最终结果是实现经济型混凝土运输加上高质量的新筑混凝土。

**隧道管段的全截面浇筑**

　　这是设计方和承包商的首选方案,因为这样可以每周浇筑数个管段。但是在投标程序早期,他们很快意识到人工冷却 460000m$^3$ 的混凝土以防隧道的早期裂缝可能会产生巨额费用。还意识到早期裂缝的主要原因是传统浇筑操作中,分阶段浇筑导致的温差。但是全截面浇筑可以消除这些缺陷。首次考虑到了垂直浇筑管段(钻孔的轴向垂直),这样做的优势是在一定横截面中所有混凝土龄期和温度统一。然而,仅经过几天的养护之后,吊升并旋转 7000t 的节段而不会开裂将会是一个昂贵且风险极大的过程。团队只好采用有些联合经营团队之前成功运用于桥梁工程的较好的浇筑和下水技术。这就要求对 4~6m 桥梁梁段进行全截面浇筑,并在 48 小时之内全部下水。在桥梁施工中,这些技术的费用较低,而且质量也很高,因此认为这种桥梁技术同样适用于隧道。

　　然而,全截面浇筑的主要预期优势是可能会降低隧道横截面内的温差,从而省去混凝土的人工冷却程序。在投标期间采用有限元模型对横截面进行热分析,结果显示采用此方法可避免混凝土的早期裂缝。最终此创新方法导致了成功浇筑 460000m$^3$ 的无缝隧道混凝土而无需人工冷却。

**高架浇筑**

沉管隧道管段通常是在地面上或在地面上的承载表面上直接浇筑。在研发如何抬升管段使之离开浇筑底座的过程中，团队意识到管段必须直接支撑在纵向墙体上，最佳方法是采用桩承地基梁。在上述的热模过程中，团队意识到地基梁提供的高架支撑还可使管段的底面与侧面和顶面达到相同冷却程度。装配线工艺的这种必要组件有利于消除早期开裂。

**隧道管节的液压支架**

为了达到合同期限的要求，浇筑设备的所有生产线平均每周必须完成一个隧道管段。这就要求在浇筑48小时后移动一根管段，这样做需要承担新浇混凝土裂缝的风险。为了控制作用于管段的支撑力并避免裂缝的风险，该创新团队提出采用36个液压千斤顶来支撑每个管段这一概念，这36个液压千斤顶被分成三组，连接成一个三点支撑系统，以便完全控制支撑力。

图6　全封闭的浇筑设施及顶推池俯瞰图
（Aerial view of enclosed casting facility and launch basin）

# 业主对合同要求的定义

业主及其内部顾问制作的投标文件包括设计和施工的具体要求，以及规定了轨道和公路钻孔的准线、高程和间距的图例设计图。图例设计中必须阐明以下事项：
- 隧道管节是否设计有防水薄膜；
- 轨道交通管廊与公路交通管廊是否分离或合为一体；
- 各隧道管段和管节的长度；
- 所有墙体及混凝土土板的厚度；
- 所有隧道截面的钢筋总量；
- 隧道制造场地的位置；
- 所有施工工法的选择；
- 沉管底面支撑方法及材料。

同时，施工要求需对与混凝土耐久性相关的问题进行详细描述，具体如下：
- 管的最大水灰比为0.40；
- 格限制骨料的碱性反应率；且决不允许隧道外墙和混凝土板的早期裂缝。

设计方/承包商的自由度的益处在于它允许承包商法的大胆创新。然而,合同中对有些方面制定了严格的规范要求(特别是混凝土规范很严格)在某些情况下带来限制,因而在争议中认为这些限制是不必要的。

另一个更加有趣的问题是业主的解释性设计的必要性。考虑到图例设计并非合同规定,因此,可以认为它是不必要的,它甚至还会影响投标承包商找到创新的设计方案。当然,对于这个工程来说,图例设计的很多方面并未被设计方/承包商所采用。然而,另一方面,承包商认为图例设计对投标团队将其有限的时间和资源集中在他们有可能花费高额费用的隧道方面是大有益处的。例如,设计方/承包商团队在投标期间的主要精力在于隧道管节的制造和下水工程,因此开发了很多与此相关的创新方法。引导段结构是该工程的重要部分也是项目的风险所在。最终,图例设计紧随其后。

投标文件还包括对项目风险的精确划分。业主已确定并评估了大量关于现场的风险参数,包括海水、天气和地质条件。投标文件对承包商需承担风险的期望或标准条件的范围进行了限定,还对业主需承担风险的非标准条件的响应范围进行了限制。承包商风险评估之外的事件可通过施工允许的附加时间或金钱进行补偿,或二者兼具。

业主的《设计和施工要求》(与投标文件一起提交)的详细程度和关注焦点明确了所签订合同中的主要评估标准:

图7　下水中的沉管(Tunnel element at time of launch)

- ◆ 施工质量保证;
- ◆ 费用;
- ◆ 时间;
- ◆ 遵守环境限制。

## 业主和承包商的有效风险控制

业主和承包商需避免未知事件,有效降低并控制项目的风险,例如:

◆ 鉴于该项目的规模非凡巨大,业主选择在单独的合同中列出与隧道基槽开挖相关的特殊风险,以便这些风险不会占据隧道合同的主要内容;

◆ 业主在投标文件中清楚地标明承包商和业主各需承担的风险;

◆ 承包商在确定设计方已经具备完成几条沉管隧道设计的成功经验和业绩之后,再对几个公司进行评估后选择承包商的隧道设计方；
- ◆ 承包商的联合经营团队包括两个了解当地环境和劳动力条件的公司；
- ◆ 承包商联合经营团队的所有成员均有海上施工的经验，并且六家公司中的五个公司曾经成功建造沉管隧道；
- ◆ 承包商选择的工艺和设备使得整个水下隧道超过99%的结构混凝土在干地上建造。从而避免多数隧道施工中的海洋条件的不确定性；
- ◆ 由于该项目规模巨大，承包商选择的管段浇筑方法使得所有工作必须在封闭的结构中进行。这消除了整个项目主要部分的未知天气条件；
- ◆ 承包商只能选择经过验证的施工工艺和技术；
- ◆ 承包商在项目中提议并运用了大量的创新方法；但这些方法规模大，要么运用范围很广，隧道施工中使用的顶推工法就是这二者创新的实例。过去30年中，这种工艺曾成功运用于规模稍小的桥梁施工中，但从未运用到隧道施工中。为了确定这些提议的技术在此适用并可行，承包商组成了一个技术审核委员会，以评判所有提出的工法，该委员会包括来自联营体各公司的有经验的技术专家。

## 承包商的有效沟通

厄勒隧道联合体(ØTC)的投标提交文件为隧道施工提出多个新型且创新的概念，其中，有效的沟通在构思、开发和运用这些概念的过程中起着关键的作用。视频的使用就是最好的一个例子。在投标早期对浇筑概念首次讨论时，一个团队成员提出对管段采用顶推浇筑和下水工艺。其中一个联合经营合伙人曾将此方法成功运用于巴黎的一个大桥项目。这个方法看起来优点多多，但大家对它并未显示出极大的热情，直到采用视频显示出超过1km的预制桥梁管段的实际浇筑、推动和下水等逐步程序。在观看了这段视频后，施工方/设计方团队的所有成员立即看到了将这一概念用于隧道浇筑的适用性和可行性。在投标期间进行概念设计之前，同样使用视频将此概念展现给每个联营体成员的高层管理人员。

图8 完工的隧道管节离开顶推池(Compeled tunnel element exiting the launch basin)

在向业主提交意见书前几个星期，团队意识到向业主展示这个创新概念可能存在困难（业主最后向公众展示时存在困难）。因此，他们决定制作一段关于新隧道浇筑设备的视频，该视频逐步显示如何在生产线上制造管段，以及如何将其舾装并下水。有效沟通此新概念的视频与标书一起提交给业主。

图9　等待拖运的隧道管节（Tunnel element ready for tow）

签订合同后，当在浇筑现场开始施工时，该视频成为主要的培训工具，它能快速向所有工作人员（经理和作业人员）表达概念。"施工团队的所有成员在看完15分钟视频后脑海中便呈现了一幅关于整个工艺如何操作的清晰画面，并了解了最终目标"。

## 结论

厄勒隧道的最终成功源于业主早期决定使用"设计-施工"作为承包方式，并正确实施了该概念。业主向承包商及设计方提供了一幅描述其意图的清晰画面，施工方/设计方可自由开发使经济和质量最优化的设计-施工计划。该团队利用一切机会开发创新解决方案，同时还能降低风险。

厄勒隧道项目成为一个未来可应用于大型项目的"设计-施工"总包的成功案例。此项目经验显示，承包商及设计方进行团队合作并采用创新的承包方法时，可减少费用、提高质量、降低风险。

# 8 浇筑场的研发及设计

**Rodolfo Spreng**
土木工程师
杜美兹公司

**Robert Bittner**
土木工程师
厄勒隧道工程投标经理

**Patrick Gernigon**
土木工程师
杜美兹公司

**Andre Piquet**
土木工程师
杜美兹公司

## 概述

在招标阶段,厄勒海峡沉管隧道对参与项目投标的联营体公司提出重大挑战。这将是有史以来建造的最大的沉管隧道。它的建造环境极度敏感,气候恶劣,需要满足非常严格的设计和施工要求。

厄勒隧道联合体设计/建造团队从招标过程之初就非常清楚,厄勒海峡隧道将会是一个极具挑战性的项目。它不仅将是有史以来建造的最大的沉管隧道,而且其建造质量标准也非常严格,建造环境非常敏感且气候条件恶劣,施工时间紧迫。

在招标阶段,当承包商的施工团队和设计工程师研究隧道的初步设计,并构想管节的逐段浇筑和顶推的基本概念时,首先处理此项挑战。此类概念和初步设计设想使用全封闭装配线生产过程,每个月能够生产一条重达 55000t 沉管并且持续 20 个月。整个过程以两个主要概念为基础:

1. 在固定的浇筑台上对隧道进行全截面匹配浇筑;
2. 一个两级浇筑-顶推坞池,类似于运河上的通航闸。

这两个概念在过去已成功使用过,但没有用于沉管隧道施工。将此类技术应用到新的领域,并且为厄勒海峡隧道调整这一概念时,提出了几个技术难题。在招标过程结束之前,已确定大多数技术难题,并进行充分工程设计以确保整个系统可行,但是在签订合同之后才实际着手研究各种系统和方法,使该过程变为现实。本章着重描述从招标阶段结束至实施期间对此类方法的研究和评估,旨在描述方法并解释选择它们的原因。

## 浇注-顶推法

在招标阶段,已经制定出浇筑和顶推管节的一般概念。其设想在海平面上进行匹配浇筑,在免受天气影响的封闭设施内的固定浇筑台上完成 22m 长的管段。这些管段的钢筋在厂房内预装成完整的钢筋笼,并作为单个单元滑进模板。内模将缩进钢筋笼,并且在连续 2700m³ 以上的浇筑过程中浇筑整个管段。在养护 48 个小时之后,拆除模板,并且将管段从浇筑台上卸下,使其直立,以便接下一管段的钢筋龙。该过程将实施八次,直到完成 175.5m 管节为止。然后将整个管节推动到海平面以上的舾装位置,在该处完成并准备好顶推。

整个操作应该是连续的,每条浇筑线每周制造一个管段,同时完成管节的舾装,该过程独立于浇筑作业。

在招标时设想的顶推方法要求一个两级顶推坞池,上端在海平面以上 1m,下端在海平面以下 10m。整个顶推坞将由土护堤围绕,一端有一个滑动进口坞门,另一端有一个出口浮坞门。护堤和门将使整个顶推坞池的灌水量达到海平面以上 10m,这样完成的管节可在顶推坞池的较深端之上起浮。然后向下排水至海平面,管节起浮在海平面上。从顶推坞一端拆除浮置出口闸门,并且将管节从顶推坞池撤出,以便运输至安装现场,最终在隧道轴线上进行最后沉放安装。

为了满足每月一个管段的生产要求,在投标时决定建造两条独立的生产线,每条生产线有其独立的浇筑台、滑移系统和舾装区。

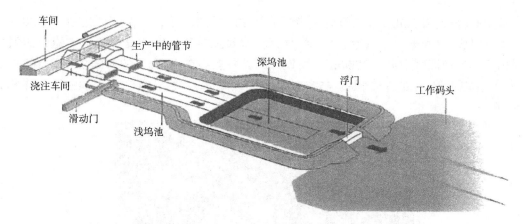

图1 生产和顶推概念设计方案（Conceptual production and launching scheme）

以下章节描述在签订合同之后对此类初步概念的研究和实施。

## 浇筑场地位置

选择浇筑场位置时，一个重要考虑因素便是浇筑顶推操作所需的空间。在最终选定位置时，已确定好浇筑方法；其明显的优势为浇筑和顶推所需区域相对较小。在招标过程中，已确定在传统的浇筑方法下，分别能够容纳4个隧道管节的两个场地需满足合同竣工进度要求。但是，在逐段浇筑法的工厂化生产下，可将所需区域面积减少40%~50%。

在招标过程中，对丹麦和瑞典的大量潜在场地进行了检查和评估，但哥本哈根北海港似乎是最为经济的，原因如下：
◆ 距离沉放地点的浮运距离最短（10km）；
◆ 该浇筑场地随时可从港务局获得；
◆ 港务局已为其使用启动了必要的许可程序；
◆ 场地具有针对公路、铁路和海洋运输的完善通道设备；
◆ 场地允许对隧道的三个主要施工场地：即预制场、半岛隧道口和人工岛隧道口进行集中化管理；
◆ 北部哥本哈根场地的现有场地非常接近下部场所要求的形状并且所需挖掘量最小。

截止招标提交日时还未完成对现场的协商工作，因此在授予合同后方才完成对场地的最终保证。

## 混凝土生产

生产设备所需的能力取决于单个隧道管段的尺寸。在招标阶段中对测定成本效益最好的管节和管段长度进行优化并将下列因素纳入考虑范围：
◆ 施工场地上的可用空间；
◆ 沉放次数和相关舾装设备费用（端封门和压载水舱）；
◆ 钢筋的最大交付长度（以便减少浪费和搭接数量）；
◆ 伸缩接头和沉管接头的成本（可注浆止水、Gina止水带和Omega止水带）。

根据此分析,将 3.5km 长的沉管隧道划分为 20 个管节,每个管节长 175.5m,并由 8 个长 22m 管段组成,混凝土土体积为 2700m³。由此,这要求混凝土生产设备的生产能力达到 24 小时内连续生产混凝土生产 2700m³。所设计的设备能够在 20 个月的时间里生产 160 个管段,其中结构混凝土的总体积为 450000m³。按计划每周生产两个管节,混凝土体积达到 5400m³。

图 2　安装开始前哥本哈根北海港场地视图
(View of Copenhagen North Harbour site before commencement of installations)

在授予合同后,设计出混凝土拌和设备的最终布置。主要目的是使混凝土能够直接从拌和楼中泵送至模板中,因此该装置位于浇筑台的 100m 空间范围内,并通过位于地下公用设备坑道内的直径为 125mm 的泵管与浇筑建筑内的混凝土灌注臂架相连接。两个相同的 150m³/h 拌和楼确保了 100% 备用量,并将混合物以 100~120m³/h 的平均速率递送到 10m³ 容量的缓冲槽(3 个)内以便直接向 4 个普茨迈斯特混凝土泵(加上两个备用泵)送料。各水泥仓、掺合剂罐、骨料储存仓和一个配备齐全的测试试验室共同完成混凝土生产安装。

水泥和掺合剂从丹麦用卡车运到现场,而细骨料和粗骨料从挪威用船运送过来并卸载到现场东部的码头上,刚好位于顶推坞池的口部内侧,以便保护卸载操作免受厄勒海峡上潜在风浪的影响。一个长 800m 的输送系统将骨料从卸载码头递送到拌和楼的储料仓中。

图 3　现场设施总图,混凝土拌和楼靠近浇筑棚
(General view of site installations with it's concrete batching plants close to the casting shed)

## 钢筋生产

在早期规划过程中认识到，布置钢筋通常是生产钢筋混凝土隧道的瓶颈阶段，几乎处于关键步骤上。这通常是由钢筋、模板和混凝土浇筑小组之间的复杂封闭界面及时序所引起的。这种情况一般由传统的用于隧道浇筑中的三阶段施工顺序组成（即：先浇筑底板，然后是内墙，最后是外墙和顶板）。因此，在针对各管段开发组装线生产设备中的首要目标便是将钢筋绑扎与浇筑操作分离开来并允许各项活动设定其自己的进度。

此方法的重要性早在招标阶段已得以确定，是所选隧道类型的一个关键因素。在招标过程中，在比较和评估可能的隧道结构方案（单壳体和双壳体钢与带或不带防水薄膜的钢筋混凝土和预应力混凝土比较）后，设计/施工小组选择隧道设计的"荷兰式"方法。依赖采用无开裂混凝土作为唯一防水措施，但最重要的是它利用单独加固的管段进行管段匹配浇筑。在"荷兰式"方法下，完工管段主要以"线珠结构"发挥作用，而不需任何钢筋在其之间穿过。钢筋条并未连续穿过管段之间的接头，而唯一的连接是注浆橡胶止水或止水带。这一重要特征使各管段的钢筋笼能够作为独立单元而进行事先绑扎，并在该模板内与先前浇筑的管段相匹配。

"荷兰式"方法除降低不均匀沉降引起的应力外还具有另一项成本优势。在舾装过程中，单个管段被后张到一起以便于运输和沉放。尽管如此，一旦管节坐地并完成部分回填之后，则切断后张钢绞线，以使各管段能够容纳局部不均匀沉降并由此限制不均匀沉降产生的纵向弯曲。此原地弯曲应力的减少使布筋率下降到 $85\sim100\text{kg/m}^3$。

单个管段的尺寸和每周两个管段的生产目标确定了钢筋生产的要求。每22m管段一般需要 $250\sim290\text{t}$ 钢，而在每周生产两个节段基础上，每周则需要 $500\sim600\text{t}$ 钢耗量，或每天平均需要100t钢。

各管段的全部钢筋笼在全封闭式厂房（宽35m，长260m，并配备3辆高架龙门起重机）内预制并独立于任何其他作业。各起重机带有两台10吨的绞车，并能够在厂房的全长范围内运行。将钢筋切割并弯曲成长度21m钢筋条，用拖车递送到钢筋笼组装厂房内，通过一端的大门进入。该厂房按照下列作业，划分为以下功能区：

- 钢筋条递运送驻区；
- 钢筋条存放架；
- 带有相应缓冲存储的墙体钢筋笼绑扎区；
- 顶板钢筋笼绑扎区；
- 两个管段的钢筋笼组装区域，分别排列两条隧道生产线。

垂直预制墙体钢筋笼，让工人站在自动升降台上，以使所有钢筋在胸高处进行绑扎。在规定的钢筋笼绑扎区内逐根绑扎底板钢筋时，用架空双绞车龙门起重机将预制完成的壁板和顶板从其生产或存储区域转移并固定到底部钢筋网上。厄勒隧道联合体的现场工程部根据商定的300mm钢筋条中心布置，开发出必要的模板和台架，和一个创新的气动直线顶推系统，能够实现将完成的250t重的钢筋笼从绑扎区转移到缓冲区再至模板。

图 4  在钢筋棚内绑扎钢筋笼（Cage assembly inside the reinforcing shed）

图 5  完工的 250 吨重的钢筋笼在缓冲区域内等待滑入浇筑区
（Completed 250 tonnes cages in buffer areas waiting to be skidded into the casting cell）

为提高专业小组在生产线上的产量,确保连续的工作流程,和允许各小组单独工作,在组装线上设立两个缓冲区域。第一个是针对安装完备的 250t 重的钢筋笼,该缓冲区位于钢筋笼绑扎区和浇筑台之间。第二个缓冲区域针对已完成管段,位于浇筑台和顶推坞池的上端之间。第二个缓冲区的建造目的在于将浇筑与舾装分离,能进行连续浇筑的同时对已经完成的管节进行舾装和顶推。第二个缓冲区是按照 4 个浇筑周期,或一个月的标准生产能力进行设计的。

## 模板系统

全截面浇筑极大地优越于传统的隧道浇筑工艺,有以下显著优势:

◆ 能满足生产线生产要求,一次性浇筑作业,施工速度较快;

◆ 由于允许整个断面以相同速度膨胀和收缩,显著减少横截面内的热应力,从而提供完全取消人工冷却系统的可能性;

◆ 消除隧道中所有纵向施工缝,有助于确保结构水密性。

在初步规划中,生产流水线生产和全断面浇筑的优势被设定为最终目标,但是一次性进行全断面浇筑的施工方法尚未完全制定出来。招标小组了解到德国的一个项目——模板设计和供应公司 PERI 设计并建造了伸缩式系统,用于浇筑 10m 管节的横截面,该管节位于通往新慕尼黑机场的地铁隧道的明挖暗埋段。在这一项目中,管段为现场浇筑,模板可纵向移动,以便匹配浇筑下一节管段。通过进一步调查确定,可对系统进行修改,以适应固定浇筑台,将预先绑扎的钢筋笼从一端插入模板内,从另一端推出节段(波鸿大学 Dr. Ivani 教授对同一个慕尼黑项目所做的研究中确定全断面浇筑下的热应力减少方面非常有用)。

针对厄勒海峡隧道浇筑方案开发的系统是一个用于含有 2700m³ 混凝土的 2.2m 管段连续浇筑的液压钢模板设计。用于每个浇筑台的系统包含五大基本构件:

◆ 固定在滑移轨道之间的五个可拆卸底板模板;
◆ 可从已完成浇筑处缩回的两个外墙外侧板;
◆ 五个内部隧道模板(两个铁路管廊,两个公路管廊,一个逃生通道);
◆ 五根对应的隧道模板顶推底部的支撑梁(桁架);
◆ 两个挡板(2 至 8 管段只需要一个)。

建造隧道管段,首先将完全绑扎完备的钢筋笼滑动至预置底模。将五根顶推底部的大梁(钢桁架)压缩至预装钢筋笼的五个钻孔内部。然后,将伸缩桁架末端的支柱安置在该钢筋笼末端外部,并将内模沿桁架滑动至隧道五个钻孔内部。当内模处于正确的纵向位置,将其向外延伸,并固定在适当位置以便浇筑。随后将外侧模板和端封门定位,模板便可进行混凝土浇筑。

图 6 在浇注棚内的 PERI 钢模
(PERI steel form cells being assembled in the casting shed)

图 7 隧道模板顶推底部的支撑梁,后面为可折叠底模和可移动隧道挡板
(Tunnel form launch girder and, in the background, collapsible bottom forms and movable tunnel shutter)

内部桁架内模板定位和脱模,但不支撑新浇顶部混凝土的自重,并通过内部支柱和侧模带入底板的新浇筑混凝土中。

经过至少 48 小时硬化过后,收回侧模,降低底板模板,并提起五个内部桁架末端处的支柱。然后,让内模板仍然保持在原位,将完成的带有内模的管段沿着滑移梁顶推 22m,然后清理模板,再重复此操作。

这一模板装卸操作,包括用液压油缸操作的 1250t 钢,通过在其设计过程中由 PERI 工程人员、厄勒隧道联合体设计师 STM 和浇筑场地的厄勒联合体的技术部门的不断沟通才得以完成。由于永久工程的大量界面具有生产方案要求,因此团队合作显得非常重要。

## 浇筑和养护

两个浇筑台和配套模板系统位于 100m 宽、85m 长的厂房内,该厂房毗邻钢筋笼舾装缓冲存储区。钢筋笼缓冲区和浇筑台之间预留区域,通过厂房两侧的滑动门,为各种服务和供应材料提供通道。

朝向海面的建筑楼地面大约要低 2m。该钢筋混凝土槽结构采用预制桩基础,构成两个浇筑台的基础,并支承外模系统。它还提供了在浇筑台和转移滑移轨道之间的界面,带有延长段,以便安装用于管段分段顶推的液压顶推油缸。

在每个浇筑区,通过远程操作具有 25t 起重能力的龙门起重机负责装卸 20t 液压推力组件。对于小件物品,可使用第二台和运转速度更快的绞车(2.5t 起重能力)进行装卸。

图 8　隧道节段的浇筑(Casting of tunnel segment)

在浇筑厂房内,配置有六个普茨迈斯特远程控制液压分配吊杆,在该厂房两侧各两个,另外两个位于其中心线上。这一布置使四个吊杆可为两个浇筑台中任一个提供服务。混凝土通过外部和内部压缩空气振捣得以压实。

在第一个管段的详细设计过程中发现,在特定不利气候条件下,当管段退出受到保护的浇筑棚时,新浇混凝土将会受到热冲击。在此添加一个伸缩遮光篷,以便在下一次浇筑持续过程中对新浇混凝土管段提供热保护。

## 转运系统

每一个管节都进行八次连续的匹配浇筑。在浇筑和养护每一管段48小时后,将其从浇筑台中移开,以便为下一个管节腾出位置。继续这种操作,直至八个管段都浇筑完,然后将加工好的管段向推进顶推坞的舾装端推进100m。处理这种转运操作的系统由以下四个部分组成:

- 每条生产线上都有6个桩支撑的滑移轨道;
- 每个管段的下面都有一个三脚支撑的的液压轴承支架系统;
- 六个装机容量为3000t的液压推进单元;
- 在第一个管段的下面固定一个液压导向系统。

每条生产线上的六个钢筋混凝土滑移轨道都为310m长,从浇筑台延伸到养护区,穿过滑动式浮门的基础,再延伸200m进入到顶推坞的上端。它们有三个作用:

- 在管段顶推之前提供临时支护(基础);
- 为滑动这些管段提供低摩擦水平面;
- 为GTM液压推进系统引进的纵向推力提供必要的反作用和轨道。

除了中央辅助坑道下面的两个滑移轨道,其他的滑移轨道的矩形截面为700mm×1500mm。两个不包括在内的滑移轨道其实是一个单独的U型双轨,用于在顶推过程中引导管段。所有的滑移轨道都由预制的5m高的混凝土桩支撑。在10m中心处的地基梁横向支撑每条生产线上的六个滑移轨道。每个滑移轨道在中部都有一个伸缩接头。

在设计滑移轨道时,要考虑各管段之间的匹配浇筑接头上的潜在性不均匀沉降。担心之处在于在浇筑一个管段的时候(在该管段的滑移轨道上的载荷会逐渐增加),匹配浇筑接头里可能会发生开裂,而与它相邻的管段却非常稳定。为了消除这种担忧,将浇筑台区的滑移轨道下面的桩距大大缩短,以便在管段浇筑时将桩的弹性压缩降到最低。

在投标期间人们意识到,当沿着滑移轨道推动这些管段时,必须用上滑动表面的紧密度水平容限来将新的混凝土上的支架受力降到最低。人们还意识到,应将浇筑台区的水平容限添加到其余横梁上的水平容限中,因为非水平容限应在浇筑该管段时就固定在它的底部。通过广泛评估可以实现什么样的水平容限后,得出了这样一个结论:在浇筑区可以达到±2mm,在其他区域可以达到±3mm。在将这些容限添加到支撑桩的弹性压缩位差中的时候,可以得出这样一个结论:滑移轨道的支座标高差可以高达±6mm,换句话说任何两个支撑梁之间的潜在差的总和为12mm。将此信息输进这些管段的有限元模式中,分析结果显示当重新浇筑时,它们产生开裂的风险。

因此,决定在这些管段的底面和滑移轨道的顶部之间安装液压轴承支座。设计组最初考虑用液压平头千斤顶,但是在用它们试验荷载测试之后发现:在大约30圈0~20mm运转和最大垂直荷载的循环之后,平面圆形区外缘和灯泡结合点上的千斤顶里的薄钢板会发生开裂。所以决定开发容量为300~400t的定制薄型液压千斤顶,它带有一个球面活塞以允许任何方向的旋转。

图 9　500 公吨正在运转的 GTM 推进器(重 22t)
(500 tonnes GTM pusher in action(22 tonnes in weight))

在敲击底板模架之后,通过离滑移轨道顶部 3.65m 远的液压千斤顶将每个管段的重量(大约 7000t)段转移到滑移轨道上。在拆除底模板之前,将每个管段下面的 36 个支撑梁(也就是说在完工管段下面为 288 个)通过液压泵控制在设计压力之下。这 36 个支撑梁是和三个回路连在一起,以便向每个管段提供一个独立的三脚支撑系统。三个液压支撑系统都安装了一个液压蓄能器以提供一个明确的弹簧常数,甚至在它沿着滑移轨道顶部推进的时候为该管段提供支撑。

最初,不锈钢板被连接在横梁的顶部,用作连接支撑梁底部的特氟龙(PTFE)接口的滑动面。但是当移动第一个管段的时候,横梁顶部和不锈钢板底部之间的环氧粘合剂开始失去粘合性。为了纠正这一点,决定完全移除不锈钢板,并允许将自流平环氧化合物直接涂在特氟龙(PTFE)衬垫上,经证实,这种自动流平环氧化合物与钢板有相似的摩擦系数(在破裂时为 3%~4%,在移动时最大为 5%)。

图 10　钢筋混凝土滑移梁——浅坞视图
(Reinforced concrete skid beams—view from shallow basin)

## 舾装处

在招标时就注意到并在建造时进一步证实,由于浇筑场的紧密度和隧道挖凿机的通道距离短而且简单,因此在安装管节之前,内部隧道的很大一部分管段的舾装可以在浇筑场完

成,而且可以节约成本。包括:
- 逃生走廊里的水泥楼板的安装;
- 电气和机械作业的固定装置的安装;
- 机械作业的管道的存储;
- 在铁路隧道里浇筑大量的压载混凝土。

除此之外,舾装处还用于准备运输和沉埋管节,包括:纵向后拉张力、临时压载仓的安装、Gina止水带的连接和安装端封门以允许这些管节浮起来。

## 两级坞池——土木工程

顶推坞池由三个不同的部分密封:
- 沿南北两区有10.2m高的堤坝{土堤坝}。
- 在口部端,有一个100m长面向浇筑厂的滑动式浮门。
- 在出口端,一个面向大海的浮动浮门。

由于预浇筑是在将该这个区域离海平面10m高的空间注满水并保持几个小时,以便将浮起一对管节并将它们从浅处转移到场地的更深处。这些管节的吃水深度大约为8.5m。

在48小时之内,出口浮门附近的护道上的容量为18000$m^3$/h的泵房大约抽出了100万立方米的水。为了将场地上的水降至海平面高度,在出口浮门架构里安装一个用手动的排出阀。并另外花费48小时将场地的水排出到海平面,让出口浮门重新浮起来。此时,这些管节被任意拖到沉放位置。出于安全考虑,场地排水的持续时间应为48小时,以适应当地排出堤坝的水并消除10.2m高的护道斜坡崩塌的风险。

滑动式浮门和浮动浮门结构的设计被转让给了杜美兹公司(DUMEZ-GTM)的技术部门,因为它在为法国船坞设计和建造各种各样的大型钢筋混凝土浮门方面有经验。

沿顶推坞池两边的那两个10.2m高的堤坝主要是由顶推坞池较深处的开挖料制造的。

在开挖之前,在海湾的口部建造一个堤坝和一个板桩挡水墙,一直挖到堤坝的中心线,然后穿过土壤调查显示其为具有高渗透性的砂质土层的地带,薄板在较低的石灰岩层终止。

图11 两极坞池土方工程及完工后的门-门试验成功之后,开挖临时临海堤
(Two-level basin earth works and gates completed—temporary sea side dike is being dredged after successful test of gates)

通过12个抽水量(由于环境限制)为1500$m^3$/h的深井降低地下水位。最终需要用一个最大抽水量为1200 $m^3$/h的深井来抽干较低处场地的水,并允许低坞干地处的挖掘能深入

到海平面 10m 以下的地方。

填坝位于排水层,选择的粘土材料在堤岸海滨的小层里面被压紧以提高紧密性和稳定性。不同位置的几个压强计在场地注水的时候监视水位差,因为这关系到数百名工人的安全。在堤坝的后滑动式浮门的末端,侧门的一个方形隔水板桩围堰和一个桩板式挡土墙被用作浮门的密封界面。在朝海的一侧,两条护道终止于带有 4 个锚定杆水准仪的垂直桩板式挡土墙(20m,独立式)处。在这中间是浮动出口浮门。

顶推坞池的深处为两个管节被转移到沉放准备区之前提供了一个非常隐蔽的储藏场地。

## 滑动钢制闸门

不同于投标阶段提议的两道单独的 50m 钢制闸门,出于经济因素考虑,临时工程设计部门决定使用单个 100m 长的复合钢筋混凝土结构的闸门,附近设置 100m 长的闸门停放区域。这项工程的设计基于以下要求:

- ◆ 可供 2 条生产线使用的闭合截面的规模大小:100m 长,10m 高。
- ◆ 10 个闭合循环所构筑的容易搭建的临时土木工程结构,包括地基、闸门停放区域和截流幕墙。
- ◆ 闸门的重量和滑动力较低,并且能够兼容用于传输管段的标准顶推单元的 500t 的柱塞容量。
- ◆ 10 个闭合循环配有简单、可靠、经济的水密性密封装置。
- ◆ 连接处装配有管段滑移轨道。
- ◆ 最高安全等级的提案,因为在预浇筑厂中,当顶推坞池被淹没时还是能够持续进行作业而不中断。

闸门结构包含 22 个垂直的三角形预制混凝土拱壁,平均每 5m 安置一个。这些框架用于支撑以 12~22 毫米厚钢板制成的防水面层。这些钢板大面积重叠,确保拱壁框架之间的结构有足够的纵向硬度。所有的拱壁框架在水一侧用普通的浮筏支撑,工厂一侧则用钢制工字梁支撑。工字梁还可用作轮滑装置使用。钢制外层使用双头螺钉并现场用混凝土二次浇筑连接到拱壁和支撑浮筏上。

1700t 的滑动闸门(包括自身 300t 的钢制外层)由单个 500t 的 GTM 推进器负责移动,推进器和钢铁的接触表面要上油。移动时,闸门纵向导入基础浮筏留出的 1m 宽凹处。只需将 GTM 推进器旋转 180°,闸门反方向移动即可从打开状态转为闭合。在闸门停放末端固定的钢结构可使闸门关闭或者拉开。其交叉的部分赋予闸门稳定性,防止因为水流垂直负荷而翻转。横向的流体静压力从外层传递到拱壁结构,在钢筋混凝土筏式地基的导入凹陷处由填塞物将其阻截。闸门基座包含了许多垂直或者倾斜的(1∶5)宽缘工字钢桩,上面覆盖着钢筋混凝土的筏式基座。在 100m 停放延伸区域,闸门滑移轨道仅由垂直打入桩进行支撑。

两个垂直滑道装置的接口位置(滑动闸门和隧道管节)由隧道设计小组(STM)和临时工程设计人员紧密合作完成。对隧道滑移轨道最终的垂直安放位置和硬度变化、横梁和闸门地基的连接,以及允许闸门闭合的滑移轨道间所需缝隙进行分析非常重要。

图 12 停放在露天滑动门,工厂一侧的视图
(Sliding gate parked in open position, view from factory side)

图 13 滑动门关闭,防水钢表层,坞侧视图
(Sliding gate closed, view of the water tight steel skin from basin side)

末端拱壁(钢筋混凝土墙壁)间垂直缝隙和板桩护岸或围堰由一个用平直网状板桩制成的拱门进行闭合。闸门和筏式地基的底部密封结构包括一条栓接到两个结构上的橡胶带。在地基下层插入板桩完成密封。

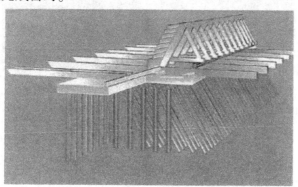

图 14 滑动闸门和打入钢桩地基的 3D 视图
RC 筏的顶推坞边缘的截断板桩护岸—未显示;滑移轨道,钢筋混凝土支撑桩
(3D-view of sliding gate and driven steel pile foundation. Cut-off sheet pile wall at basin edge of the RC raft.-not shown; skidding beam, supporting RC-piles)

# 出口浮门

许多造船厂使用混凝土浮门多年,已经证实这是比钢铁闸门更经济可靠的选择。厄勒海峡工程需要的临时闸门只进行 10 个操作。因为必须要求能够抵抗最大超过 10m 的顶推坞池注水高度,而地基高度小于 10m,且必须适合放入堤岸垂直护岸 50.4m 的间隙中,所以该浮门的面积和平常不同。

只要有合适的压载物并正确安置到基石承载结构里,为此项目设计的浮门闭合时可起到重力坝的作用,而浮门开启或者将其拖到海港下锚处的位置后,可作为船舶使用。正反两侧下层为钢筋混凝土矩形蜂窝结构,上层为孔状结构。在这些上方孔状结构之间,按照草图要求设计了一个简化的钢制延伸部分,达到吃水要求,并在基石上方留有最少为 500mm 的富余水深,以保证浮动操作的安全性。浮门的主要特征有:

- ◆ 规格:长 45m,宽 16m,高 20m;
- ◆ 结构厚度:底板 500mm,壁 300mm;
- ◆ 钢筋混凝土 C45:体积为 1900m$^3$;
- ◆ 钢筋向上方向延伸量:65t;
- ◆ 其他各种设备 65t(泵、导向装置、系船柱、走道等)。

浮门支撑基石和钢筋混凝土的承重结构固定在滚筒压实的混凝土(RCC)地基上。

标准土木工程技术可适用于在堤坝后方干燥处建造地基和门,同样也能适用于深层顶推坞池挖掘。在基石顶部的闸门底板进行浇筑可为防水橡胶密封的位置提供一个相匹配的浇筑连接。

图 15 在环境中,在基础上匹配工厂浇筑浮门——海侧视图
(Floating gate match plant cast in the dry on its foundation—sea side view)

闸门的结构设计要与最大海水填充和外海之间的 10m 水位差数相平衡。通过控制以下参数保持稳定性:

- ◆ 混凝土和钢筋结构的重量;
- ◆ 压载水;
- ◆ 流体静压力和所有操作水位条件下上升;
- ◆ 闸门和基石连接处的水密性(橡胶接头)和护岸(平直网状板桩拱桥);

- ◆ 土壤渗透性(地基和排水系统下方旋喷注浆截断幕墙);
- ◆ 传递给地基的适当载荷(垂直和水平反应,防止翻转);
- ◆ 安全浮动阶段不同压载物高度的定倾中心高度计算。

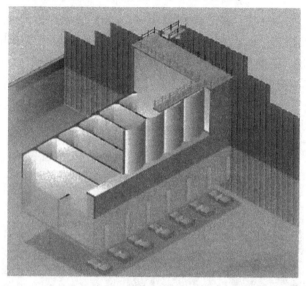

图16 浮动闸门结构在 RCC 地基的 3D 视图——背景里板桩护岸充当与地面堤坝的接口
(3D-view of floating gate structure on its RCC foundation-sheet pile retaining wall in the background as interface to earth dikes)

因为是临时结构,可选择简单粗略标准的设备装备闸门操作。在四组交换单元中安装四个 $250m^3/h$ 的潜液泵控制水流压载物平面。固定安装两个水位仪,方便潜液泵操作员精确调整闸门。

两个大直径的管道穿过下方闸门混凝土结构,配备手动操作闸门阀门,用于清空顶推坞池(海面和固定水位持平)。在闸门的端口间垂直闭合,在两侧安装平直网状板桩拱桥结构形成两个板桩桥墩。每次打开或者闭合门时安装和拆除这些设备。

图17 排干坞池后,打开闸门,拖曳到遮蔽处
(After draining the basin the gate is opened and tugged to a sheltered place)

一般而言,闸门停放在地基里,无需安装侧边密封板桩,潮水会流入并流出坞池。安装板桩拱桥结构只用于提升和降低锁定水位,从而浮起已安装的隧道管节(4~5天)。闸门本身浮起或者重新安置在基石上需要大概四个小时。浮起后,用拖船或者沉放驳船(Multicat)

专用船将闸门从北海港的抛锚位置运出,然后运回。

## 结论

厄勒海峡隧道工程是历史上首次建立封闭式隧道工法用于建造沉管隧道管节,及利用闸门原理在海平面上顶推规定大小的浇筑隧道管节。虽然临时安装和定制的设备耗费了大量投资,但工程呈现非凡规模和极高质量,证明这都是值得的,令业主非常满意。

虽然经过了犹豫不决的启动过程,而且学习过程也出乎意料的长,但最后浇筑顶推法终于证明其可行性。浇筑场地的全体工作人员的勤勉和不懈努力持续提高了生产效率,追回了损失的时间,最终提前工期安排两个月完成了最后一个隧道管节的沉埋工作。

# 9 液压千斤顶及支撑系统

**Cyrille Fargier**
专业技术工程师
GTM 建筑公司

## 概述

建设厄勒海峡隧道所选用的生产线需要具备从浇注台输送重达56000t的新浇混凝土到舾装处的能力。

当前，工厂预制技术发展迅速，并正在成为土木工程普遍采用的一种有效生产的代替方法，采用该方法在可以减少施工时间和成本的同时提升质量。可加工的预制管节的规模也在增加：

- ◆ 为塞芬二桥(英国)吊装了2000t的桥墩墩段。
- ◆ 为联邦大桥(加拿大)滑动和吊装了8000t的桥面和墩段。
- ◆ 拉卡斯提拉(La Costière)大桥(法国)的逐节顶推桥面的最大荷载为24600t。

由于装卸技术的进步，这一新发展已经成为现实。通过用船运输或使管节自身起浮的方法在水上移动重荷载物体已不再困难。但是，通过陆地运输混凝土时，必须提供支撑，同时进行移动，因此情况将变得复杂。

## 厄勒项目管节的制造和输送

如前面章节所述，每个176m长的管节由八个钢筋混凝土管段构成，在新浇后，需要在六个平行滑移梁上支承并移动，不得开裂。在室内的钢模板上浇注22m长的管段，然后向前顶推22m，为浇注下一个管段留出模板空间。厂房内具备两条生产线，预制安装真正成为了工厂作业。

每星期在每条生产线上浇注并顶推一个管段。传输装置包含六个液压油缸，在将每个管节推进到另一个浇注位置后，每星期两次从一条生产线搬运到另一条生产线。这一装置是从一个由GTM为逐节顶推桥梁设计的类似装置开发而来。用于厄勒隧道管节的系统具有四个关键的组成部分：

- ◆ 滑移轨道顶部的滑行面；
- ◆ 液压支座将节段荷载分配在滑移梁上；
- ◆ 顶推装置；
- ◆ 导向装置。

## 滑移轨道顶部的滑行面

基于最大5%的滑动摩擦设计升降系统。在项目开始时，在试验装置上确认了这一摩擦假设，试验装置为两个在两端绑在一起的平行叠加钢筋混凝土梁。下部横梁的顶部以及上部横梁的背面为不锈钢滑行面。支撑的两个滑动接触面上安装了聚四氟乙烯板(铁氟龙)，并对其加各种测试压力来模拟加管节负荷，然后由校准过的液压油缸在各个梁之间推进。

最初是将薄的不锈钢板直接胶合进梁之间，然而由于黏合剂的缺陷不得不将不锈钢除去。最后使用了特殊的滑动树脂作为支座的表面。

设计者也指出滑移轨道的水平容差，预制单元为±2mm，梁上其余长度上为±3mm。在将管节从梁和桩上移除时，计算的梁和桩的弹性挠曲为5mm。

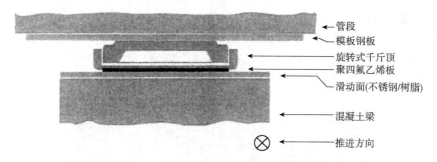

图 1　支承平头千斤顶(supporting flat jack)

## 液压支撑轴

管段的生产周期要求将管段在浇注后 48 小时内搬运走。这就构成了早期开裂的风险，而规定则要求混凝土无裂缝。

诱发应力并导致开裂的因素有：
- 对模板的冲击；
- 支座的不均匀沉降；
- 管段离开工棚时受到的热冲击；
- 浇注压载混凝土。

经过详细分析，设计者决定将管节在滑移轨道上移动时的支座反作用力偏差限制在 ±25%，这是由于经过总结，超过这一范围将使新浇混凝土结构的应力过度并使滑移轨道桩负荷过多。使用氯丁橡胶支座限制反作用力偏差是不可能的，因此为了处理容差和挠度要求，选择了特别订制的具有旋转头和 40mm 冲程的体积小的液压千斤顶。每个管段下面的 36 个平头千斤顶中分三组连接，用于均衡支持并减小反作用力偏差。

将液压连接及回路设计为如下：
- 限制反作用力偏差；
- 便于操作；
- 简单并易于理解——防止连接失误的最佳保障。

为将反作用力保持在规定范围内，选用了具有适宜尺寸的液压蓄能器。进行稍微的压力调整，即可弥补连接好的千斤顶的冲程偏差。以下分析了数个回路(见图 2)：
- 整个管节分三组(等压)；
- 由四个小组组成一个中央组；
- 两个外梁上的氯丁橡胶支座组成的一个中央组；
- 每个管段分三组。

每个解决方案是在模拟有限元程序基础上计算其在推进操作中的反作用力和冲程。选择了具有三个组的第四个方案，因为它提供了：
- 非常好的稳定性；
- 最低的反作用力偏差；
- 简单和便利的操作系统。

每三个回路上的压力感应器在一次运动中连续传送到指令舱,允许对支撑系统进行有效的监督。

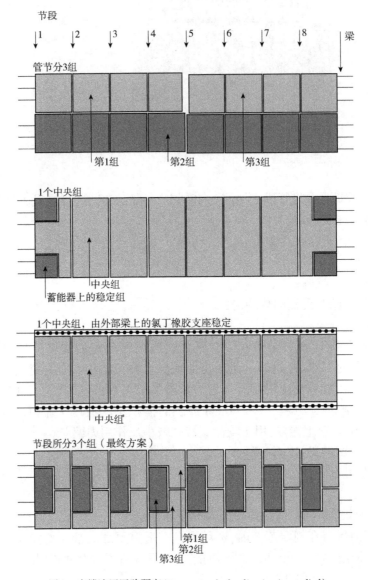

图 2　支撑液压回路研究(Supporting hydraulic circuits studied)

## 升降系统描述

每管段大约重量 7000t,运作一个完整的管节最终所需的总负荷大约为 56000t。一旦浇注了八个管段,将 176m 的管节向前顶推大约 100m 的距离,进入水闸,进行舾装和起浮。

每个 GTM 升降组件具备 4 个液压缸用来固定滑移轨道的边侧,并为推动的双重作用油缸提供一个反应点。六个升降组件中的每个能够产生 500t 的推力,将隧道管节向前移动 22m 平均需要三个小时。为了便于操作,这些升降组件通过水力互相连接为两组,并连接至两个液压动力装置。

该系统由中心指挥舱远程控制,由操作员使用电脑操作软件来:

◆ 控制两个液压动力装置;

图3　GTM顶推单元,能力500t(GTM jacking unit,500t capacity)

图4　液压动力装置和指挥舱(Hydraulic power pack and command cabin)

◆ 控制升降参数(压力、冲程、管节位置以及校准、信号灯、推力);
◆ 控制支撑参数(支撑千斤顶的平均冲程、支撑千斤顶压力、摩擦系数);
◆ 控制导向参数(通过导向弹簧的冲程来控制管节的关闭设置)。

## 导向装置

管段在运作过程中的连续和准确导向特别重要,因为滑梁允许荷载的有限关闭,且管段的错误定位可能直接影响隧道中心线的校准。

在顶底板拱腹处舾装两套导向装置,其中一套位于第一个前管段,第二个位于被移动管节的最后管段。这样做的目的并不是在关闭设置时用来改变管段,而是在其移动时保持正确对准。这些导向装置由两辆台车结合液压弹簧构成(蓄能器)。弹簧的冲程传输到指挥舱实施控制。同时,在千斤顶闸板上安装冲程传感器,从而可以控制管段和倾斜移动的纵向位置。该数据由不同的后备系统进行双重检查。操作员可通过液压动力装置上不同的推力来改变管段的轨道。

## 周期的定义

管段输送的典型周期如下所示：
- ◆ 放置支撑千斤顶到滑移轨道上；
- ◆ 千斤顶的液压连接以及回路填充；
- ◆ 底部模板搭建；
- ◆ 将钢筋笼置于浇注单元上；

图 5　导向装置（Guiding device）

图 6　管节离开预制棚（Tunnel element leaving pre-casting shed）

- ◆ 调整外模并安装隧道模板；
- ◆ 浇注和养护混凝土；
- ◆ 敲击底部和侧面模板，并将荷载传输到千斤顶上；
- ◆ 安装千斤顶组件到滑移轨道上；
- ◆ 推动隧道管节。

在管节已经移动并进入可移动式坞门的最后时刻时,通过关闭各自针阀来分离支撑千斤顶。然后可断开并移开液压电路和蓄能器,等到千斤顶连接到导轨直到其升起时再使用。在隧道管节已经升起且牵引到推进场深处后,将水闸清空。将支撑千斤顶收集在一起,以便于清洗并准备下一个管节的升起。

## 结论

本章描述的水平传输系统一次成功吊起56000t新的混凝土而没有破裂。这样的话每月一次,20个月就可完成要求的工作量,因此,这是未来大规模工程安全可靠的方法和技术。

# 10 沉管隧道的详细设计

**JOHN BUSBY**
首席工程师
西蒙兹集团

**JON HOLLAND**
高级工程师
西蒙兹集团

## 概述

对于如此规模及复杂程度的沉管隧道,详细设计程序的管理有时与基本知识、资源以及完成任务所需能力是同等重要的。

西蒙兹的团队是沉管隧道的详细设计单位,位于离厄勒联合体(厄勒隧道联合体(ØTC))办公室和施工工地 1000km 的英国。在某种程度上,这反映了转移一大批有经验的工作人员的难度和花费,但如果悉心管理,也能实现,使它不会成为一个重大的问题。

## 设计过程管理

英国沉管隧道设计团队典型成员结构如图 1 所示,人员组织是围绕特定设计任务和分析荷载条件来进行的。这些角色大部分灵活多变并且可以互换,允许在需要时将设计人员调动到别的任务中去,适应施工工程的顺序性、厄勒隧道联合体项目的优先性或在工地上遇到的任何具体问题。

### 联络组

厄勒隧道联合体(ØTC)和英国设计团队之间的联系主要是通过一个长期居住在厄勒隧道联合体(ØTC)哥本哈根办公室的联络组完成的。该团队通常由 6~8 名人员组成,有时会因所需联络程度而在项目执行过程中人数有所变动。其主要职责通过与厄勒隧道联合体(ØTC)由始至终的密切合作,促进厄勒隧道联合体(ØTC)和设计团队之间的联系沟通,并将设计程序作为一个整体,提供必要的管理。投入超过 40 名设计人员和厄勒隧道联合体(ØTC)的 200 名实力极强的设计人员/管理人员主要代表,后者代表了所有五个合资经营伙伴丰富多样的背景,在对二者进行管理时,该"单点联系"能帮助解决任何问题。

实际上,该项联系由厄勒隧道联合体(ØTC)和设计团队主要人员之间的技术例会进行补充。双方团队均与国际机场相邻,就这一点而言,毫无疑问可以减少任何重大后勤问题。

一个关于联络组角色的典型例子体现在管理和制定早期应力设计中。为了保证隧道不会产生早期裂缝(一项设计要求),混凝土的拉应力不得超过在任何时候测量所得混凝土抗拉强度的70%。这要求谨慎地达到环境效果和弯曲及变形引发的载荷之间的平衡,同时获得要求的混凝土强度和刚度。在此职责上,要求联络组协调各种不同投入,包括:

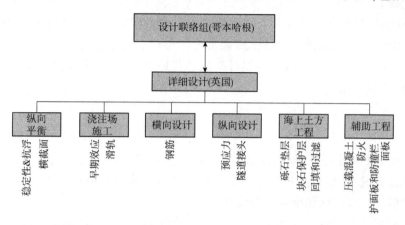

图1 沉管隧道设计团队组织结构(Structure of the immersed tunnel design team)

◆ 滑轨的设计师提供关于由临时工程地基变形造成的隧道应力增加的信息;
◆ 厄勒隧道联合体(ØTC)负责控制环境温度、隧道支撑系统、混凝土浇注顺序,以及所有活动的时间安排;
◆ Intron SME 的有限元分析用于测定由收缩和水合作用的热量引发的变形约束产生的应力。

有限元分析输出的例子如图2所示。在其中心协调作用中,联络组能够为设计提出准确的标准,并能够迅速制定出一种满足承包商自身施工方法和合同要求的方案。

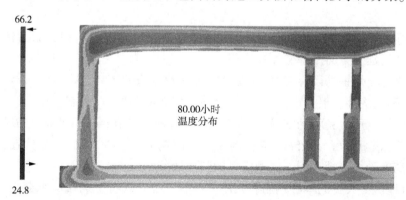

图2 部分隧道横截面早期应力的典型例子(Typical example of early-age stresses in part of the tunnel cross section)

随着项目进展,联络组的职能也得到了很大转换,从最初的通过与承包商合作协助制定设计理念,到集中施工进度时的设计修改,最终转换到施工支持和工程决议。

## 设计过程

有效使用 IT 系统很重要,例如在处理不同配置中的 25 个不同的参数、变量和偶然载荷组。从一开始,建立详细的设计过程并采用完全电子化的运行方式。所有计算一致,并且图纸由电脑绘制出,一个连接着英国和哥本哈根的一线通(ISDN)连接可立刻输出所有文件。通过本方法,可以快速地将有关每个管节超过 5000 载荷支撑的计算结果和将近 5000 张图纸从英国传输到工地上。

任何设计施工总包项目的主要特征是详细设计和承包商施工程序之间的重叠。在厄勒海峡项目中,沉管隧道钢筋详细设计图纸通常在相关管节的施工前六个星期完成,在另外七周内完成一对管节的施工。这要求在设计时悉心管理,保证向各方提供信息,以允许其有充分的时间进行批准和采购。

## 总结

在隧道详细设计过程中,有效的设计管理相当重要,包括:
- ◆ 促进与承包商(如有需要,和业主)联系的团队结构和人员;
- ◆ 仔细整合一些设计和施工相关的接口;
- ◆ 与承包商合作,加强合同设计与施工形式的优势;
- ◆ 积极主动运用创新方案解决设计和施工相关的问题;
- ◆ 设计"坚持性",需要用来在五年内持续维护该设计。

## 隧道尺寸的影响

厄勒海峡沉管隧道宽 40 多米,长 3.5km,是世界上体积最大沉管隧道。该项目为厄勒隧道联合体(ØTC)和西蒙兹共同开展高效设计提供了一个重大机会,目的在于提高结构的质量、减少成本、加快速度及增强实用性。

### 钢筋

早在招标设计期间,就已认定工厂"生产线"隧道管节施工方法在克服与传统浇注场有关的风险和计划延迟方面发挥着关键作用。

一个主要特征是钢筋设计,如果要充分实现这种方法的优势,这种钢筋设计必须具有实用性、灵活性和经济性。根据设计,所有的钢筋采用专用胎架,在预制钢板上绑扎,然后接合在一起为每个管段形成完整的钢筋笼(见图 3)。这种设计在横向和纵向上都使用 150mm/300mm 网格标准钢筋间距。25mm 直径的主要横向钢筋位于 300mm 中心位置,中间的钢筋位于横截面高度受力区域之间。典型模型如图 4 所示。

因此,可提供一大类的单独钢筋和束筋——每种都有其特有的截面承载力,与施加的负荷相适应(图 5)。这主要符合规定的 0.2mm 的最大弯曲裂缝宽度的要求。考虑到预制加工工程的相关费用、复杂性和持续性,要达到进一步可能的数量减少而不限制钢筋间距是不经济的。

图 3　完工的隧道管段钢筋笼准备进入浇注区
(A complete tunnel segment reinforcement cage ready to be skidded into casting cell)

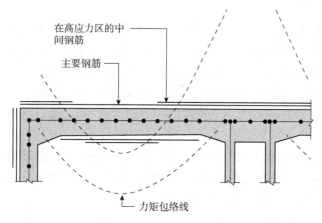

图 4　配筋模式图示(部分钢筋穿过机动车管廊)
(Illustration of the pattern of reinforcement bars(part section through motorway))

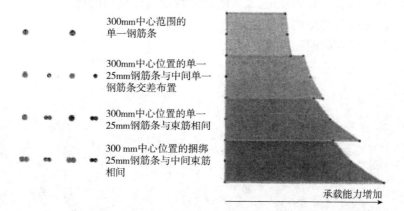

图 5　典型结构截面中相应截面承受力的布筋模式概要
(Summary of reinforcement patterns with corresponding section capacities for a typical structural section)

剪切钢筋采用横向剪力筋安装的形式设计和详细说明,能从主要墙板单独固定它们,这样,可简化制造并确保受弯承受能力不会受到不利影响。21m 长的钢筋条和束筋的使用帮助减少钢筋条搭接的数量,确保只放在压缩区。

与其他设计标准相比,利用欧洲设计规范的设计可能会更节约,这易于产生更少的总体钢筋数量,其中,弯曲裂缝、抗剪强度和钢筋条细节设计对于这种设计、处理负荷因素和组合起着关键作用。

由于全断面浇注方法和热应力的控制,可以实现进一步的节约。这就不需要使用控制早期裂缝的附加钢筋。

待浇注的第一管段钢筋图纸完成时,确定进一步节约成本的机会并融入到隧道设计中。当随后的设计包完成时,持续监控和更新计划的最终钢筋数量。

如果需要大约 36000t 钢筋时,钢筋就会占据着重要的隧道成本比例。然而,在一定程度上由于上述的设计效率,这同 82kg/m³ 混凝土重量相等。隧道深度和指定几何标准等局部因素也有助于达到这个数量,这对于此形式的建筑是相对较低的。

**分析方法**

这种隧道钢筋设计原理对于沉管隧道所要求的设计分析有重要影响,特别是:

- ◆ 早期混凝土工程要求多次重复和精制设计,分析方法需灵活多变。
- ◆ 许多施工条件的设计和永久性影响要求:方法足够灵活以同时支持多种分析。
- ◆ 管节施工的快速进展充分反映在文件材料设计成果的的速度上(计算、图纸和报告)。
- ◆ 对于某一些甚至是特有的一个管段接一个管段的设计,设计效率要求每个管节具有单独解决方案。

一个例子是隧道横断面的设计和开发(见图 6),在四个分离的隧道里包括双重双车道高速公路和双向铁路。平分高速公路的第五条隧道包括一条紧急逃生地道加两条单独的机电设备走廊。在设计期间,精心制作此横断面,以符合:

- ◆ 内部尺寸的合同要求;
- ◆ 合同要求中规定的抗隆起安全因素;
- ◆ 机电设备开口和壁龛的规定,及对附属工程项目的空间的规定;
- ◆ 钢筋混凝土截面的结构设计;
- ◆ 在运输和沉埋期间的稳定性;
- ◆ 临时工程限制和负荷的影响。

图 6 隧道横截面(Tunnel cross section)

在横截面设计中规定材料自重的变化影响和施工容差,包括:
- 隧道的水平/垂直位置　　　±25mm
- 成形混凝土表面的位置　　　±10mm
- 未成形混凝土表面的位置　　±10mm
- 钢轨调整的垂直公差　　　　50mm

由于所有这些因素的设计敏感性,因此制定了电子表格分析的半自动方法。该方法对设计变化即刻建模,并将结果传达给承包商,然后很容易导出到其他模型中,从而使难度或中断可能性最小化。由于分析精确而详细,并处理了综合偶然因素,制定了一套最佳混凝土大纲,因此不必包含一些不必要的偶然情形。该工作十分重要,反映了设计中隧道尺寸起的重要作用。

### 总结

工程的尺寸使沉管隧道详细设计中的一些重要创新成为可能,特别是使施工方法学的基本评估变得更容易。承包商和设计者从一开始就努力加快施工速度、降低施工成本和提高施工质量,这在过去对于小型工程来说是不可能和不实用的。已有的技术和经验无疑适合于并有益于未来一切沉管隧道方案的制定。

## 承包商与设计师的合作

承包商与设计师从最初就开始合作是一个成功的设计施工总包合同的重要特征。这样的关系与业主规范提供的灵活性程度一起在形成和最终选择厄勒海峡沉管隧道设计的许多功能方面发挥着重要的作用。就这一点而言,设计时将临时性和永久性工作紧密联系在一起特别重要。在这种情况下——在沉管隧道设计中司空见惯,合作能够促进设计与施工过程的最大程度的整合,通过考虑质量、成本、速度和实用性,特别是风险来帮助承包商获得最优方案。两个重要的例子就是浇注场各管节滑移轨道的设计以及运输和沉放中要求的临时预应力的设计。

### 滑移轨道

或许隧道的唯一最重要的特点便是厄勒隧道联合体(ØTC)在地面浇注和升降关键时采取的工艺。厄勒隧道联合体(ØTC)的隧道升降和支撑系统由一系列的滑移轨道、桩基以及液压千斤顶支撑(见图7),下一章将详细介绍。

滑移轨道对施工方法的成功至关重要,这在很大程度上归功于厄勒隧道联合体(ØTC)与西蒙兹在设计中的密切合作,例如:
- 滑移轨道和桩柱必须非常牢固,因为每个管段重量大约在6000t左右。因此设计就要涉及到厄勒隧道联合体(ØTC)首选的桩型、梁的构造,以及模板、千斤顶和滑门的荷载。
- 滑移轨道和地基的变形(会导致混凝土开裂)对厄勒隧道联合体(ØTC)的活塞千斤顶的性能和分布有极大的影响。
- 隧道压力对结构设计(同时针对所有的荷载条件)、早期热性能、混凝土特性、环境条件以及千斤顶的顺序等有重要的影响,这些都在厄勒隧道联合体(ØTC)范围内。

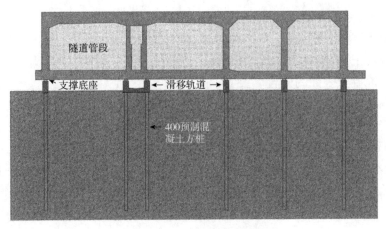

图7　浇注场中隧道基础横截面
(Section through tunnel foundtations in the casting yard)

最终结果(见图8)在很大程度上是一个紧急方案,是双方集中在实用、经济、符合合同要求并能满足连续生产线建造要求的最佳设计上不断优化的结果。

图8　浇注场的隧道管节和滑移轨道(Tunnel element and skidding beams in the casting yard)

重要的是最终方案并未影响钢筋设计。西蒙兹与厄勒隧道联合体(ØTC)对设计和施工过程中的谨慎整合使得支撑系统超过了永久性情况的要求,不需要任何钢筋。

**预应力**

如前所述,每个管节包含八个由伸缩缝隔开的管段。这些管段在砾石层地基最终建好后提供了要求的隧道连接(扩展和旋转)。因此,回填一完成就用切割的钢筋对每个管节从纵向上预加应力以在海上运输和沉放时保持稳定性(图9)。预应力的设计不仅对隧道管节的安全性特别重要,还因其对其他一些设计和施工特点的影响而特别重要。

图 9 管节浮运
(Tunnel element during transpoortation)

在初始阶段,设计估量了一系列的问题,包括以下变量:
- 内预应力(加在混凝土部分上)或外预应力钢筋(施力在隧道道孔的预制支架之间);
- 在不同的水深处的运行波浪(正常)和能承受的最大波浪(最终)以及当前负载情况;
- 运输和沉埋情况;
- 在基槽中由砾石层或临时垫层支撑(后者用于砂流法);
- 泵船负载及支撑位置;
- 钢筋和施力方式的类型和大小;
- 隧道结构、压载水、压载混凝土以及沉放设备的负载。

这些因素导致许多可能的负载情况,每一种都有一个单独的预应力要求和施工指示。要制定总体方案需要各方的努力,包括:
- 厄勒隧道联合体(ØTC)——全方位管理、合作以及设计的选择和临时工程施工;
- 丹麦水工试验所——实体模型试验;
- SIMTECH——水力建模和海洋工程;
- 西蒙兹集团——概念模型化、预应力安排、结构设计和细节设计。

一个将内应力钢筋与顶板和基板合并的方案被选定为优先选择。运输中的"有效条件"对设计至关重要,在水深15m处有效波高为1.6m,周期为4.5s。

在同步的水波、水流、泵船以及拖运负载下,预应力的设计避免了理论上在伸缩缝处的抗剪缝中产生的拉力。图10中所示钢筋的布局有以下好处:
- 125$m^2$的混凝土横截面只需要24条钢筋,每条17或18束(直径15.7mm);
- 由于数量不多,减少了钢筋安装、施加应力(只有一端)、灌浆以及切割作业的计划延期;

◆ 在设计和安装中密切控制预应力损失,确保了最小数量;
◆ 钢束只分布在外管道的基板和顶板,使得预应力的位置和离心率最高效地处理竖向临界组合(水波和泵船)荷载和水平荷载(水波和水流);
◆ 钢束避开了含有压载水舱的管道,因此在沉放后不会妨碍压载交换过程;
◆ 钢束只位于行车道顶板斜张开段,避开了轨道顶部的斜面,因此两种情况下都避开了通风设备的壁龛;
◆ 钢束按组布置,简化了末端钢筋的细节;
◆ 钢束位置和间距的设计避免了与浇注的中隔墙以及末端固定件的冲突;
◆ 钢束距混凝土覆盖层仅 230mm,简化了沉放后的预应力切割作业。

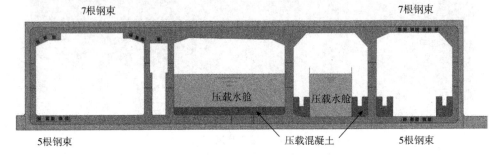

图 10　预应力钢束布置
(Layout of pre-stressing tendons)

**技术创新**

在钢筋混凝土沉管隧道方面,厄勒海峡沉管隧道比传统的工艺产生了多种设计创新。某些创新设计已经描述过了,其他的有如下创新技术:
◆ 沉管接头;
◆ 伸缩接头;
◆ 砾石垫层地基。

**沉管接头**

沉管接头的设计必须克服三个固有的施工难题。沉管接头的设计必须尽可能的简单以避免浇制场地出现延工或者其他问题,必须确保在全长 3.5km 的隧道中,在整个安装 22 个管节的作业过程中,保证隧道轴线对中。并且该隧道在沉放后必须具有防水性能。沉管接头还必须满足具有长期防水性能的设计要求。这些综合因素对厄勒隧道联合体(ØTC)和西蒙兹提出了独有的挑战。在图 11 中说明了对此难题的解决方案,并在多个方面与常规设计进行了对比。

在通常情况下,沉管隧道的定位在很大程度上依赖于非常准确的沉管接头施工。这种沉埋通常通过两阶段过程实现——钢端封门同最后一个节段一起浇注,形成完全整体的防水接头。

然后,在上面仔细安装和焊接一个二级板,以便提供要求的定位(见图 12)。

在沉放完成之后,如果没有正确的方法调准隧道轴线,就可能出现累计公差,在施工过程中会导致严重的对中问题。与其他的长度较短的隧道不同,短隧道要么无规范要求或者将千斤顶作为备选方案,作为施工工序的一部分,需要一个稳健的解决方案。

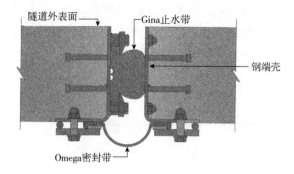

图 11　厄勒海峡沉管接头(Oresund immersion jiont)

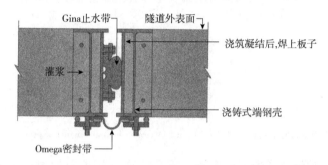

图 12　标准沉管接头(Typeical immersed tunnel immersion joint)

该方案将包括采用三台 500t 的再对中千斤顶系统,将它们布置在两侧外墙的特殊凹陷处。在管节刚沉放之后,管节安装稳定之前,(如要求)立即使用该系统调整水平准线。这就意味着钢制端封门施工的准确度就显得不那么重要了。该项特征允许使用相对简易的 L-形端架,但这要求浇铸场地的工厂提供定位要求的准确度。一般说来,端架的简易性可以有利于加速施工,降低隧道防水性敏感区域中的焊接数量和劣质混凝土压实的风险。

该方案还有另外一个特征——特殊的带有软鼻头的"Gina"止水带,该软鼻头从现有的 Gina 设计改装,并且由特瑞堡·贝克专门为该工程的客户量身定做而成。该特征的存在为所有的基于下列条件的原件提供了要求的防水性能设计:

◆ 与所有水深度(隧道的底部从海平面下 10~22m 之间变化)一致的静水压力;
◆ 重新定位过程中的荷载作用;
◆ 因温度变化,混凝土收缩和 Gina 剖面松弛导致的纵向运动范围;
◆ 因管节的沉降和旋转导致的剪切变形。

### 伸缩接头

管段之间的伸缩接头与可注浆止水带和亲水性的密封

图 13　Gina 止水带(Gina gasket)

相结合,可注浆止水带和亲水性密封都符合合同的防水性要求。该合同还规定了隧道底部、顶部以及外墙的连续半接头(见图14),并将其作为在接头之间剪切力转移方式(见图14)。虽然在其他沉管隧道中是随处可见的,但是半接头的安排可能引发设计和施工上的难题。这在厄勒海峡尤为常见,所以对半接头的安排要慎重考虑。

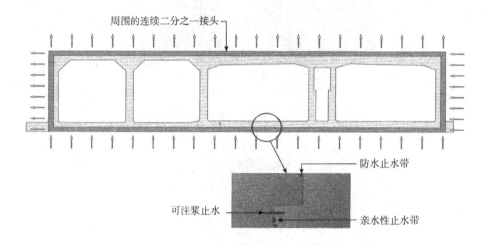

图14　最初规定的厄勒隧道伸缩接头(Tunnel expansion joint as originally specified at Oresund)

对于承包商,相对较复杂的模板安排不适用于浇注场地上的快速生产线施工。接头也可能使在防水性能参数要求极高的地区出现混凝土凝结问题。

从设计角度看,很明显,结构纵向剪切力将集中在不易弯曲的部分,即隧道墙——与横梁截面中的腹板相似。因此,最有效的设计方法确保了这些墙壁既能传递又能足够承受全部剪切负载。连续的半接头不属于设计有效型接头,引发了临近板型材的局部弯曲。

该问题又为设计者和承包商们提供了一个研发另一套备选方案的机会。该解决方案就是在隧道周围提供素混凝土接头,以简化施工、提高混凝土质量,其中,每一堵墙中都分散有剪切力,用于转移纵向剪切力(对于横向剪切,在底板中应增加一份剪切力)。挡水条以及接头密封细节保持不变。

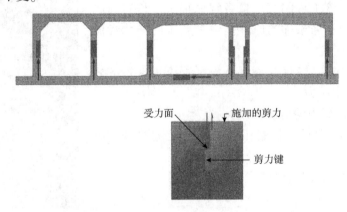

图15　用于施工的伸缩接头(Expabsion joint detail used in construction)

由厄勒隧道联合体(ØTC)提出的并在随后被业主接受的可替代型伸缩接头在图 15 中进行了图解说明。将其作为牛腿设计。由于剪力键承受了巨大的剪力,所以在每个剪力键顶面和底面都要求使用总共 16 根直径为 25mm 的钢筋。在缝隙处添加成形的型材以辅助接头移动并降低混凝土发生局部脱落的可能性。使用与滑线连接的有限管节模型评估局部支撑压力。

**砾石层**

招标设计以及早期的隧道详细设计都是以砂土地基有关规定为基础,使用流沙技术。通过这种方式,在沉放期间将管节放置在临时液压支架上。通过管道注入将砂砾/水混合物注入隧道底部的方式填充隧道下侧和挖泥槽的底部之间的缺口。然后将临时支撑移除,并将隧道重量转移到砂砾地基上。

尽管砂砾地基具有可行性,但是基于时间和成本原因,并由于当地的特定环境,如多为海洋性淤泥以及下卧石灰岩地基的多变性和裂缝性质,可替代砂砾层方案对于厄勒隧道联合体(ØTC)更具吸引力。

由于与地基厚度从 500mm 到 1400mm 不等,这种较大变化结合的物质具有高压缩性(与砂砾相比),该砂砾方案显示出过度不均匀沉降的危险。该方案以沟渠底部剖面的允许公差为基础。这一点作为独立合同部分进行规定,因此不受厄勒隧道联合体(ØTC)的控制。厄勒隧道联合体(ØTC)采用了替代性砂砾层地基,在沉放之前安置,以获得较坚硬的地基并降低已知风险。设计过程中应尽早做出这种变动,以避免延工。

砂砾层未达到在隧道底部与地基之间的完全接触,导致结构物上的强制变形和额外负载影响。对于隧道的结构设计,砂砾层表面的精确度会成为关键设计参数,对整个成本产生重要的影响。

由于创新性浇注技术(在别处作出了描述),厄勒隧道联合体(ØTC)能达到浇注厚度偏差在±25mm 内的砂砾层的精确度水准,且该砂砾层表面会随机发生变化。图 16 说明了典型砂砾层区域的级别标准。通过这些标准,制定并使用一套强制变形的详细设计方法,模拟砂砾层的表面坡面的变化。该类强制变形用作隧道的横断面和纵向分析模型的永久性荷载,使用只有压力的"离地升空"支撑系统。图 17 对典型的隧道支撑样式作出了图解。

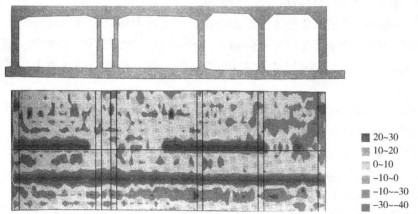

图 16 碎石垫层标高轮廓线图(2 根管节)(Illustration of gravel bed level contours(2-segments))

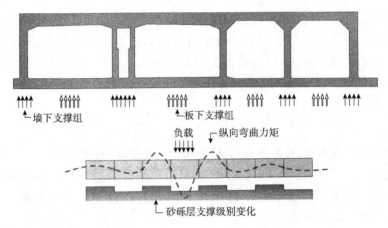

图17 用于隧道结构中的支撑条件(Support conditions applied to the tunnel structure)

同时将详细的设计用于制定进一步的标准。该标准采用定制的分析电子表格形式,以确保设计中的假定在现场得以实现。在沉放之前,由厄勒隧道联合体(ØTC)对砂砾层表面进行水平测量,其导出在模型上的结果能与在设计中推定的强制变形形成直接比较。

它为厄勒隧道联合体(ØTC)在现场确认地基水平的妥善性,或在管节沉放之前,要求进行任何的修复性工作以校准过度的局部水平差时,提供了一种用户友好型方法。

**设计问题**

在设计巨大而复杂的沉管隧道工程时,如果从事后来看,没发现任何问题或没有进行改进的可能是不可能的。厄勒海峡沉管隧道的详细设计也不例外。

真实地反映这些问题是很重要的,以便思考如何学到适当的教训,可能对将来的工程有重要的积极影响。以下从设计者的角度列出了对此简单考虑反映出的学习问题。

对创新的需要和意愿随之带来了准确知道在哪里停下来的问题。通常很难将新增加的创新从一个完全新的概念中区分出来,在其中的不确定性可能变得很大。沉管接头工程就是一个恰当的案例,它在第一阶段就包含了一个完全没有采用钢端框的解决方案。然而,实际上,即使已经采用的设计解决方案也可能在以后类似的作用中略微得到改善并提高。"艺术"就是在早期完全并准确评价所有问题和风险。

创新在详细设计过程中是经常反复和增加的。设计者和承包商应共同确认其优势和潜在问题。隧道钢筋设计的反复改进可将数量减小到异常低的程度。即使进一步缩减,收益递减和花在设计和施工上的时间也使得其难以实施。此设计成功创新的主要基本特征归纳如下:

◆ 基础知识和能力,及学习意愿;
◆ 创造性地使用和结合现有的技术和技巧;
◆ 整合的团队工作;
◆ 设计者与承包商之间的合作与交流;
◆ 使用IT作为促进因素;
◆ 平行和重叠的设计过程;
◆ 对厄勒隧道联合体(ØTC)和业主的外在导向;

◆ 反应性和灵活性。

在一个设计和施工投资环境中创新的优势并不能完全实现,除非业主(正如在厄勒海峡一样)不仅能接受它,还能够在合同要求中规定,允许承包商和设计者自主决定如何在实际中处理这些问题。浇注场、砾石层和隧道接头就是实例。

正如之前讨论的那样,设计者和承包商之间的整合和合作在实现潜在双方建立解决方案是至关重要的,分开工作不可能实现。就这一点而言,更多的现场设计人员和英国设计室内承包商员工可能会产生更好的结果。

考虑到独特的环境、问题、约束条件和与沉管隧道工程,尤其是在厄勒海峡隧道中有关的人员,不可能也不需要完全在室内完成详细设计工作。更重要的是有必要了解什么是需要知道的,以便在必要的时候引进相应的专业知识,并做出相应的处理。本工程的一些重要方面的成功应部分归功于此,比如临时预应力的设计、混凝土的早期效果和沉管接头。

最后,但非常重要的是,一个厄勒海峡隧道规模的工程和创新方法有相当大的"惰性",使得很难处理任何计划延误情况。在问题完全出现之前了解到这些问题是非常重要的。

## 结论

沉管隧道详细设计的主题太泛而且多样话,不可能在单一章节中详述。但是,希望所谈到的具体特征能能为以下提供证据:许多技术创新的益处、设计者和承包商之间的合作、良好的设计管理和由如此规模、复杂性和方案自身产生的所有挑战。

图18 注水前顶推坞池中的隧道管节(Tunnel elements in the upper basin prior to flooding)

# 11 混凝土工艺技术

**HANNE V. HENRIKSEN**
混凝土专家
丹麦混凝土工艺技术

**ULLA KJAER**
混凝土专家
**RAMBØLL**

**LARS LUNDBERG**
混凝土专家
**PIHL&SØN**

## 概述

正如前面章节所述，沉管隧道由总计 75 万立方米的混凝土组成，隧道自身包含了 20 个预制隧道管节，每一节包含了 8 个管段，每次浇注 2700m³ 的混凝土，持续 24~36 小时。这些混凝土在浇注期间需要高工作性能。混凝土类型为 A，生产总计为 50 万立方米。

准备工程包括隧道口和坡道的现场浇注，位于紧挨着哥本哈根机场的人工半岛和 Peberholm 的人工小岛上。此混凝土暴露在寒霜之下，因此有必要吸入空气。由于浇注方法的原因，有必要在施工期间使用现浇冷却管，以减少早期裂缝的风险。此混凝土类型为 B，在两个场地的生产总计为 25 万立方米。

所有的主要结构在两年期限内浇注，而且一般来说，混凝土生产和施工按照计划进行，不管时间表多么紧凑。本章描述了几个具体主题。它是由业主代表和承包商共同编写，并标志着整个工程期间良好合作关系的结束。

## 紧迫时间限制下的预测试

隧道合同于 1995 年 7 月签署，然后厄勒隧道联合体（ØTC）立即开始了预测试。对于隧道管节的混凝土类型 A，有必要尽快测定所有的相关属性，以助于对早期开裂风险的初步分析（如在本章中别处所描述的那样），因为内部冷却并没有预期出现。

厄勒隧道联合体（ØTC）计划现场浇注准备工程结构（混凝土类型 B），必要时，通过现浇冷却管使内部冷却，因此早期开裂风险分析不用如此紧迫。然而，大部分的准备工程结构暴露在寒霜之下，因此这种混凝土必须抗冻。耐冻性的预测试的合同要求很广泛。所有组成材料必须预测试，总共包括一种水泥类型、三种细骨料类型、三种粗骨料类型、三个品牌的混合料（且每一品牌三种类型）、两种类型的粉煤灰、一种类型的硅灰以及三种类型的水。最长的测试针对粗骨料的碱性反应率（根据 CAN $A_{23.2-14}$ A），持续 52 周。细骨料的相应测试（根据 TI-$B_{51}$）持续 20 周。

混凝土的最初试混合必须在同类型的配料车间中进行，而制造在生产工厂中进行。对于混凝土类型 B，其最初试混合和预测试在 Halsskov 进行，位于前大贝尔特桥施工场地。还规定了几种应具有的性质。从大贝尔特桥获得的经验表明，很难在结构的硬化混凝土中达到充分的空气含量和耐冻性。因为这样，有一个要求对至少三种带有不同引气组合的混凝土混合物和可塑体混合料应进行预测试。对每一种混合物，应测试至少两种水平的空气含量，并且测试包括耐冻性。

厄勒隧道联合体（ØTC）预测试了总共 7 种不同的混凝土混合物，每一种都是在高的和低的两种空气含量中进行的。规定了耐冻性的预测试将包括盐比例——根据 SS 137244 程序一（试验室浇注样品）和程序三（钻出的样品），持续直到 112 个周期为止，及根据 ASTM C671，将样本储存在水中达 24 周进行临界膨胀。所有预测试的（2×7=14）混合物，全部符合试验室浇注样品的耐冻性要求。几乎所有具有高空气含量的混合物显示了芯板的良好耐冻性，而只有三种具有低空气含量的混合物合格。

混凝土的最后预测试必须在实际生产的配料车间进行,但这并不包括缩短耐冻性持续时间。

在混凝土混合物预测试完成之前,不得开始进行全截面试浇注。它必须通过使用拟定的施工方法和设备来完成,并且由与混凝土工程的实际执行有关的操作员和职员来实施。在许多其他性质中,要求有根据 SS 137244 程序一和三的耐冻性预测,尽管只用 56 个周期。

厄勒隧道联合体(ØTC)浇注混凝土板和墙壁以作为其全面试验。然而,墙壁的空气含量和耐冻性并不合格,所以在对配合比设计和执行做出调整后必须浇注另一附加墙壁。

厄勒隧道联合体(ØTC)混凝土类型 B 的最终文件和批准在合同授予一年半、预测试开始超过一年和开始生产的一个月之后的 1996 年 12 月达成。

| 月份 | 3 | 6 | 9 | 12 | 15 |
|---|---|---|---|---|---|
| 材料 | | | | | |
| 混凝土 | | | | | |
| 混凝土浇注 | | | | | |

图 1　预测试时间表(Time schedule for pre-testing)

比较与开裂风险、生产周期和耐用年限有关的不同组成材料(如水泥、骨料和混合料)。当然,在开发浇注隧道管节的混凝土中的一个非常重要的方面是,选择混合物的组成材料。使用哪一种材料是按照一定的顺序和不同的测试和评估的结果来决定的。

图 2　明挖式隧道段的施工(Construction of cut-and-cover tunnel section)

在投标阶段决定使用高炉矿渣水泥来预先制造管节。固化期间的慢热传递具有很大的优势,而且在带有海洋环境中的矿渣水泥混凝土的高耐用性众所周知的。然而,相应的慢强度发展是一个关注点,它可能很难达到管节所需要的生产周期,即在每条生产线上每周生产一管节。

在本工程的较早阶段,厄勒隧道联合体(ØTC)已开始意识到在瑞典吕勒奥理工大学的某些调查,其中对比了其他相同混合物,一些带有矿渣水泥,而另一些带有普通的波特兰水泥。此对比只是集中在早期开裂风险上,但它却也是以厄勒隧道联合体(ØTC)选择的浇注隧道管节的方法和所有厄勒隧道联合体规定的混凝土要求为基础的。

此对比的结论是,以波特兰水泥为基础的混凝土混合物在早期的开裂风险较低。这一结果使厄勒隧道联合体(ØTC)感到意外并决定进行全面调查。在那时只有试验室测试才有可能,因此决定测试6种不同的试验室混合物。

测试范围包括一种高炉矿渣水泥与两种类型的普通波特兰水泥(带有一些附加粉煤灰)的对比和两种不同类型的骨料对比组成。假设后者会以不同的方式影响混凝土弹性模量($E$模量)和应变能力的发展。在试验中将微硅粉添加到一种矿渣水泥混合物中,尽管根据业主的规定是不允许与这种类型的水泥混合在一起的。

6个其他等效试验组合如下:
1a:熔渣水泥+骨料1
1b:熔渣水泥+微粒硅+骨料1
1c:熔渣水泥+骨料2
2a:波特兰水泥1+粉煤灰+骨料1
2b:波特兰水泥2+粉煤灰+骨料1
2c:波特兰水泥1+粉煤灰+骨料2

这些试验室测试包括在硬化期间计算适当的温度和应力时所需的的所有性质。跟预计的一样,在混凝土含有熔渣水泥的时候,热度变化和强度变化都相对缓慢。图3展示了6个$E$模量的变化:有骨料类型1的四种混合物用实线表示。骨料类型2明确明显产生最低的$E$模量,跟粉末类型无关。图4展示了6组抗压强度变化,图5显示了早期的抗劈拉强度变化。实线表示的是那三个含熔渣水泥的试验。

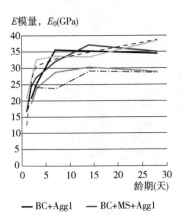

图3 6种混合物的E模量变化
(Emodulus development of the 6 mixes)

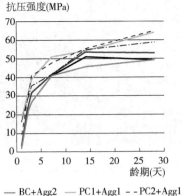

图4 6种混合物的抗压强度变化
(Compressive strength development of the 6 mixes)

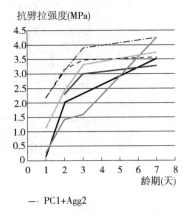

图5 6种混合物的抗张强度变化
(Split tenslle strength development of the 6 mixs)

厄勒隧道联合体利用荷兰公司 Intron 来验证防止裂缝形成的必要预防措施。要求 Intron 根据试验的 6 种混凝土混合物中的任何 1 种的输入数据，为管段浇注计算新的综合温度和应力。其结果可总结如下：

- 使用波特兰水泥/粉煤灰的时候破裂的风险仅比使用熔渣水泥高一点点（其他都一样的情况下）。
- 相比骨料 1，使用骨料 2 的开裂风险大体上要低一些（其他都一样的情况下）。
- 抗压强度变化在使用熔渣水泥的时候低得不能满足厄勒隧道联合体假定的生产周期的要求。

据此，决定使用波特兰水泥、粉煤灰和骨料类型 2（测试的两种波特兰水泥的效果基本一致）。如有可能，在配料工厂的现场对混凝土配料物进行测试的时候，也将检查三种粉末配料——波特兰水泥、粉煤灰和微粒硅。

由于在管段的某些部分放置和压缩很难，因此新浇混凝土有必要具有高加工性。即使是很小量的微粒硅，也能提高浇注混凝土的稳定性，另外添加之后还能提高硬化混凝土的持续时间，在抗氯化物侵蚀方面也明显有更好的表现。因此决定使用适量的硅微粒：比粉末总量的 3% 多一点（厄勒隧道联合体的规定所允许的最大量为 5%，但是使用较大数量也是要避免的，因为可能会发生的过早化学收缩会增加开裂的风险）。

当粉末和骨料确定之后，只剩下添加物的选择了，同时也对众多不同品牌和类型的添加物进行了全面的测试和比较。加气剂是其中一个选择，但是没有任何对隧道管段规定关于空气含量或抗寒性的要求。对添加和没有输气的混合物进行测试。

更重要的是，在没有输气和可能发生的混凝土空气含量大的变化的情况下，对新浇混凝土性质的控制和对沉管隧道管节中硬化混凝土密度进行必要和精确地控制当然会更加容易。因此，决定不使用加气剂。

当然，在测试带有各种掺合料的不同混合物及比较其性质时，新浇混凝土的施工性能/稳定性，以及硬化混凝土的耐用性是非常重要的考虑因素。幸好，同样的混合物显示了最好的结果，同时考虑新浇混凝土的性能以及硬化混凝土抗氯化物的侵蚀（当根据 ASTM $C_{1202}$ 和 $APM_{302}$ 进行测试的时候都获得了最好的结果）。由于冻裂作用并不是一个跟管段有关的考虑因素，氯化物侵蚀必定被视为是混凝土劣化最重要的原因。当然，在此混合物中会选择使用外加剂。

为了增塑，使用的产品含两部分，纯三聚氰胺甲醛浓缩物和部分稳定剂。后者是一种乙稀衍生物，它给混凝土添加了触变性。另外，使用缓凝剂葡萄糖酸钠来调整凝固时间。

在生产中使用的最终混合物设计（也就是说最终的基本混合物设计——存在其他变量）如图 6 所示。

## 700Mb 混凝土数据库的建立

在混凝土规格方面，要求"将工厂电脑的所有配料及搅拌数据，连同生产测试结果一起转移到数据库中"。随后了解到通过将其他类型的信息包括在内，数据库在混凝土生产期间可以用于多种不同的任务。在项目的计划阶段制作好数据库的规格，并确定软件。在第一批永久性混凝土生产出来的三个月前，数据库都可以操作。

| 混凝土类型 A：混合物比例 | kg/m³ |
|---|---|
| 水泥 PC（A/HS/E/A/G） | 324 |
| 粉煤灰 | 52 |
| 微粒硅泥浆 | 24 |
| 水 | 123（总水量 143） |
| 缓凝剂 | 8.48 |
| 增塑剂 | 10.50 |
| 细骨料 0/2mm | 633 |
| 粗骨料 2/8mm | 404 |
| 粗骨料 8/16mm | 476 |
| 粗骨料 16/25mm | 374 |

图 6　混凝土类型 A：混合物比例（Concrete type A：Mix proportions）

在建立数据库的过程中，特别强调如下几点：
- 数据输入以及对打字错误的更改必须快捷容易。
- 配料场数据应自动输入，但是得经由磁盘，而不是直接连接。
- 数据检索应容易和灵活。
- 应该使用现有的商用软件。
- 该系统在使用方面对于非电脑专家的人来说，应该非常简单（可能这是最重要的一点！）。

选定的系统由三部分组成：
- 一个带有输入屏幕的输入应用，适合所有主要类型的数据，在这里可以导入、输入数据或更正打字错误。
- 数据库本身。
- 一个输出应用程序（图 7），在这里检索数据，并复制到一个电子表格程序，比如Excel。

数据库在中央服务器上，与浇注场和半岛现场直接相连，所以在一处输入了数据，立刻就能在另外的地方检索到。由于输入和输出应用软件是独立的软件，所以所有者可能检索数据，但却不能对其进行输入或更改。当检查文件状态时，所有者的直接存取为厄勒隧道联合体和业主节省了大量的时间。

## 数据库混凝土生产部分中的数据

输入下列类型的数据：
- 组成材料：供应商的测试结果和接收测试结果。
- 运送的材料：数量、日期、时间，等。
- 配料数据：每批和每车的（一货车载荷通常含 3 批）日期、时间、材料的重量等。
- 拒收的混凝土，以及理由。
- 新浇混凝土试验结果：坍落度、空气含量、温度、密度、凝固时间、热变化等。
- 硬化混凝土试验结果：圆柱体强度、钻芯测试、空气含量、密度、耐冻性和岩石学。

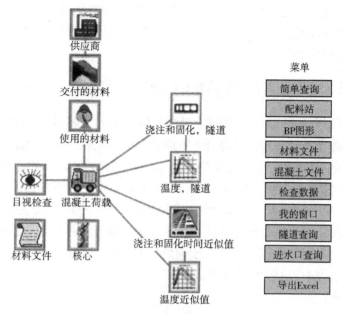

图 7　输出应用程序的主菜单
（The main menu from the output application）

## 数据库混凝土浇注部分中的数据

在项目的后阶段,以下施工现场的数据添加到了数据库:
- 硬化过程中从建筑不同位置测得的温度变化。
- 管段:浇注过程的中断、在管节中浇注各混凝土层的开始与终止时间,以及铺设塑料薄板或固化剂的时间;同样包括测量记录。
- 准备工程:浇注过程中的中断、模板的固化和脱离时间、覆层测量记录、修补或开裂。

## 工程期间数据库的使用

在混凝土生产过程中数据库得到了广泛的使用。除去所有者用来记录文件材料以外,它还用于:
- 检查供应商组成材料的发票
- 检查库存可用于混凝土生产的成分材料,以及废料(比如接受和使用过材料的区别,如有)
- 运送到浇注场地的混凝土数量
- 配料站的生产数据,包括对被拒混凝土的分析
- 对供应商的评估以及厄勒隧道咨询(ØTC)自己的测试结果的分析。

一般来说,数据库使得对大量数据的分析和报告更加容易。比如为期 28 天的混凝土强度测试的 10000 组测试结果和 1500 个钻孔混凝土土芯的测试结果。在工程末期,要交给所有者的大约 160 个的文件夹(包含有组成材料以及生产出的混凝土的文件)减少到了 30 个文件夹和 2 张只读存储光盘。实际的数据库在最终状态下包含了 700Mb 的数据。

**工程结束之后数据库的使用**

所有者的运行及维护机构将使用该数据库;如果愿意的话,建造此隧道的承包商也可以在他们以后的工作中使用数据库的内容。除此以外,它里面大量的数据同时也构成了混凝土研究巨大的潜在资源。

## 混凝土生产装备和预浇注管节的工业生产检验

设计混凝土配料和搅拌站以及混凝土供应系统目的是在持续大约 24 小时的浇注过程中浇注 $2700m^3$ 的典型管段。为确保混凝土不间断和持续的浇注,紧挨着浇注车间设有两个完全相同的(成对的)配料站,每个配料站可每小时浇注超过 $140m^3$ 的面积。用 4 个混凝土泵直接将混凝土从拌和楼中灌入浇注车间,再通过 4 个分配吊杆将其放置于样板上。在 1 个搅拌机和 2 个混凝土泵间有一个蓄水池,其中嵌入了 1 个所谓的重复搅拌机,可搅拌面积达 $10m^3$。用于管段浇注的混凝土直接从搅拌机进入重复搅拌机中,进过重复搅拌机直接入泵。混凝土搅拌车仅用于运输石碴混凝土,每块构件 $600 \sim 800m^3$。

每个成对相同的搅拌机包含以下设备:
- 集料接收斗;
- 集料输送机;
- 6 个 $60m^3$、绝缘且加热的集料储存斗;
- 3 个 100t 的水泥筒仓;
- 绝缘且加热的混合物储料仓,4000L 4 个,2000L 2 个;
- 1 个 $50m^3$ 绝缘且加热的微粒硅泥浆槽;
- 集料装料输送机;
- 2 个混合装置;
- 控制室(在成对设备中很常见);
- 3000kW 中央暖气。

混合装置为水平双轴强制式搅拌机。一个搅拌机的大小为 $3m^3$,厄勒隧道联合体(ØTC)使用的有效混合时间为 90s。

每个集料斗都配备了一个杆系统以使热空气能加热集料,即使在批量生产中,该系统不足以有效地加热集料。尽管如此,冬天新浇混凝土温度也可以通过加热拌和水增加。夏天也要安装用于降低新浇混凝土温度的设备(见下文)。所有集料斗配备核子水分测定器。其准确度大于 0.5%,是生产高性能混凝土的必不可少之物。

需对所有磅秤从零重到全重加以检查。对集料、水泥、飞灰和水分磅秤的检查,可由控制室内搅拌站操作人员自动完成。对于微粒硅泥浆和混合物的"小型"磅秤来说,其检查需要手动完成。搅拌混凝土属于全电脑化操作。

厄勒海峡大桥业主联合体要求提供两个完全独立的搅拌站。在生产过程中交替使用 4 个搅拌机。通常情况下使用两个——一个来自成对搅拌机,用来浇注管段,另一个用来同时生产压载混凝土。

骨料从挪威供应,由自卸船运至厄勒隧道联合体(ØTC)港口,再经长为 600m 的输送机运往施工现场的储存设备中。搅拌机旁布置 14 个储料仓,每个重 1500t,并带有混凝土底板和板桩墙。尽管数量已经很大,但是实际上仅能满足一个半星期的混凝土生产。

安装一个大型 600m³ 的水缓冲罐和一个大型发电机,以使在公共给水和供电中断时可以继续混凝土生产。

因为环境要求非常严格,处理废物和废水时需要用到特殊设备。安装一个澄清池,连同一个在沉淀悬浮颗粒物后用于水酸中和的设备。只有经过处理(和检验)的水才允许排放入公共污水渠系统中。沉积物则被运往经特殊控制的垃圾倾倒场。

在靠近搅拌站附近修建一座宽敞的试验楼,并为其配备用来检验构成材料以及新浇和硬化混凝土的设备。混凝土试验楼符合 EN45001 的所有规定。

一般按照厄勒联合体公司规格要求测试混凝土。新浇混凝土的特性(可加工性、空气含量/密度、温度)在生产过程中通过两种方式控制。每隔一定时间对抽水后重复搅拌机的新浇混凝土样品进行检验。

图 8 安装于底板的钢筋(Tendons installed in the bottom slab)

因为没有使用加气剂,所以空气含量程度常常较低。除该项测试外,也需时常用搅拌过程中一直测量消耗能量的搅拌器电力计测试(所有批量的)可加工性。在预测试阶段确定坍落度试验/流动试验结果和电力计读数间的合理联系。

## 调整凝固时间以减小管段开裂风险

在连续浇铸中,一次性全截面浇注管段的优点在于可以在不进行内部冷却的情况下降低早期开裂风险。在招标和施工期间,已对沉管隧道的早期开裂风险进行了集中研究。厄勒隧道联合体(ØTC)要求 Intron SME 进行分析,并将分析结果以两个报告方式呈现:标杆分析和灵敏度研究。这些分析研究得出的结论是沉管隧道的早期裂缝对输入参数的变化并不敏感。尽管如此,局部的早期开裂风险会超出合同规定的情况。导致这种情况最主要的原因是缺少阻延墙体凝固时间、厂房过冷以及顶部浇注时间耽搁和/或相对较长。这便要求墙体混凝土的凝固时间相较于顶部混凝土凝固时间延迟近 6 小时,这样两者的搅拌和冷却时间便或多或少得以同步。

厄勒隧道联合体（ØTC）混凝土生产相应地测试和开发了一系列类型 A 的混凝土调拌料，编号分别为 230、240、250、260、270、280。后两位表示致使凝固时间延长的缓凝剂增加剂量（混合物 230 包含 $0.3kg/m^3$ 的缓凝剂）。

在开始和其后生产期间全面测试凝固时间。根据图 9 显示，增加缓凝剂剂量的确是可以增加凝固时间，但是即使根据规定的测试方法（NT Build 197）测试，对于某些混合物这并不是定值。也可以看出，在应用的缓凝剂剂量下，并不能保证混合物 230 和混合物 280 间凝固时间延迟 6 小时。生产隧道管段期间并未检测出任何早期裂缝。

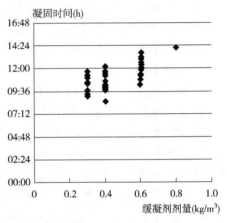

图 9  缓凝剂剂量与凝固时间的函数关系
(Setting time as a function of retarder dosage)

## 夏冬两季新浇混凝土的温度控制

控制温度并在浇注车间内浇注管段，这样在夏冬两季，尽管是在恶劣的天气条件下也能持续浇注。然而，混凝土制造比起浇注而言更多的暴露在天气环境下，在热冷两个时间段中有时就会形成难题。新浇混凝土的温度在夏季不允许超过 22℃。更高的温度会使混凝土在硬化阶段的温度超过合同规定的 65℃ 的限制（这是为了预防张力的损失、孔隙的增多、钙矾石成型延迟的风险等）。

新浇混凝土的温度最好应保持在 20℃ 或有时在冬季时可以再高些。尽管浇注车间在进行加热，在冬季也会比夏季冷得多。要使混凝土有足够的成熟度和张力，这种相对较高的新浇混凝土温度是条件之一。较低的混凝土温度会延迟管段的快速生产周期。

幸运的是，在进行混凝土生产的 3 个冬季里，气候相对比较温和。对新浇混凝土的加热是通过加热骨料仓内的骨料和加热搅拌用水来进行的。

这两个加热站的容量很大（2×3000kW）但将热量转移至骨料和水却是个难题。热空气产生和骨料仓间的热交换却比较小，且骨料仓内的热空气分配系统的设计容量不够大。热的搅拌用水只能在热交换完全彻底且没有石灰沉淀物的情况下可以以较快的生产速率进行生产。仅大约一星期的生产后，哥本哈根供水系统中的"硬"水就已经阻碍了同石灰沉淀物的热量交换，因此清洁工作十分必要。

冷却新浇混凝土也是十分困难。在开始混凝土生产时，认为没有必要使用基本方式来冷却，如向新浇混凝土中注入液氮。在丹麦炎热的夏季中，在没有特殊处理措施情况下，新浇混凝土的温度可以达到 27℃ 到 28℃。通过传统方法使温度降低到 22℃ 也是有可能的，但经证实发现难度较大。

以下方法可以用于冷却：
- 用两个大的冷却装置来冷却搅拌用水；
- 对暴露在阳光下的骨料洒水；洒水系统覆盖整个骨料存储区域；
- 用碎冰冷却存放现场的骨料（每天达到 50t！）；
- 用冷空气冷却骨料仓中的骨料。
- 用湿度持续的垫子覆盖暴露在阳光下的泵管道。

生水泥和热水泥的供应是一大难题。由于消耗量较大(平均每小时 35 吨)水泥很难在现场存放较长时间。水泥没有足够的冷却时间——供应商的大型贮料筒仓尺寸较大,而厄勒隧道联合体(ØTC)小型贮仓存储时间又过于短暂。

在丹麦测量出夏季中温度最高的一个月,要保持较低的混凝土温度需要大量努力。在硬化过程中基本上达到了将最高温度总是保持在不超过65℃的主要目标。只有在少数情况下,温度超出了限制,但也只超出了1℃到2℃。

## 试验室浇注样本的抗冻性试验与试浇注钻芯间的相互关联

对于用于准备工程的混凝土混合物的一项要求为,它必须是抗冻。在选择实际使用的混凝土之前,要预先测试一些不同的混合物设计。对于其中一个抗冻性试验方法(Boraas 试验 SS r37244 程序一和二)要求浇注两个立方块(200×200×200mm)并从 $1m^3$ 的混凝土块上取芯直径为150mm。

使用不同的骨料和掺和剂对 7 种不同的混合物进行预测试。浇注 2 种相同混合物的变量,一种空气含量高,一种空气含量低。总共有 14 组方块和混凝土芯进行了试验。使用相同货车容量的混凝土,浇注立方块和 $1m^3$ 混凝土块的各种混合物。$1m^3$ 混凝土块是在室内且是在控制很好的条件下进行浇注。立方块在振捣桌上进行振捣而 $1m^3$ 混凝土块则是在插入式振捣器中振捣。

对立方块和混凝土芯进行试验得出的结果差异很大。仅就立方块而言,所有混合物都是可接受的。但是对混凝土芯的试验只表明 7 种混合物中的 3 种是可接受的。得出的结论是试验室浇注立方块的抗冻性试验几乎不能说明混凝土在放置和压缩后的抗冻性,见图 10。选择用于生产的混合物应自然符合立方块和混凝土芯抗冻性试验的要求。

| 混合物 | 56 个周期后立方块收缩($kg/m^2$) | 56 个周期后混凝土芯收缩($kg/m^2$) |
| --- | --- | --- |
| 1,高空气含量 | 0.00 | 0.01 |
| 1,低空气含量 | 0.00 | 0.02 |
| 2,高空气含量 | 0.01 | 0.02 |
| 2,低空气含量 | 0.00 | 0.03 |
| 3,高空气含量 | 0.01 | 0.05 |
| 3,低空气含量 | 0.01 | 0.60 |
| 4,高空气含量 | 0.01 | 0.07 |
| 4,低空气含量 | 0.00 | 1.56 |
| 5,高空气含量 | 0.00 | 0.02 |
| 5,低空气含量 | 0.00 | 0.63 |
| 6,高空气含量 | 0.00 | 0.02 |
| 6,低空气含量 | 0.00 | 0.08 |
| 7,高空气含量 | 0.00 | 0.17 |
| 7,低空气含量 | 0.00 | 0.65 |

图 10  立方块和混凝土芯抗冻性试验的结果。所有试验结果是 4 个样本的平均值。为了便于对比,根据预测试过程中的冻结收缩的合同要求,在 56 个周期后的最大收缩为 $0.30kg/m^2$。

(Results from frost testing of cubes and cores. All test results are average of 4 samples. For comparision the contract requirement for frost scaling during prelesting was maximum $0.30kg/m^2$ scaling after 56 cyclee)

# 硬化和振实混凝土的含气量与抗冻性之间的关联

口部区和斜坡区的结构必须具有抗冻性。为了验证这一要求,就在建筑物的中心凿空,并测试其硬化含气量($TI-B_4$)及冻结/融化收缩($SS_{13\ 72\ 44}$)。凿空的孔洞直径为150mm。如此一来,含气量和冻结/融化收缩的测试可以在同一个孔洞进行,也可以在这个孔洞的同一个切口两面进行。以此方式测试了250多个孔洞。

## 抗冻性

冻结/融化收缩测试需要浇注之后三个月内进行,并在最终测试结果出来之前完成。如果要对生产和/或执行措施进行变动,则需要很长的时间,所以确定了不同的方法来评估抗冻性试验的最终结果。

混凝土完成的一个月时便可以开始测试,在测试过程中,应按照7、14、28、42和56个冻融周期来测量收缩。测试进行到一半时,也就是28个周期(浇注后两个月)时,基于先前的结果(参照图11),便可得出合理范围内收缩的最终结果。若评估是基于42个周期之后的收缩,则冻结/融化关系比28个周期的更有效。

## 硬化混凝土的含气量

硬化含气量的测试是与抗冻性试验在同一个孔洞进行的,约在浇注后的一个月得出测试结果,因为抗冻性试验的孔洞必须在混凝土成熟度达到21天之后才可以开凿。

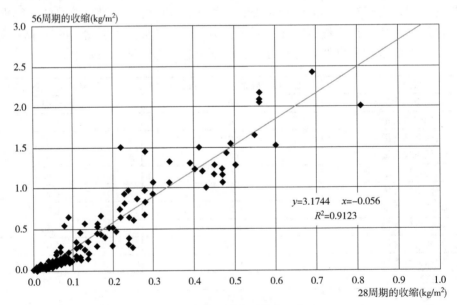

图11 28至56周期内,冻结收缩和单独测试结果之间的关系

(Relation between frost scaling at 28 and 5 cycles, single test results)

使用细小的含气量<0.35mm时,硬化含气量和冻结收缩之间的关系可以达到最优。若精细空气为1.5%,则冻结收缩低于$1.0kg/m^2$的可能性为95%,且低于$1.5kg/m^2$的可能性为99%。图12中概括了不同间隔里,与细小含气量相关的冻结收缩测试结果的分布:结果是

基于单个数值的。可以看出,即使细小含气量很低,冻结收缩结果低于 1.0kg/㎡ 的可能性依然存在。

| 空气<br>(<0.35mm,%) | 收缩<br>(≤1.0kg/m², %) | 收缩<br>(1.0~1.5kg/m², %) | 收缩<br>(>1.5kg/m², %) | 总计<br>孔洞号 |
|---|---|---|---|---|
| 1.0 | 33.3 | 33.3 | 33.3 | 12 |
| 1.0~1.4 | 72.9 | 18.8 | 8.3 | 48 |
| 1.5~1.9 | 94.8 | 3.9 | 1.3 | 77 |
| 2.0~2.4 | 97.8 | 2.2 | 0 | 46 |
| 2.5~2.9 | 100 | 0 | 0 | 32 |
| 3.0~3.4 | 100 | 0 | 0 | 24 |
| ≥3.5 | 100 | 0 | 0 | 18 |

图 12　冻结收缩结果分布与空垂线

(Distribution of frost scaling results versus fine air)

### 硬化含气量和混凝土振捣

硬化混凝土中总含气量平均为 3.4%,新浇混凝土中平均含气量为 7.2%,这一定程度上给厄勒隧道联合体(ØTC)带来疑惑——差量空气的去处。混凝土建筑物中的总硬化含气量受到很多因素影响,比如,搬运、泵送、振捣、液体静压力等。含气量在搬运和泵送之后接受连续测试,其结果通常会低于在搅拌站测出结果 0~2%。在持续的泵送过程中,几乎不会有任何气体流失。

为了调查振捣给硬化含气量带来的影响,需进行一些试验。结果清晰表明,若振捣太接近侧模,则硬化含气量可能非常低。

以下是其中一个试验的一些例子:

用一定装载量的混凝土浇注一小面墙。在浇注前,总含气量为 7.0%。未泵送混凝土。在墙的一面,振捣器的中心置于侧模 100mm 处,振捣时间为 10~30s。在这一面开凿 18 个孔洞,并测试其硬化含气量。结果为,这些孔洞的平均总含气量为 2.2%,最低数据为 0.8%。

在墙体的另一面,振捣器的中心置于侧模的 200mm 处,振捣时间仍为 10~30s。在这面也凿上 18 个孔洞,并测试其硬化含气量。平均总含气量为 3.8%,最低为 2.3%。该试验中 200mm 的距离就粗略相当于的振捣器和侧模间直径的至少三倍。

依照此结果,不难看出,振捣执行的方式大大影响了混凝土中硬化含气量。含气量低可能在抗冻性试验中影响收缩,此外,含气量低很可能表明混凝土振捣过度。混凝土的过度振捣可能导致糊状物分离等,这就会影响抗冻性。

## 混凝土裂缝控制——最高温差和裂缝间的关联

隧道的含水部分的要求是,不允许在前期有裂缝,其他部分早期裂缝允许宽度为 0.20mm。

硬化过程中混凝土的热传递导致变形,如果结构无法自由移动,则产生的应力可能超过实际的混凝土抗张强度,会导致早期裂缝。

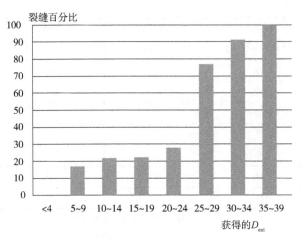

图13 与获得的 $D_{ext}$ 相关的裂缝百分比
(Percentage cracking in relation to the obtained $D_{ext}$)

水灰比率低的混凝土和/或含有微细二氧化硅的混凝土也可能产生高自干燥收缩,这也会引起变形,增加早期裂缝的风险。

含水结构允许的最大开裂——$P$ 定为 0.70,其中,$P$ 为最大主要张应力/轴向抗张应力。

含水结构部分,包括从新浇注结构部分(如外墙)的平均温度到之前浇注的结构部分(如底板)平均温度,其允许的最大温差——$D_{ext}$ 设定为 15℃。然而,应力计算可能导致一个更低的允许温差,该温差是为了符合规定的开裂风险限制所必需的。

对于其他部分,$P_{max}$ 界定为 1.00,$D_{ext}$ 定为 20℃。

由 $D_{ext}$ 应力所致的裂缝为典型的贯通裂缝,当建筑物冷却到环境温度时,就可能发生。

没有检测到出现早期裂缝的管节,主要应归功于厄勒隧道联合体(ØTC)选用的生产方法。将每一管段一次性连续整体浇注时,便可以减小温差。

但是,斜坡和口部是原地浇注的。通常情况下,最先浇注底板,外墙和顶板一起浇注,内墙单独浇注,但是会发生变化。这通常会导致大温差,而且通常情况下应力计算表明有必要冷却外壁。这道工序通过浇入式冷却管道完成。很可惜,在实际操作中很多也确实出错了,其中大多数都增大了早期开裂的风险。对已经获得的最大温差的分析展示了其与早期裂缝发生的良好关联性。

**抗氯性与混凝土龄期**

尤其是对于隧道的实际沉埋部分来讲,氯化物渗透造成的钢筋腐蚀是决定其使用寿命的主要参数。传统的氯化物渗透预测模型假定,一种指定的混凝土混合物的氯离子扩散系数是恒定的。然而,由结构得出的经验表明,这种说法是错误的。氯离子扩散系数会随着混凝土龄期而减少。

合同要求规定,抗氯性试验应按照 ASTM $C_{1202}$ 和 APM$_{302}$(NT 建筑 443)执行,但没有验收准则。试验必须在全面试验浇注 28 天后在芯板上进行,以后每年执行一次。试验结果表明第一年内的氯离子扩散系数骤降,但是剧变仅发生在第一年至第三年期间。这表明,对于水灰比率低且包含粉煤灰和微粒硅的混凝土,大多数的水合作用在一年后完成。这些混凝土的长期抗压强度试验结果显示同种趋势,即一年后抗压强度将有微弱的增加。

**用于闭合接头的自密实混凝土**

闭合接头是现浇注隧道中的一块短的铸件,约 1.35m 长,它封闭了管节 15 和 16 之间的最后的缺口。闭合接头的施工在防水的钢结构中(潜水箱)进行,该钢结构沿着管道的整个外周进行安装。底部平板和墙壁的铸件部分可以用标准的铸件技术以及普通的混凝土制造,但是闭合接头的顶板施工就要难很多,因为整个混凝土体积都不得不装入四面密闭的洞内。包含于混凝土(钢筋、水密装置、冷却管等)和紧密装置的许多障碍物的铸件不可能发生诸如振捣之类的事件。为此单件建立一个彻底自密的、体积约为 80m³ 的混凝土方是很有必要的。

厄勒隧道联合体(ØTC)的合作伙伴之一杜美兹公司(Dumez GTM),参与了一项关于自密实混凝土的欧洲研究和开发项目,而厄勒隧道联合体(ØTC)对最终接头混凝土的现场研发基于该研究项目提供的有价值信息。一种"L 形箱"被引入这种混凝土试验,这是一个测试和易性的试验设备。L 形箱试验测量了混凝土靠重力作用流过一个狭窄钢筋网孔的流速以及且能立即发现任何离析的趋向。只有完全稳定以及和易性极好的混凝土才能通过这项试验。

图 14 内墙中剪力键的钢筋
(Reinforcement of shear key in an interior wall)

图 15 浇注后内墙内的剪力键
(Shear key in an interior wall after casting)

该项加工的起始点是用于浇注管段部分的现有混合物,该混合物已经显示出了相当高的可用性。然而,经证实在不添加新型外加剂的情况下对该混合物进一步的加工是不可能的;未经分离,不可能达到增加后的可用性。现有混合物使用的稳定剂是一种乙烯类衍生物,不能发挥达到此目的的必要功效。

引入混合物的新型外加剂是一种粘性稳定剂,粉末状,天然聚多糖的一种,加入混合物时取少量便已足够。在日本,它用于自密实混凝土已有一段时间。分散混凝土中的粉末时,将需要更长的混合时间(可用水稀释该粉末,但是即使是少量的粉末也需要大量的水)。

厄勒隧道联合体(ØTC)新型自密实混凝土的最重要的"秘密"可总结如下：
- 高粉末含量：厄勒隧道联合体(ØTC)共使用 473kg/m³；
- 高增塑剂含量：厄勒隧道联合体(ØTC)使用了 14kg/m³ 的三聚氰胺甲醛树脂；
- 仔细设计的骨料混合粒径分布曲线(最大的粒径为 16mm)；
- 上述特殊的外加剂，是一种稳定剂。

必须强调微调混合的粒径分布曲线的重要性。即使是混合物中可用骨料的结合体的细小区别，也可能导致可使用性的剧变和将要分离的趋势。L 箱试验清楚地表明了混合物质量的重大区别。

图 17 总结了厄勒隧道联合体(ØTC)混合物的设计(等值水/灰比率为 0.39)。

综合的预测试项目得以开发和实行，部分项目为现实情况下执行的全截面试浇注。总体结果令人满意；例如，图 16 显示了止水带周围的混凝土调查结果，形成了部分全尺寸预试项目(一块芯板穿过混凝土，产生了一条止水带和一个荧光的环氧树脂浸透剖面)。能够清晰地看见混凝土是如何完全围绕止水带以及粗骨料如何均匀分散在混合物中。

顺利地完成了最终接头顶板的实际浇注，内部和外部检查(由潜水员执行)结果完全合格。

图 16　全截面试浇注剖面显示完整的现浇止水带

(Plane section from Full Scale Trial Casting showingcomplete casting-in of waterstop)

|  | kg/m³ |
|---|---|
| 水泥，聚碳酸酯(A/HS/EA/G) | 380kg |
| 粉煤灰 | 70kg |
| 微粒硅泥浆(50%水) | 45kg |
| 水(加水) | 143kg(总水量 174kg) |
| 稳定剂 | 0.150kg(150 克) |
| 增塑剂，三聚氰胺甲醛树脂 | 14kg |
| 细骨料 0/2mm | 750kg |
| 粗骨料 2/8mm | 290kg |
| 粗骨料 8/16mm | 710kg |

图 17　自密实混凝土的配料设计(Mix design for selfcompacting concrete)

图 18　浇注压载混凝土(Pouring ballast concrete)

# 12 隧道管节的施工

**Anders Soreklint**
项目经理
NCC AB

**NILS BJELM**
项目经理
NCC AB

**GORAN LANDGREN**
项目经理
NCC AB

# 概述

厄勒海峡沉管隧道承包商 I/S 是 NCC、Dumez-GTM、Laing、Boskalis 和 E Pihl 以及 Son AS 成立的合营企业，旨在设计和建设沉管隧道。该合同于 1995 年 6 月底授予厄勒隧道联合体（ØTC），并且该工程在 2000 年春竣工。

## 管节施工

3.5km 长的沉管隧道可以分为 20 个管节，每节长 175m，由 8 个管段组成。施工原则如下：

1. 整个工程将是按管段逐节完成。
2. 用于制作墙板的钢筋将预先组装，其目的是制作临时板并临时储存于缓冲区中。
3. 用传统方法搭建用于底板的钢筋笼。
4. 使用组装架设置墙板和顶板钢筋的几何形状。
5. 用于墙板的钢筋将被提升到钢筋笼中。
6. 用传统方法搭建钢筋笼的顶板。
7. 用随后浇注的内部钢铁框架系统来确保钢筋笼的硬化，该系统还将形成接地系统和粘结系统。
8. 一个完工钢筋笼：全宽，长 22m，重量约为 230t，用绞盘拉入缓冲区。
9. 将底板模板安装到位，然后放入平头千斤顶和液压管。
10. 用绞盘将钢筋笼拉入模板中。
11. 将隧道模板顶推进钢筋笼中并调节位置。
12. 对每一个管段实施一次性全面浇注。
13. 在达到所需强度、水化度、以及抗裂安全系数后，将管段向前推进一步，使其在滑移轨道上滑动。
14. 将模板拆卸、清洗、上油并贮存起来，以便为新的钢筋笼留出空间。

这个周期将会一直循环直到八个管段连接到一起，成为一个完整的浇注管节，然后推入到顶推区域。该区域和一个 10m 深坞由 10m 高的堤坝围绕，该堤坝由混合粘土填料物质、一个朝向大海的门和一个朝向预制棚的门组成，形成了一个大水闸。在顶推区域将会进行以下各种活动：

1. 浇注管段压载混凝土以平衡处于起浮位置的管节。
2. 后张拉，使各管段在起浮使结合在一起。
3. 将"Gina 止水带"安装在沉管接头中。
4. 注浆止水带。
5. 安装端封门，以封闭管节的开口。

另外，在管节起浮之前，应当使用海工组件来执行一些必要的操作。在准备起浮时，将闸门关闭，并开始将水从海洋抽入水闸内。在将潜水面上升到海平面以上 9m 的位置后，将会达到足够的起浮性，同时管节起浮起来。此后管节被绞盘拉入深坞上方的正确位置，水闸中的水被抽回海洋中。管节将随着泻水台位置的降低而降低，直到达到正常的海平面高度。

然后将闸门打开,顶推区域准备容纳下一个管节。

在浇注场将会有两条平行生产线以及一个公用顶推区域。然后两个两个地将管节制作出来。

**关键路径**

所设计的浇注场设施包括不同活动之间的活动余地,其目的是将一个生产工段可能对下一个生产工段造成的影响最小化。例如,在生产和搭建钢筋笼期间,将预制钢筋板存储一至四个班次的时间。另外,在钢筋笼竣工之后,进入模板之前的时间间隔内,经历一至四个班次时间的缓冲。

浇注区中的活动以这种方式控制关键路径和生产周期。也就是说定位底板模板、放入钢筋笼、定位模板、混凝土浇注和固化、推动管段以及敲击模板。这些活动需要仔细研究,事实上它们内部的关键路径随着实际改良工作已变化了几次。另外,边界线段和它们的钢铁端架,以及更复杂的模板操作介绍了更多的工序,需要更多的单独分析。

然而,当关键路径上的生产加速时,舾装钢筋笼、起浮相关物品等其他活动也将变得至关重要,前提是未对它们加速。因此,必须仔细研究这些活动和资源观点,以达到目标产量。

# 持续改进

像生产55000t管节这样复杂的过程绝对不可能从一"按下按钮"起就运作顺利,也不可能仅靠执行一个动作就可以使生产运作达到每一项目标。相反,这是一个持续和系统化的过程,需缓慢而稳定地达到目标——不仅要考虑时间,还要考虑资源、质量和成本。

工时分析系统

如果没有一个可靠的系统来持续追踪最大的单独成本项目(工时消耗)无论是否实现改进措施,都不可能测量得出。另外,由于现场施工人数多于450,系统必须十分迅速地给出反馈信息,以避免一个已执行的动作和记录结果之间出现不必要的延误。

工时分析的重要准则如下:

- 输入的停止必须遵守薪资系统,核对并确保各系统没有出现漏算工时的情况。
- 输出必须是两周一次,并在截止之后的几天之内。
- 输出必须可用于奖金制度和成本预测,并且可用于监督生产方法的执行变化的效果。
- 输入和输出需要按管段划分,但也有可能需要通过一个个管节概括起来。
- 输出必须简单易用。

每周工时表由每一位技工填写,由工头审核。部门经理是系统的输入者。在工时表上,代码用于识别不同的工作项目和工程所适用的管段。在截止后两至三天内,系统输出是可以提供的,包括以下几个部分:

- 每一个管节和工程活动报告。
- 每一个管段和工程活动报告。
- 每一个周期和工程活动报告。
- 各工头报告。

- 每一个管段和工程活动详图。
- 每一个管节和工程活动详图。

生产图表（如图1所示）每两周一次分发给浇注场的每一个部门。

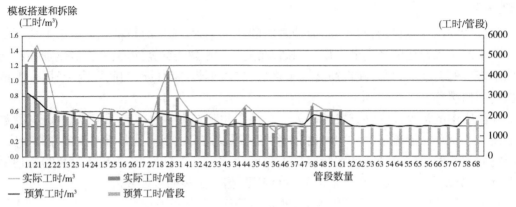

图1 生产图表样图（Example of a production graph）

就处于同一操作程序下的不同工作组的产量在改进过程当中是可以加以比较和使用的这一点来说，本系统是比较全面的。每次停止后的产量应由一位负责部门经理来检查，然后部门经理还要对实施改进过程的结果加以确认。以这些结果为基础，进一步的改进过程应由经理来加以确认和决定。改进过程和每两周进行一次的测量及得出的结论会一直持续到管节生产完成。

**外部审计**

为了给系统增加一些"新鲜血液"，有系统地组织了专家小组在以下领域里对整个过程进行追踪以及决定改进措施：

◆ 在周期上存在的技术限制。

◆ 模板。

◆ 钢筋。

◆ 组织和接口。

所有的审计工作应由参此项工程和向现场团队在口头及书面上都给予介绍的工作人员密切合作完成。这些结果不仅仅表明了进一步应采取的措施，而且还列出了工作小组有效的、在操作过程中不需要特别加以注意的一些工作行为。这对参与到此项工作当中的人员来说是一个好消息，而且还能使他们更好地接受任何提议的变化。从审计结果中取得一致的建议会在改进过程中有所体现。

**报告会议**

每个部门应召集所有的员工以及重要的技工定期参加报告会议，包括所有参加改进过程的工作及对将要实行的详细的工作过程有决定权的工作人员。报告会议的两大主题是：

◆ 陈述不合格项报告（NCR）以及其他在生产过程中关于质量的观察报告，对以后如何避免这些问题展开讨论。

◆ 陈述采用工时分析系统得出的生产产量、所采取的措施产生的效果的总结以及对如何进一步提高产量展开讨论。

在每次报告会议中，都会产生很多关于进一步的改进措施的建议。

**接口分析**

由于各个部门所采取的措施都起到了很好的效果，所以为了进一步的改进能够全面地发挥作用，其他部门也将陆续参与进来。如果在加工过程适宜的阶段实施了作业，而且随后工作程序可由其他的程序来替代的话，需对不同部门之间的接口仔细检查。为了确认这些可能性，不同部门经理与所有的生产经理一起对其他的每个部门进行检查，以确认不同的分配是否会影响到产量。

**关键路径分析**

要持续对关键路径进行仔细检查。如果周期缩短了，要仔细计算生产过程中产生的所有的收益。这些结果用于评估在资源上或者设备上的投资是否能够取得成功。

**人员态度**

由于相同作业具有高度重复性，浇注场不同于普通的土木工程。因为人们的态度不尽相同，所以持续地进行改进措施会产生一些问题。为了能够使重复性充分产生效益，进行同一操作的每一个人必须采取同样的方式来进行重复和改进。因为大部分的工程属于具体项目，只要结果是可以接受的，所雇用的工作人员拥有足够的自由来按照自己的方式来完成工作，但土木工程行业通常并不注重这一点。在隧道浇注场，进行所有的重复过程是不可能的。采用四个组轮流上班的轮班制，这确实是一个很大的挑战，因此轮班协调人要负责确保工作统一进行。而且工程介绍较之平常应该更加详细。

在重复进行的工程过程中，一开始的时候产量会快速增加，稍后会比较稳定，再过一段时间之后，由于工作人员长时间做的是一样的工作，工作就会显得很枯燥，技工们就会变得很厌烦，因此产量也会随之下降。为了能够克服这个问题，技工们可以交替进行不同的工作。但是，即使并不能提高产量，还是需要采取一个更加行之有效的策略，使得技工们能够意识到自己具备的改进潜力及介绍一些技工们所认同的变化。打破一成不变的工作模式和践行技工们自己的想法产生了很好的效果。在大多数操作当中进行的改进可以一直持续到最后一天。

另外一种人员态度就是，如果人员能够通过产量的定期反馈来获取他们努力的结果的话，在同一工作环节中的不同的部门以及不同的工作小组之间就会存在着一种竞争氛围。这种竞争氛围可以通过定期将所用的工时、周期、安全事故以及质量观察报告告知车间来加以营造。

一项更为重要的措施就是将劳动奖金制度不仅与全部的工作小时数相结合，还与所获得的周期时间相联系起来。在每两周进行一次的关于所做的工时和生产管节所需的大概的一个时间的报告里，技工们可以看出，随着生产力的提高和产量的增加，工资也会相应地增加。同时技工们也能够更好地理解关键工序的本质以及有时候系统如何灵活安排他们进入到关键工序的工作当中，而且给予相应的工资。另外，还会按照管节生产时间的长短直接给予员工发放奖励工资。

## 改进计划

为了确保能够更好地控制改进过程,把所有的已确认措施都集中在了比较全面的改进计划当中。改进计划包括以下几个方面:

- ◆ 所有已确认的措施。
- ◆ 关于措施是否应该执行的相关观点。
- ◆ 将执行的措施的状态。
- ◆ 相关负责人的确认。
- ◆ 如果措施全面加以执行的话,对措施所产生的效果的评估。

这项计划应定期交给经理检查,而且要起到能够控制改进进程的作用。

# 钢筋

### 具体的工作方法

所有的钢筋工程在一个大的工作棚内完成,而且钢筋要运送到施工现场,在平台拖车上进行切割和压弯。墙壁和屋顶部分要集中安装在特定制作的模板里,并且储存在缓冲区域,以便能够将其吊到舾装区域。在地板建造完成之后,需要使用能够设置墙壁和屋顶的几何形状的装配架。下一步的工作就是将预先制作好的墙壁从缓冲区域吊起来,然后安装在钢筋笼里。随后要完成的就是顶板的安装、嵌入件和垫片的浇注以及阴极保护工作。当钢筋笼完成之后,就将钢筋笼移到缓冲区域,刚好位于安放钢筋笼的模板外围。

### 钢筋预制

每一条生产线都分为了墙壁和屋顶部分的预制区以及地板和顶板的装配区。所有切割的以及切割/压弯的钢筋要通过平板货车运送,每个管段上分别有九根钢筋,而且按照生产时的相同顺序放置,以避免两次转运。当开始进行墙板预制的时候,在运输过程当中,需要放置一个起固定作用的框架来避免墙板左右摇晃。当框架放置好之后,然后安放纵钢筋。在剪力键和其他细节完成之后,横钢筋应和它们相连接。同时应准备好支架以设置加固的间隔。墙板在升降机和固定的脚手架里进行预制。所有墙板的垫片同样也放在这个位置。中间过道上方的屋顶和连接墙板与屋顶的小角板与通风壁龛上方的横梁同样也要进行预制。

### 装配区

底板通过将横杆放置在滑移轨道上方,然后继续将纵向钢筋放在滑移轨道上方,紧接着就是支架,最后将钢筋的顶层放在滑移轨道上方。此时需用到装配架,而且还要安装预制好的墙板。顶层的安装方法与底层的安装方法类似:首先是横杆,然后是纵钢筋和支架,最后就是横向总钢筋。

### 预埋件

用吊架将预应力管道和电气管道安放在钢筋笼里。将顶板的垫片安装在夹具上,而且与第一层顶梁相连接。不同的临时预埋件,比如滑车的螺栓、系缆柱、隔板支架以及吊耳等,都采用模板的方式安装在钢筋笼里。

图2　固定的模板(Fixed template)

图3　抬高的模板(Elevated template)

## 移动作业

装配架是一个工作平台,它可以进入到两个不同的作业中。首先,它与钢筋笼一道进入到缓冲区,然后当底板完成之后,又从缓冲区回到原点。提升滚动梁用于移动钢筋笼。在每一个墙板下面,上下都附有钢板的消防带安放在U型的钢轮压路机上。消防带上的气压可以用来提升钢筋笼。为了推动钢筋笼,需使用两个10t的绞车以及一根分布梁。

图4　面板钢筋(Slab reinforcement)

## 人员配备

生产分为两大类。第一类生产人员为5天轮班制,先是5个白班,然后是5个夜班,接下来休息一周。第二类生产人员实行7天轮班制,先是7个白班再休息7天,然后是7个夜班再休息7天(此类人员主要从事移动作业)。

实施改进的实例:

1.在生产的开始阶段,原计划网状预制整块屋面板并将其放于适当的位置,但是由于搬运这些沉重组件和实现规定公差的难度较大,该系统从未运转良好。这个方法于是迅速转换为主要用于装配区域的现场浇注施工,比如用于底板;但是其部件比较耗时,包括预制壁龛周围的横梁。这种方式提高了产量。

2.另外一个值得关注的地方是临时硬化系统;为缓和装配工作、加固钢筋笼,已经对这个系统进行了几次重新设计。该系统同时也得到改造,以避免在钢筋笼上出现负荷。

3.加劲框架上使用了专用夹具,以便固定施加张力后导管的定位。

4.移开护墙板中的拉出盒(用于产生凹处的模板),以避免支架发生碰撞。

5.硬化系统中的支架用作阴极保护系统的一部分。

6.改变间隔区布置,以避免混凝土表面形成蜂窝状。

7.引入临时支撑以支持沉重的预埋件,这样可以避免移动作业中出现的变形情况。

8.调整人员配置计划。

9.制定方法以避免工人在进行重复性操作时出现人体筋腱损伤的情况。

10.对直接来自工厂的钢筋条标准节段的使用正在增加(例如,所有使用的纵钢筋原则上都是标准长度)。

图5 预制墙板的安装（Installation of prefabricated wall panel）

改进过程导致了工时的减少，第一个管节到最后一个管节的工时降低了75%。

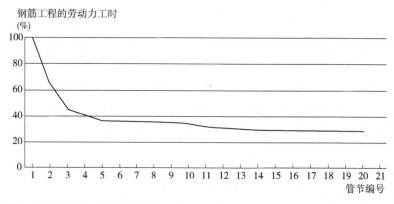

图6 钢筋部分每一管节所耗费的工时（Labour hours per element in the rebar section）

# 模板

**概述**

  模板的主要作用是能够整体浇注，同时能够在干燥的环境中检查所有的混凝土表面。用于构建管段的设备经证明能够完全地符合项目的严格要求。应该强调的一点是模板设备本身和生产过程都需在工程期间进行加强性测试并持续改进。模板团队和工作程序之间的协调在项目实施过程中得到了完善，同时模板设备和劳动力相结合形成了一个非常出色的生产组织。

### 设备描述

运用了两条生产线。例如,使用两个平行模板装置以便优化生产能力。每条生产线是由外部面板加上顶推梁构成,以便承载内部面板——每个隧道配备一根顶推梁。

图 7 顶推梁(Launching beam)

### 底模板

底模板在浇筑时承载了一部分的负荷,并将这部分负荷传输到滑移轨道和地基。

### 内模

隧道的内模呈一个上下倒置的 U 形,同时通过导承架固定于顶推梁上。该形式的宽度和高度都可以进行液压调节,以便实现完善的调节。顶推梁也可以进行液压控制,以便在安装和拆除模板时实现精确置平,同时这些顶推梁得到了很好的支撑,以抵消钢筋笼的偏差。

### 外模

模板通过液压控制支架固定到挡土墙的地基上,挡土墙位于浇注场的左右两侧,同时这些模板在整个工程中保持固定在同一个位置。

### 轮班制和人员配置

劳动力分为四个组,以便利用装配时获得的经验。这些组实行轮班制,七天白班后休息七天,之后是七天夜班后再休息七天。一天 24 小时的连续生产使得要求有两个轮班协调人。模板总是处于临界线上。

改进实例:

1.协调所有四个模板组,使其工作方式相同。

2.改进通向模板的口部;口部过大,因此需要提高产量。

3.为小型设备(螺母、螺栓、楔子等等)制定固定点,以便保证它们不会丢失。

4.尽早做好每件事;例如:改善推进,将其从浇注后的 72 小时降低到 28 小时,以便尽快获得混凝土成熟度和强度。

图 8　使用顶推梁的内模移动（Moving of interior form using the launching beam）

5.为四个模板组提供他们的专用工具,以避免浪费时间寻找工具。
6.利用规定的维护间歇避免意外故障。
7.滑进模板之前,在钢筋中安装尽量多的箱形凹位。
8.使用来自法国和英国的工艺工程师,确认不必要的工程。
9.在整个合同执行过程中维持所有必要的模板操作人员。
10.将装配操作人员作为模板组的基础。
11.让轮班协调者检查温度监控系统,以便再次在循环期内尽快拆除和推进,使混凝土尽快具有成熟度和强度。
12.让模板工作人员在同样的轮班制度下和推进、夹具工作人员一样工作。
13.让模板工作人员帮助推进工作人员将等待时间降至最低,反之亦然。
14.冬天时将加热器放置在底模的下面,并再次使用较为暖和的混凝土尽早推进,以使混凝土尽快具有成熟度和强度。

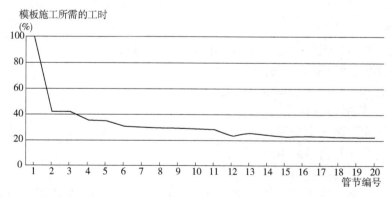

图 9　模板管节模板施工所需的工时（Labour hours per element-formwork）

15. 始终计划用四周的时间来提前为整个浇注场做详细的规划,此外,还应有更长范围的三月规划。
16. 在周末时将两名浇注工人带到模板组,为浇注做准备。
17. 为端管段带来更多的劳动力。
18. 花大量的精力来改进连接到端管段的细节,充分减少循环时间。

这一改进过程减少了工时,降幅从第一管节到最后管节完成期间达到了60%。

## 混凝土浇注和合成

### 概述

由20个管节组成的8个管段在几何形状上相似,只是在细节上有差异。浇注每一管段都作为单独的行为来规划,如:底板、墙壁、顶板是在一次工序浇注和压缩的,在28小时每段里包含了大约2700m³的混凝土。浇注从底板开始,然后是外墙和内墙,最后是顶板。混凝土的重要特征包括:

- 高耐用性(水灰比0.39)。
- 高特性抗压强度(50MPa)。
- 高适用性(在位置上或在抽运后一般坍落170mm)。
- 硬化时间可调节(根据浇注方法和最小的开裂风险)。
- 精确的密度(没有使用加气剂)。
- 相对快速的强度发展(没有使用熔渣水泥,而是使用的普通硬化硅酸盐水泥)

浇注是通过泵送,并在浇注场使用现有混凝土分配系统的适当部件来完成的。每一次浇注工序从隧道孔的中段开始,然后进入外墙。浇注混凝土是用52~58mm的手持插入式振捣器压缩,并且振捣器放置在模板的外部。

在用机动抹子或人工操作的抹子抹平混凝土表面之后,用压缩空气为表面涂上一层养护剂。6~8小时后在表面放置一层塑胶薄膜(0.1mm),以进一步保护熟化的混凝土。应至少在7天之内将塑胶薄膜放在合适的地方,避免水分蒸发。另一个保护混凝土的方法是在钻孔的每端放置屏障,以形成气闸,阻止气流和新浇混凝土的过早干燥(因此就形成了裂缝)。水合作用的程度是用热电偶在结构的不同管段测量的,记录搜集到的信息,然后使用适当的电脑程序来显示温度和成熟度的图表。这对计划中的剥离、加工和修补工作尤其重要。

改进的例子:
1. 完成每对管节后进行报告,以避免犯任何已出现过的错误。
2. 协调浇注组,使其以同样的方式工作。
3. 在浇注过程中使用非常详细的轮班报告。
4. 如有必要,调整浇注速度。
5. 有针对司泵工的培训课程。
6. 有针对浇注工作人员的培训课程。
7. 对内壁使用外部振捣器。
8. 由于长期地浇注作业,应使用给浇注工作人员造成影响最小的手振捣的工具。
9. 使用照明设备。

10.对浇注进行计划性的变更,以将破裂的可能性减至最小。
11.更换搅拌站和混凝土泵,以均衡磨损。
12.更换泵的位置,以将故障的可能性减至最小。
13.在每次浇注前有一个预浇的检查,以保证铸管进入钢筋笼。

作为首要选择,改进过程的目的在于减少混凝土修补工作的需要。修补作业的费用从第一管节到最后减少了80%。

## 顶推

### 概述

浇注管段时,将它们推进滑移轨道的干坞。推进系统包括进行实际的推进操作的液压动力装置、钳位系统、保证管节在预定方向移动的导向系统以及在滑移轨道之间消除水平差异的平头千斤顶。液压装置是整个推进操作的核心。

### 轮班制度

为了尽量增加模板和推进工作人员之间的合作,他们以同样的轮班制度工作。这些团队在很多方面互相帮助。

### 改善的例子

1. 详细监控混凝土特性的发展——推进标准所需的。
2. 模板工作人员和推进工作人员之间的团队合作。
3. 将推进千斤顶的数量从六个降低到四个,然后从四个降低到两个,使得推进操作更易于管理。
4. 减少推进最后管段的时间,因为这是一个耗时的操作。
5. 尽早推进。
6. 持续监控各种磨损(如聚四氟乙烯衬垫)。
7. 改进在最后管段的推进支持的灌浆操作(和模板的改善连接起来)。
8. 为维修站详细的规划。

## 舾装

### 详细的工作方法

舾装是起浮前管节的制备。它包含了用压载混凝土整平,用水密仓壁墙关闭开口,将预制板放置于辅助坑道,后拉管节,为沉管接头装置橡胶外包,在高速路孔的内侧树立面板以创建压载舱,为压载作业安装管道和水泵系统、水下泵、警报系统、监控系统,以及外部的船柱、指南,及对橡胶外包的保护等。

### 压载混凝土

大约浇注了 $800m^3$ 的压载混凝土,主要是作为轨道孔的永久通道。使用了可调节的分段式钢模板,以及电缆凹槽可调节的预留箱形凹位。用5t的自卸车将该混凝土运输到管节处。

### 端封门

管节的每端用15块面板封闭,每块重3~4t。这些面板位于钻孔的"中心",与混凝土表面形成不超过90mm的缝隙,用防水的V形橡胶外包密封,其橡胶外包通过水压束紧。这个安装使用了特殊的起重设备和塔式起重机。

预制板

在辅助坑道将一块预制板放置于墙壁的支承结构上。一辆特殊设计的起重机在钻孔中向后移动,将板置于"后面"。一辆改良后的电动铲车将板通过运输架以垂直位置运输到起重机上。

后张拉

对 24 条钢筋施加应力以便将各管节的 8 个管段固定在一起。后加压力是暂时提供的,在沉埋和压舱后,将电缆分割成管段接头。至于这些管节顶部的结构,特别设计的悬臂式平台,在每个尽头都置有可移动通道。远程控制的悬臂式吊架起重机抓住 600kN 的千斤顶放在顶部和底部适当的位置,移动到顶部的铁轨上。

"Gina 止水带"

管段之间由一个叫做"Gina 止水带"的巨大橡胶剖面密封带。将它分成两部分运输,由其供应商在现场焊接成一体,并由一台塔式起重机用一个 38m 长的起重吊架将其竖立起来。使用夹杆和螺栓来把橡胶止水带固定到管段末端的现浇钢剖面中。

压载系统和电气系统

用铲运车将所有内部设备运输到内孔中,并从它们和高空平台中安装。

外部临时设备

像系船柱、滑轮、指南和橡胶止水带防护之类的其他项目由塔式起重机安装。

永久性装置

辅助坑道底部的部分永久性管道系统是在舾装期间安装的。

改善的例子:

1.在第一次浮起后增加压载混凝土的数量,避免沉埋后在隧道里进行该作业。

2.重新设计并改造 5t 的自卸汽车,以用于隧道管道里的提升和运输任务。

3.重新设计并改造舱壁周围的橡胶密封塞的支架结构,以将漏水现象最小化。

4.重新区分浇注场和海用组件的工作范围以优化各种任务的执行。

5.浮起时,在浇注场中为沉埋和已完工沉管隧道安装一套完善的照明报警系统。

6.为预压钢筋的现浇管道改变管段接头的设计,以避免灌浆时产生泄漏。

7.从周围堤坝的顶部到船只装备区域,修建一个额外的通道斜坡。这使得更早关闭滑

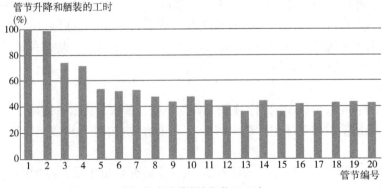

图 10　每个管节在舾装区工时
(Labour hours per element in the outfitting section)

动门成为可能,因此在浮起时将此操作从关键路径中移除,但仍保留舾装通道。

这个已经安排好的工序和各种舾装工程的接口已经过研究,并且在很多情况下,对其实施更改来减少舾装时间以及增加运转中该部分的效率。这种改善从第一个到最后一个管段减少了 65% 的工时。

## 浇注场的施工效率

### 周期

为进行适当的比较,最初生产的两个管节必须忽略,因为它们是计划用来区分约束条件和技术问题等的所需时间来生产的。相反,用第三和第四个管节作为基础,这两个管节拥有平均 88 天或 12.5 星期的周期。通过比较,最快的循环是用 17 号和 18 号管节达成的,平均花费 44 天或 6.5 个星期。换句话说,此改善程序导致双倍的生产输出。从另一种角度说,改善程序后,浇注场拥有 580t 钢筋和每周 9000m³ 混凝土的生产能力。

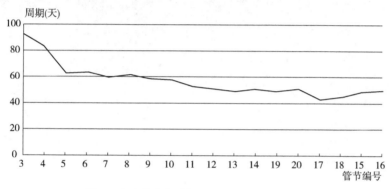

图 11　每个管节的周期(Cycle time per element)

### 工时

改善程序导致工时消耗从每两个管节 230000 小时减少到每两个管节 98000 个小时。生产了 12 个管节后,改善已经到了极限。

然而,值得注意的是改善程序也成功避免了曲线变平后的时间增加。

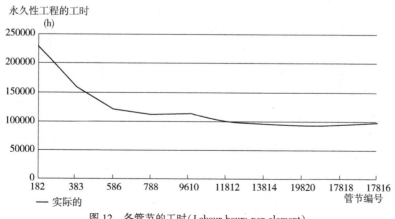

图 12　各管节的工时(Labour hours per element)

厄勒沉管隧道 The Tunnel ( Oresund Technical Publications )

# 13 引道段锚固结构

**GORAN NILSSON**
工程部经理
NCC 公司技术部

## 概述

厄勒海峡沉管隧道锚固混凝土引道段形成了从土方工程开凿到隧道口的过渡，它们既支持高速公路，也支持铁路运输。引道段必须经受住来自周围地下水压力的浮力，它们也应能够和防水膜一起将地下水阻挡在引道段之外。

半岛和岛屿引道段都是 U 形混凝土结构，由各种厚度的压实、输入填料和覆盖在断裂大片石灰岩床上的现有填料组成。它们在地下水位以下，通过垂直地锚防止上浮。与重力式结构截然相反，采取此种方法，是因为它能节约材料和时间。锚固引道段是有成本效益的、稳定的且是目前能支撑双重高速公路和双线铁路的不透水结构。

## 地质情况

现场的地质情况通常适于预应力的锚固工程。从海床层向下，现存的地质情况的顺序是海积层、冰积层，最后是到很厚的石灰岩。海积层产生于薄层，并在它们可能影响到结构层的地方将其移除，冰积层主要包括一些碎石、石块和沙石的泥土冰碛物。下方的石灰岩具有硅化作用和接近垂直接头的特点。在其附近，有冰川的扰动层。

半岛管段的基底层从引道段顶部平均海平面（MSL）的大约 -3m 到口部的 -9m 不等。基底要么是在冰川的扰动石灰岩冰积层，要么是在石灰岩填充层内。岛上的水平面从口部的 -8m MSL 到引道段顶部的 -3m 不等。其基底在冰积层的扰动或非扰动石灰岩内，或作为岛屿开垦工程部分的石灰岩填充。

## 结构分布

在半岛通往隧道的道路上引道段延续 440m，在全岛道路上延续 390m。将它们划分为 20m 的管段，以此来减缓收缩、热量和地表移动，以及相邻管段之间的不均匀沉降。地板的伸缩接头应能承受地下水压，并用管段间的止水带密封，在现场进行浇注。抗剪缝也建筑在相邻管段间，用来限制相邻板间的不同垂直移动。

## 基本设计

经过广泛研究设计负荷下土结构系统的运作方式并评估锚杆压力负载后，采用预应力锚杆，以便锚杆不会因为向上的负载而过压，平板也不会移开。因为带有地锚的预应力引道段更加有效而被采用，不仅能对抗浮力问题，也能解决来自铁路交通的重型循环负载和被动锚疲劳造成的危险。

## 载荷

欧洲规范基础上的各种载荷情况和组合都在管段设计中有所考虑。图 2 所示的是单一载荷。

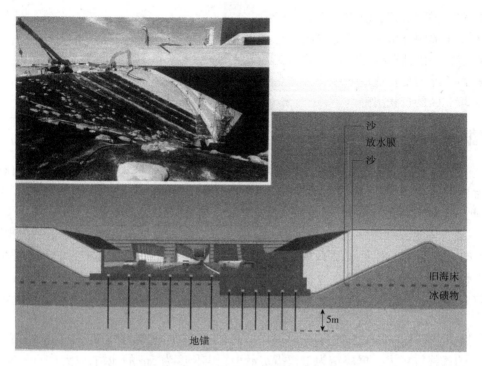

图 1 通过引道段展示的地锚和防水膜典型的横截面
(Typical cross-section through ramps showing the ground anchors and the waterproof membrane)

| 恒载 | 可变负荷 | 偶然载荷 |
|---|---|---|
| 自重 | 标称超载 | 偶然的交通事故 |
| 道路路面 | 道路交通负载 | 偶然的交通事故 |
| 铁路石碴 | 火车载重 | 地震 |
| 液体静压力 | 水位变化 | |
| 地锚荷载 | 温度荷载 | |
| 地压 | 雪荷载 | |
| 沉降 | | |
| 沉降差 | | |
| 施工顺序 | | |

图 2 在底板和地锚设计中使用的载荷
(Loads used in the base slab and ground anchorage design)

对于基底和锚杆的垂直位移,应考虑下列地质情况:
◆ 由于降水作用造成的沉降;
◆ 开挖过程中由于卸荷造成的隆起;

- 包括锚固载荷的恒定负载的沉降;
- 由于关闭降水作用系统造成的向上移动;
- 包括锚固载荷的恒定负载的蠕变沉降;
- 由于浮力变化造成的移动;
- 填充区的自我沉降。

## 预试地锚

在1997年的1月到2月期间进行此项工作。对于一个直径为150mm、最终表面摩擦恒定值为$0.5N/mm^2$的钻孔,所要求的固定长度最初计算为8m,但是有人认为可缩短这个长度,因此,在靠近提议校准的位置进行全截面预试。在固定长度为3到6m处进行六次拔拉测试,以证实固定长度足够,并且作为进一步的安全措施,采用为施工荷载三倍的拔出荷载。所提议的锚杆不能适用于此,因此使用九根直径为15.7mm的锚索。本测试只用来评估石灰岩的完整性。

为了获得与所提议的锚杆系统可比拟的结果,采用相同的波纹套管进行固定长度的密封。

根据德国标准DIN4125进行地锚安装和测试,证明固定长度为4到5m的地锚可以承受1876kN的最终抗拔力。据决定为工程指定最小固定长度为5m的地锚,以允许石灰岩变动。

为了验证拔拉测试以及确认提议地锚对于主体工程的适当性,仍然根据DIN 4125进行适应性测试。测试得出结论:自由长度为5m、固定长度为5m的地锚符合DIN 4125的要求。

## 详细设计

**锚杆类型**

所安装的预应力锚杆是直径为36mm、具有双重碰撞保护的单杆地锚,且根据DIN4125和英国标准BS8081具有1080/1230等级的螺纹杆,最短的使用期保障为100年。

**要求的地锚长度**

一根锚杆由3个主要部分组成:锚固段长度、自由段长度以及头部。自由段长度通过下列标准决定:

- 最小长度为5m;
- 彻底延伸自由长度末端到石灰岩;
- 提供自由长度加固定长度的总和,吸纳足够多的岩石及泥土以防止上升。

**安装锚杆总数**

在半岛上安装1591个锚杆,在岛上另外安装762个。

**设计载荷**

锚杆的安全工作载荷为626kN。这是由杆的最终强度除以2.0的安全系数得到的。根据BS8081第11.4.1条,所在锚杆里的载荷比工作载荷要大10%。

## 锚杆的安装

锚杆在 1997 年 11 月到 1998 年 9 月间安装的。为了达到理想的工作荷载,每个锚都必须安装在每个平板上预先决定好的位置,这就要求在灌注引道段混凝土基板时,在锚的确切位置安装 170mm 空样板。这些空样板在灌注混凝土第二天就取出。这些空样板就排除了从混凝土基板钻孔的必要。钻孔通过用外直径为 150mm 的过重压钻孔钻大切削深度而形成。

一旦钻孔钻成后,潜在深度、水平面和钻孔率的分类就有记录。钢筋安装和灌浆总是在同一天施行,所用水泥浆符合 DIN4125。灌注水泥浆所承受的压力不小于 0.6MPa 但不超过 1MPa,并在施压前达到所要求的 $30N/mm^2$ 的抗碎裂强度。

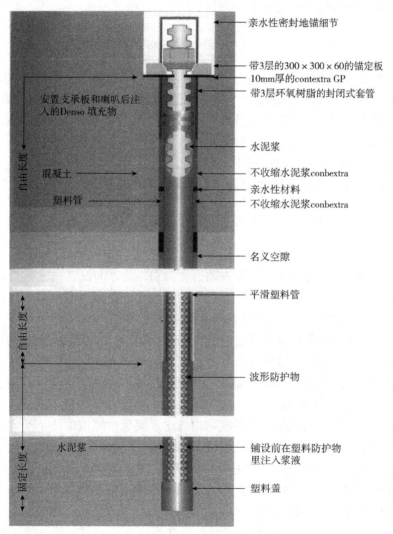

图 3　地锚大样图

一旦安装锚后,就用水密封条将其密封,然后施压,但是在这个工程中,应该按照特殊的顺序进行,以确保没有管段过压。遵照下列顺序对锚杆施加应力:

- 所有的管壁都必须在施压前完成；
- 在任何成对管段中，以工作载荷的 50% 给第一个管段的地锚施压；
- 在给第一管段的地锚施压到 100% 工作载荷前，用工作载荷的 50%（或相邻伸缩接头载荷的 60%）给相邻管段的地锚施压；
- 伸缩缝每侧上的地锚依次受到 30%、60% 和 100% 的增加工作负载加压；
- 如果临近的纵向管段还未施工，则地锚的压力不施加在管段上；
- 对于半岛上的引道段 I-9 和岛屿上的引道段 I-5，地锚先于临近的高速公路平板在铁路平板上施加荷载。

所有地锚根据三个参数进行安装，且在冬季期间没有出现任何问题。对于适用性测试，同时接受测试的两个地锚之间的最小距离为 8 米。

## 锚栓监测

在各管段内可接近的位置还安装有 16 个锚栓，每个管段装有 2 个，以进行长期监测。1999 年 9 月第一次对各管段内的其中一个锚栓进行监测。根据 BS8081 中的第 11.5.1 条对该次测试进行了评估，此条款规定"工作负荷变化高达 10% 通常并不引起关注"。以此标准来算，只有在安全工作负荷为 626kN 的基础上达到 690kN 以上或 563kN 以下时，锚栓才会给予关注。该次测试的结果都没有超出这些限制。

一项用于长期监测的方案已被纳入维修手册，此方案概括了未来百年将采取的监测程序。

## 防水膜

防水膜于 1998 年 4 月至 11 月期间安装。半岛和岛屿之间隧道的水密性通常由混凝土结构自身来保证，但在通往隧道的通路上，部分引道段并未使用混凝土修筑。位于高潮线以下的这些地区，需要采取特殊措施以确保阻止地下水进入隧道。

这些地区内的水密性由防水膜保证，而防水膜则固定安装在混凝土结构的水密构件中。该防水膜是一个 2mm 的聚乙烯摩擦密封（线型低密度聚乙烯），之所以能够明确地入选，是因为该防水膜的设计对化学物、紫外线降解和浸出添加剂具有抵抗作用。防水膜和止水系统能够承受最大为 $125kN/m^2$ 的水压。

安装在引道段地区混凝土结构以外区域内的防水膜保护隧道结构不受水的浸入。半岛上超过 $47000m^2$ 的地区以及岛屿上超过 $30000m^2$ 的地区安装有防水膜。

根据 DIN18195 中对于加热楔式加压焊接的规定，防水膜两个相邻区段之间的接头都是双缝焊缝。而且根据 DIN18195 的规定，阻水片和防水膜之间的接头是由挤压形成的单缝焊接。所有的双缝焊缝都是根据 DIN18195 中第三部分的规定进行的试验。

同时根据 DIN18195 中规定的真空试验对单缝焊缝进行测试。每一个工作日开始时制造试验接头以检查焊接设备是否正确运转。

防水膜安装在垫层砂 300mm 的地层上，如此一来防水膜便不会受制于应力集中，同时可以最大范围地与垫层砂进行充分接触。防水膜一经铺设，在受到另外的保护砂的 300mm

图 4　防水膜的安装（Installation of waterproof membrane）

的顶层保护之前便需要暂时用沙袋稳定,防止防水膜被强风掀起。此项操作造成了许多挑战,因为在强风中不能进行防水膜的铺设;同时,下雨时或周围温度低于5℃或高于35℃时防水膜也不能进行接合或焊接。

## 结论

如果地面状况适宜,带有地锚的引道段可为浮力问题提供省时又省成本的解决方案。这样做可以与防水膜一起创建一片水密地区。然而,为铁路运输的重型循环载荷制定一项适当设计的问题却需要特别的关注。制定所要采取的解决方案时,需要认真仔细地考虑每一个场地与其独特的地面和载荷情况。

在这个项目中,设计-施工合同原则打破了影响设计方和施工方的通常的界线,从而使最省时省成本的设计得到采用。

整个项目过程中,尽管在技术上存在挑战,但所有工程的安装都进行得十分顺利,即使是在严酷的冬季。最后,地面锚栓监测方案的介绍和目前为止的结果显示采取的设计是正确的。

# 14 洞口建筑物

**ANDERS NAESS**
建筑工程师
**SYMONDS GROUP**

## 概述

厄勒沉管隧道有三个独立区供机电设备安装,以满足隧道的安全营运。其中两个主要区域位于隧道管廊上方,在封闭隧道两端的洞口处。而第三个区域位于交通管廊的中点位置,此区不是本章介绍的重点。在人工岛和半岛上的洞口建筑物的布置非常相似,因此本章着重介绍半岛上的洞口建筑物。

图1 Peherholm 上的隧道口部施工(Tunnel portal construction on Peberholm)

## 洞口建筑物布置设计

服务建筑的布局受建筑物可见部分的规定形状和合同中规定的机电服务的功能要求的制约。另外,合同还包含外部接口的要求,包括岸对岸通信以及高速公路和铁路隧道的控制系统的要求。

## 几何要求

合同详细定义了洞口建筑可见部分的几何结构。如图2所示,屋顶的布局是强制性的,包括设置减光格栅,以助于控制封闭隧道段和开敞段之间的过渡地带的亮度水平。该布局还包括两个通风竖井,一个天井以及位于人工岛和半岛上的洞口建筑屋顶上的三个应急出口。

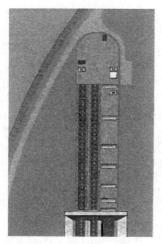

图 2　口部建筑屋顶的强制性布局(Mandatory layout of portal building roof)

合同规定,火车以高速进入隧道时,以不同间距布置在铁路上方的排气竖井排除铁路管廊内的空气。图 1 和 2 中可以看见铁路上方的通风竖井。设定口部建筑物顶部的具体标高,显示该标高高出周围地面的标高。

图 3　隧道口部建筑——卡斯特鲁普半岛(Tunnel portal building—Kastrup Peninsula)

## 功能要求

合同包含以下的机电服务设施:
◆ 从铁路和高速公路之下的集水坑排污的泵送排污系统,清除从铁路和高速公路的引道坡收集而来的水和其他液体。
◆ 消防系统,包含一个泡沫灭火系统,用于控制洞口集水坑区的所有火灾、一个储水罐,有助于为公路管廊中等间距布置的消防栓供水和一个布置在服务管廊中的水喷淋系统。

图4　Peberholm 上的隧道口部浇注（Tunnel portal casting on Peberholm）

◆ 强制通风系统,包含高速公路和铁路管道内的纵向通风系统以及各个洞口建筑物内的风机,以在逃生通道和服务管廊中形成超压空气。
◆ 冷却、加热和通风系统,以控制洞口建筑物内各个房间内的环境。
◆ 配电包括紧急和不间断电力供应。
◆ 低压配电系统。
◆ 照明:每条公路管廊内设两条连续照明带。
◆ 接地和避雷保护。
◆ 索道。
◆ 本地控制和通信系统。

**外部界面**

除了合同内规定的服务内容之外,还设计了一系列外部界面以满足公路和铁路的控制和通信系统。在签署该合同时这些界面尚未完成,但规定了交换设计信息的条约和截止日期。

## 洞口建筑物的最终布置

图5为半岛隧道洞口建筑及房屋的最终布置,包括以下方面:
◆ 用于安装包括通风机、过滤器及一个独立灰尘存储罐的静电吸尘系统的空间。
◆ 服务设施平台含从集水坑泵出污水排放的分流管。
◆ 在北侧平台上有消防水池,为隧道内的消防水供水,确保保持足够的水压。
◆ 在北侧平台上有泡沫灭火系统,用于在火灾发生时将泡沫泵入积水坑区。
◆ 为多个机电系统供电的高压室与低压室。
◆ 控制隧道口部建筑内环境的暖通空调室。
◆ 各种通风系统,为南北公路交通管廊之间的逃生和服务管廊提供超压。包括向下至各管廊的通风竖井、与洞口建筑物标高一致的洞口建筑物内的风机室和位于洞口建筑物顶的进气口。

- ◆ 与外部联系的无线电通信室。
- ◆ 隧道机电系统的控制室,包括隧道两端的活动式防撞栏。
- ◆ 一个通信室
- ◆ 一个水喷洒平台,为服务管廊中的水喷淋系统提供服务。
- ◆ 配有高压交流电控制设施的铁路控制室,以整体控制铁路管廊与横道的信号和通信。
- ◆ 一间车间、一个储藏室、一间存放备用零件的隔间。

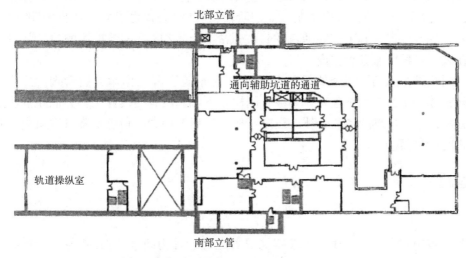

图 5 　隧道口部建筑布局(Layout of portal building)

图 6 显示了隧道口部建筑的横截面。集水井储存所有的地表水并防止隧道淹溺,它位于高速公路与铁路隧道下方。而两侧的服务立管内装有落水管,接收泵出的污水并提供通向立管和积水区的逃生线路以及进入机动车道和铁路交通管廊的入口。

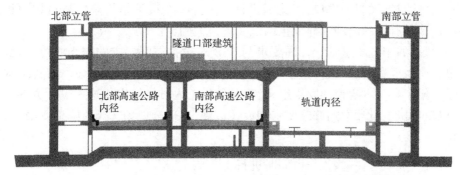

图 6 　包括集水坑与上给供气分喉在内的半岛隧道口部建筑剖面图
(Cross-section of pentinsula portal building including the sump and service risers)

## 通道规定

建筑物中房间和走廊的设计是为了提供两个独立的逃生通道。北侧的服务平台包含一个楼梯通道能进入集水坑的公路侧的水泵设备,这些相关区域是供水泵检修和维护保养用。

这些进入楼梯靠近天井,发生紧急情况时可作为逃生通道。南侧的平台同样提供铁路侧进入集水坑的通道,南侧的天井与楼梯相邻。通过一个独立的天井可进入铁路操作室以及服务设施,而设置了楼梯通道,能够从洞口建筑物进入服务设施管廊。

## 设计团队结构

投标之后,厄勒隧道联合体(ØTC)选择自己的机电设计-施工分包商联合体 SSB,SSB 由丹麦的 SEMCO A/S 与法国 Spie Enertrans 组成的联合体。在合同期间,SSB 与西蒙兹的设计团队分别驻在法国与英国,尽管在项目前期阶段,这两家公司也成立了各自的团队,分别与各自办公室的承包商一起工作。随着项目的进展,西蒙兹联络小组扮演的角色从设计开发变为了在施工过程中服务承包商。

这些团队结构总结了几个外部和内部设计界面,这些界面由承包商管理。焦点在于厄勒隧道联合体(ØTC)工程管理者作为在合同框架下协调所有的设计工作并满足业主及其他外部各方的需求。厄勒隧道联合体还设定了机电工程管理者的角色负责管理机电工作与土建工作之间的界面。

## 设计过程

### 结构设计

服务建筑物与高水位的规范要求钢筋混凝土应设计为防水结构,并与主隧道结构保持连续。这样使洞口建筑物施工采用的方法同样可用于引道段工程其他部分的施工。

基于合同对房间大小和通道的要求,确定了 SSB 设备所需要的空间以及该建筑物所需的表面积。由于有许多的设计界面并且可能发生变化与改进,决定制定一个稳健的结构设计方案,其中每个 20m 长的结构节段可作为框架。这就可以省去每个构件的一定面积以便作为通道。去除或增加服务进口,而无需设计。另外一个决策是将洞口建筑物顶板设计成为双向平板,代替有柱的内墙和非承重墙以实现最大的灵活性。

西蒙兹最初的布置图是基于合同要求与 SSB 对设备空间要求的初步测算。之后,设计师、机电设计师与厄勒隧道联合体(ØTC)工程部召开了一个设计扩大会。随着结构设计的进展,图纸发给了在哥本哈根的联络组,由现场的施工人员最终完成这一设计方案。布置图定期更新以反应机电设计中的修改要求和设计进展,以适合现场选择的施工方法。

### 舾装作业

结构设计完成之后,一些工作可同时进行:
- ◆ 钢筋混凝土结构施工(见图 7);
- ◆ 隧道洞口建筑物终饰工程的设计;
- ◆ 机电设备的详细设计与技术参数;
- ◆ 完善详细的外部界面信息。

随着现场施工的进行及涉及许多界面,经过一些列的有效的活动,洞口建筑物设计工作的协调工作逐渐由设计者办公室转移到了承包商的办公室。

图 7　隧道口部浇注——钢筋（Tunnel portal casting—reinforcement）

## 关键活动

厄勒隧道联合体（ØTC）在工程早期引入了机电工程部经理，并将其作为 SSB 的机电设计、西蒙兹的设计、客户要求、外部接口要求与许可证审批之间的联络点。机电工程经理与工程队紧密合作，确保机电要求变化纳入结构工程中。

业主及厄勒隧道联合体同意引入平行工作概念，其中厄勒隧道联合体将负责协调外部接口承包商正在进行的工作，允许该工作与他们的内部工作平行进行。这缩短了厄勒隧道联合体与外部接口承包商的沟通线路，便于将外部界面的要求纳入厄勒隧道联合体合同的进程。在短时间内调整设计以适应变化的过程同样变得更快更可靠。

西蒙兹与厄勒隧道联合体同意将隧道洞口建筑物终饰工程设计分为两个阶段。先由西蒙兹制作购置图，给出规范和几何条件，同时厄勒隧道联合体利用对本地的了解，与西蒙兹磋商后，来选择及采购产品。事后看来，结构混凝土设计完成之后，设计人员与承包人员的紧密合作有助于改进终饰工程项目的指定、采购与安装过程。

## 结论

隧道洞口建筑物设计与施工自本项目开始起几乎五年之后才完成。洞口建筑物的成功设计吸纳了所有复杂技术要求，这些技术要求对于隧道有效和安全营运是必不可少的。这在很大程度上归功于良好的设计管理、承包商、设计人员和机电承包商之间的密切合作，以及各方共同协同工作迎接挑战的共同意愿。

# 15 隧道基槽开挖

**WOUTER DIRKS**
荷兰合约工程师

**BALLAST NEDAM**
开挖工程公司

# 概述

以绞吸式技术为手段的液压挖掘是厄勒海峡大桥"开挖和填海工程"的一个主要部分。

绞吸式技术被认为是投标前阶段开挖 3500 米隧道基槽的最为经济的方法,先决条件是可以采用具有目前技术水平的高产量的绞吸式挖泥船来挖掘哥本哈根石灰岩。绞吸式挖泥作业(CSD)也是满足严格的规划要求和环保要求的最有效的方法。

绞吸式挖泥作业"双子星"的铰刀功率已从 1840kW 升级到 3680kW(刀头测量值),并且安装了新型的更加强大的横移绞车,使得绞吸式挖泥作业可以为厄勒海峡大桥水下隧道基槽挖掘 200 万立方米的哥本哈根石灰岩。

刀头的总装机功率为 15221kW 和 3680kW,绞吸式挖泥作业的"双子星"曾经是全世界最强大的绞吸式挖泥船。

图 1 给出了正在厄勒海峡工作的升级后的"双子星"。哥本哈根石灰岩是一种岩石,可以用大功率的绞吸式挖泥船来进行开挖,但是绞吸式挖泥作业必须在几乎最大的切削能力下工作。

图 1 在厄勒海峡工作的升级后"双子星"号挖泥船(Upgraded Caslor at work in the Bresund)

本文论述了以下内容:
- 在隧道基槽中"双子星"的性能;
- 自动化开挖作业和设计公差;
- 改进的锚固系统的优点;
- 先进的三维岩土工程建模,旨在提高对磨损的预测和进行生产规划;
- 剔尖和铰刀磨损;
- 降低意外管道损害风险的磨损监测系统;
- 隧道基槽底部清理。

# "双子星"的性能

### 开挖时间和效率

隧道基槽的总开挖体积为220万立方米,其中200万立方米是哥本哈根石灰岩地层中的岩石。

隧道基槽的开挖工作开始于1996年6月,结束于1997年8月。在同一时期,"双子星"还用来挖掘补偿开挖区域。

"双子星"在隧道基槽内的总工作时间为312天。总开挖时间为182天,效率为61%,这意味着操作延误达到71天。

哥本哈根石灰岩的切削净产量在400立方米/小时和1100立方米/小时之间。

切削中层哥本哈根石灰岩时的产量最高。切削上层高岩石质量指标值(RQD值)的哥本哈根石灰岩和底层哥本哈根石灰岩(存在大量碎石带)时的产量较低。

### 因特殊操作和技术原因造成的延误

严格要求隧道基槽的底部在交付时,要达到指定的公差并且清理干净,所以隧道基槽底部的最终清理切削比预期的更加耗费时间。隧道基槽底部的清理切削用了39天的时间才完成。

技术延迟达33天。在维修期间,需要修理驱动轴轴承,并调整铰刀后面的吸入口。

驱动轴轴承的问题是因改造"双子星"所造成的,但是这些问题在项目实施的前六周就已经解决了,此后没有出现由于升级所引起的任何技术延误。

### 因渣土溢出量造成的延误

该合同中最严格的要求就是项目实施过程中的整体最高渣土溢出量要保持在在5%之内。此外,不同的开挖区域还有不同的渣土溢出量要求,并且在一年中的每月和每周都要进行渣土溢出量预算。

在开挖区域的边界线上,渣土溢出量测量船在垂直于海流的扫描线上航行,不断的测量渣土溢出量。

决定渣土溢出量的最重要的因素就是海流。根据所测的海流和渣土溢出量的关系,在项目实施期间,研制了一个渣土溢出量预测模型。

为保证不超出允许的渣土溢出量预算值,全天监测预算值,并与实际的海流资料相结合。这样就可以确定在海流流速较大的情况下是否需要停止开挖作业以保证不超过给定期间某一区域内的允许渣土溢出量预算值。

海流流速较大导致的渗漏量渣土溢出量或可能的较大渣土溢出量所造成的"双子星"总闲置时间为43天。

### 因天气原因导致的延误

在暴风雪天气下,海流流速(达到5m/s)特别快,必须停止"双子星"的运行,这种天气造成的延迟共9天。

### 上级指示而造成的延误

隧道基槽的开挖区域内可能会有二战期间残留的弹药。开挖开始时,残留弹药的调查还在进行中。在开挖区域内和附近发现了大量的炸弹,厄勒海峡大桥业主联合体必须通知停止一天的开挖操作,以进行弹药的调查和清理。

厄勒海峡大桥业主联合体还要求重新清理隧道基槽的某些部分。在厄勒隧道联合体铺设砂粒层之前,要重新清理隧道基槽的底部,以清除开挖工作完成后残留在隧道基槽内的填充物。

## 定位和自动化开挖作业

采用 DGPS 系统(数字全球定位系统)来控制"双子星"的定位。该系统可以根据不同的信号进行修正。

"双子星"采用自己的导航软件可以实现:
- ◆ 显示绞刀式挖泥机及其临近区域的三维视图;
- ◆ 计算并给出实际的海床深度;
- ◆ 计算并给出开挖设计的横截面和纵剖面;
- ◆ 显示挖泥机的进度;
- ◆ 连续记录并给出所有相关开挖参数。

导航软件的一个主要特点就是可以控制开挖计算机。开挖计算机为挖掘机上的所有发动机和设施提供操作信号。

### 深度数据库

导航软件采用不同的几何信息,这些输入信息为:
- ◆ 定义为断开线的开挖设计;
- ◆ 以 5m×5m 网格进行的最新调查;
- ◆ 铰刀三维位移记录的进度。

数字全球定位系统不断的记录铰刀的实际进度,进行相应计算并实时给出。

根据不同类型的几何信息,导航软件计算与设计需要相关的铰刀的进度,并为开挖计算机处理控制信号。

### 测量方法和精确度

结合数字全球定位系统的测量结果和陀螺罗经的数据,以及船只上位移传感器上传来的数据,根据船的精确位置来确定铰刀的位置。

GPS 和微分信号天线放置在"双子星"的顶部,并精确定义航行路线以达到最佳的精确度。采用陀螺罗经来测量"双子星"的朝向(航向)。

位移传感器放置在铰刀架和定位桩台车上。根据定位桩台车的水平位移和铰刀架的角度来确定铰刀相对于 GPS 天线的位置。陀螺罗经的使用精确确定了铰刀在 X 和 Y 平面的位置。

铰刀的垂直位置可以采用以下两种方式来确定:
- ◆ RTK(实时动态测量系统)数字全球定位系统方法;
- ◆ 利用水的深度测量数据和潮流信息来控制垂直位置。

两种系统都可以用作"双子星"上的系统。

在线展示绞刀的实际位置及其进度,如图2和图3所示。

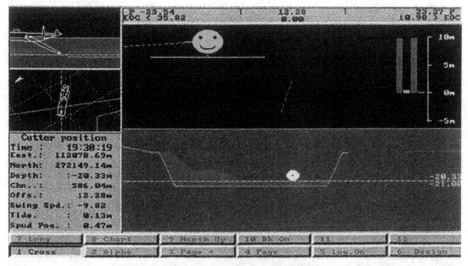

图2　横截面基槽导航软件
(Cross section trench navigation software)

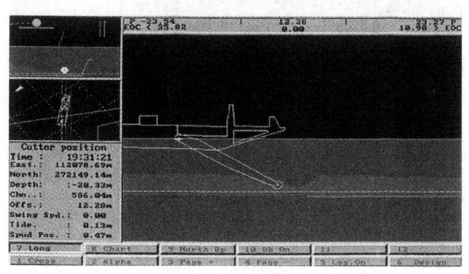

图3　纵截面基槽导航软件
(Long section trench navigation software)

导航软件可以达到很高的精确度。数字全球定位系统与电罗经和位移传感器相结合,在三个方向的精确度都可以达到10cm以上。因此,(在坚硬的岩石上的)开挖作业的精确度不是测量位置的函数,而是与船只的硬度和绞刀装置(比如横移绞车和梯式绞车)的响应时间有关。

据估计,后面这些因素对开挖精确度的影响是定位精确度对开挖精确度的影响的两倍,因此开挖的总精确度为300mm。

该精确度可以保证隧道的开挖达到设计误差。

图4给出了隧道基槽设计的横截面和纵截面。

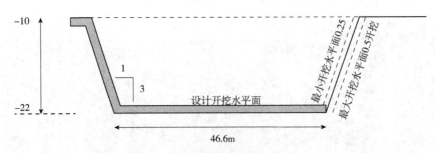

图 4　隧道基槽设计,隧道基槽坡度的误差上限为 0.25m,误差下限为 0.5m
(Tunnel trench design.The upper tolerance of the tunnel trench slopes was 0.25m and the lower tolerance 0.5m)

图 5　Peberholm 西端毗邻临时护岸的可见隧道基槽
(Visible tunnel trench adjacent to the temporary revetment on Peberholm's West end)

## 优化的锚布置

为了提高"双子星"的性能,专门为该工程的"双子星"提供了两个重力锚。通常情况下,绞吸式挖泥船使用直接与锚索相连的锚,但是该工程决定采用重力锚。

每一个锚都包括三个升降柱上的相互连接的可拆卸式液压操作的浮动构件。拆卸后,浮动构件可以作为 20 英尺的集装箱进行运输。锚的基础包括一个三角形框架,该三角形基础坐落在海底上,可以通过给浮动构件充水来增加框架的摩擦阻力。

重力锚可以产生最小为 175t 的锚固力(没有压载物)。这也是重力锚的重量,在重力锚的设计中,重量与锚固力的比值为 1∶1 时是一个安全的因素。为了降低在相对平坦、坚硬和多岩石的海底上锚固阻力减小的可能性,为三角形框架配备了三个剪力锚点。在实际中,锚固力最大为 145t,这也是"双子星"的横移绞车所产生的最大作用力。

采用非常坚硬的链条把锚与锚索支护泵船连接在一起。这种构造的目的是限制边锚索的弹性,防止绞刀齿上出现不受控制的强作用力,并防止在切割石灰岩时,作用力逐渐传递给刀头。从浮动锚固泵船上,锚索连接到绞刀架的末端,如图 6 和图 7 所示。该锚扩展有如下优点:

图 6　在重力锚上作业(Working on a gravity anchor)

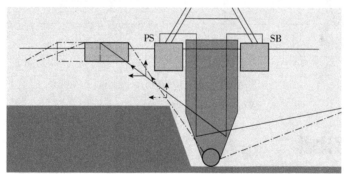

—— 交叉线系统
--- 常规系统

图 7　边锚索和陡坡(Side wires and steep slopes)

1. 多岩石海底上锚的改进抗剪力;
2. 带有辅助船只的锚的快速定位;
3. 自由锚索,即使在开挖陡坡时(参见图 3);
4. 可能出现持续的横移绞车的高作用力;
5. 刀头损坏的最小化。

交叉锚索系统一般用来开挖陡坡,锚索不会与斜坡的顶部相接触。在这个设置中,引导右舷锚索穿过甲板到达左舷,然后再引导至刀架,对于左舷锚索反之亦然。

在开挖过程中,把正常锚索位置换为交叉锚索造成了很长时间的操作延误。在开挖低层时,锚泵船使锚索远离边坡的顶部,从而避免了使用交叉锚索。

优点的第1条、2条和3条大大的提高了锚固程序的可靠性和有效性。

厄勒海峡隧道的承包商采用了九个同样的重力锚,在沉放和安置操作时,用以定位隧道管节。继承"双子星"绞吸作业时锚固的可靠性。

优点的第4条和5条,横移绞车持续的高作用力和刀头损坏的降低对切削的产量有正面的影响。

岩石开挖通常造成不连续的绞刀扭矩。每一片岩石在破碎时,扭矩都会减少,直到绞刀在岩石中重新遇到阻力为止。阻力形成的越快,扭矩的波动就越小。横移绞车的持续高作用力可以有效的保证绞刀的阻力,保证该阻力时,就可以更加有效地利用绞刀的功率。

通过采用新型的锚固系统,使保证横移绞车相对持续的高作用力和绞刀扭矩成为可能。图8给出了由于扭矩变化的减少导致的发动机效率的变化。从该图中,我们可以看到绞刀扭矩的变化越小,绞刀发动机的平均效率就越高。

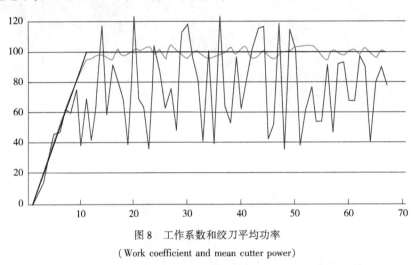

图8 工作系数和绞刀平均功率
(Work coefficient and mean cutter power)

# 三维岩土工程建模

有必要对该工程的岩土工程地层进行详细说明,因为进行材料开挖时,要把绞吸式挖泥船的性能发挥到极限。因此,可以预计恶劣的磨损条件,还可以调整切割方案以实现更高的效率。

哥本哈根石灰岩占隧道基槽中开挖体积的大部分,而且哥本哈根石灰岩的开挖难度非常大。因为哥本哈根石灰岩中含有一系列的不同厚度和强度的石灰岩"床",有些还含有燧石层。可以把这些不同的"床"模拟为单独的水平硬层。

图9清楚的给出了不同强度的石灰岩层之间的燧石带。

石灰岩无限制的抗压强度值可以达到100MPa,燧石层的抗压强度远远超过200MPa。决定对哥本哈根石灰岩进行详细的三维建模,以便:

◆ 改善详细的开挖方案;
◆ 预测开挖量;
◆ 预计磨损现象。

## 可用的地质和岩土信息

作为招标过程的一部分,业主建立了一个关于可用地质和岩土信息的广泛数据库。

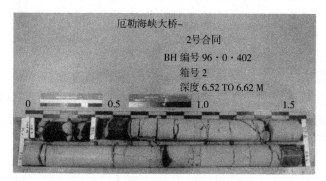

图9　上层哥本哈根石灰岩样本的岩心照片
(Core photograph of a sample from the Upper Copenhagen Limesone)

隧道基槽的相关信息包括:
◆ 12个岩土工程钻孔;
◆ 地球物理钻孔的测量;
◆ 地震反射勘测。

根据这些信息,业主建立了沿着隧道基槽准线分布的冰碛层、哥本哈根和苔藓虫石灰岩的二维模型。

根据地球物理测井地层学和地震资料解释,绘制了每一个地层单元顶部的地图。

丹麦地质调查局和丹麦岩土工程研究所的研究员广泛研究了利用这些技术模拟哥本哈根石灰岩地层的可能性。

## 地球物理钻孔测井

可以把哥本哈根石灰岩分为三个子单元,上层哥本哈根石灰岩、中层哥本哈根石灰岩和下层哥本哈根石灰岩。可以根据其强度和燧石成分在岩土工程方面进行区分。

在每一个子单元内,可以确定一系列的连续石灰岩层。这些石灰岩层在非常脆弱的石灰岩和非常坚硬的石灰岩之间变化,单层石灰岩的厚度一般不超过0.6m(参见图9)。

一些坚硬的石灰岩层以椭圆体燧石结核为主要特征。在挖掘过程中,发现厚度达1m的大量燧石层,哥本哈根石灰岩中总燧石的含量大约为20%。

高度硬化和低孔隙率为高强度石灰岩和燧石层的主要特征。通过测量孔隙度、密度和电阻率,可以从地球物理测井曲线中识别坚硬的石灰岩层。连续的坚硬石灰岩层,在每一个钻孔中通常都体现出相同的反应,因此可以通过地球物理钻孔测量来找到相关联系。

地球物理测量的一个主要优点就是可以从一个更大的岩石体积中获得更多的数据,比起从一个典型的钻井岩石样本中获得的数据要多的多。根据所用工具的不同,一个地球物理钻孔工具所监测的岩层厚度通常在几公寸到几米之间变化。

在哥本哈根石灰岩中定义了11个地球物理地层标志。这些标志分别用字母A到字母K表示,字母K表示上层哥本哈根石灰岩的顶部,字母G表示中层哥本哈根石灰岩的顶部,字母B表示底层哥本哈根石灰岩的顶部,字母A表示苔藓虫石灰岩的顶部。根据孔隙度、密度、电阻率、电导率和伽马测量的数据,可以识别这些标志。可以进一步证明,记录的地层标记可以与地震反射器相连接。

**地震反射勘测**

业主在 1994 年进行了地震调查,包括沿着隧道基槽纵向轴的 5 条线和 10 条交叉线。由此,业主决定建立一个详细的隧道基槽的三维地质模型。

地球物理钻孔测井方案在 9 个孔中进行,包括垂直地震剖面技术和声波测井。

声波测井和密度测井使钻井中声阻抗的计算成为可能。声阻抗在地理边界上的变化决定了在边界上反射的地震能量。在计算了钻孔不同层的声阻抗之后,可以计算合成地震记录——基于地球物理钻孔测量的人工地震记录。

因为在这些钻孔中还可以识别地层测井标记,所以可以预测这些地层测井标记的地震响应。通过比较合成地震记录与实际的反射勘测的真实地震响应,可以确定是否可以从反射记录中识别出这些地层测井标记。因为钻井位置的时间和深度都已知,所以反射器(与这些地层测井标记相应的地震剖面上确定识别的反射器)可以把时间域转换成深度域。实际上,这是地震数据的三维几何制图的基础。

**进一步调查**

OMJV 在隧道基槽内另外钻了 26 个钻孔。所有这些钻孔都在先前的地震测线上,除了标准的岩土采样和测试方案之外,还采取了一个特定的地球物理钻孔测井方案。

丹麦地质调查组和丹麦岩土工程研究所负责实施地球物理测井方案。荷兰 Geo-Seis 咨询公司负责三维岩土工程建模。

这些钻孔中进行的测量方案包括:

- 自然伽马测井;
- 密度测井;
- 孔隙率测井;
- 电阻系数测井;
- 传导性测井。

对所有的钻孔数据进行了详细的解释,并且采用了地层测井标记指示系统。

根据这些数据,实际识别出的连续坚硬地层的层数要比预期的多。根据一些读数识别出了这些地层,这些读数中包含比以前识别出的低孔隙率的更多峰值。通过在地层测井标记名称的前面增加一个序列号为这些新发现的地层命名。

在上层哥本哈根石灰岩中新发现的地层:

- $I_2$
- $I_3$
- $H_2$

在中层哥本哈根石灰岩中新发现的地层:

- $D_2$
- $C_2$

在下层哥本哈根石灰岩中新发现的地层:

◆ $B_2$ 至 $B_9$

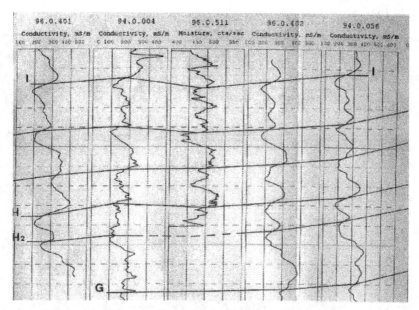

图 10　与上层哥本哈根石灰岩相关的测井曲线
(Log correlation of the Upper Copenhagen Limestone)

**详细三维地质测绘的结果**

似乎哥本哈根石灰岩在南北方向背斜和向斜特性的频率要比东西方向的频率高。

例如,交叉线 CE-CR03 清晰的给出了一个背斜,该背斜的轴线几乎与隧道基槽中心线相吻合。反射器也清晰可见(图 11)。

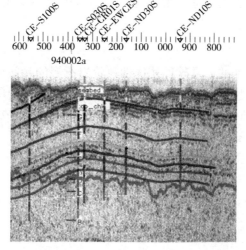

图 11　地震交叉测线 CE-CR03(Seismic cross line CE-CR03)

为清楚地了解从相关测井地层和地震反射调查的解释中给出的坚硬平面的地层,决定把解释的坚硬地层的所有等深度图都下载到一个简单的数据库中。编写一个简单的 VB 程序就可以形成穿越隧道基槽的横截面和纵向剖面图,通过使用不同的颜色可以指示出不同的岩体特性(图12)。

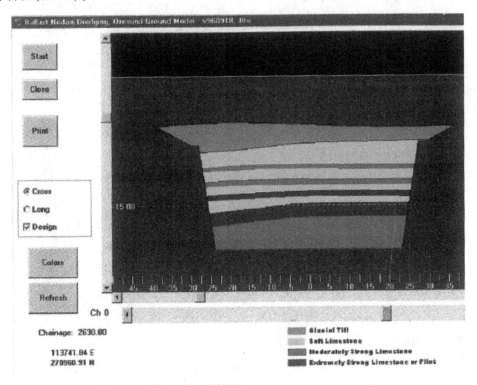

图12 可视化的解读地质情况(Visualisation of the interpreted)

这些钻孔的岩土数据,如详细的采样描述和实验室数据,都存储在数据库中,每一个结果都与地层模型相关联。这就使深入解释每一层的岩体特性变化,以及量化每一个解释的地层单元的特性成为可能。

**三维地质测绘的结论**

采用解释地球物理数据的先进软件使详细评价岩石层的几何形状和性能成为可能。

通过使用先进的地球物理和解释方法可以降低现场勘测的费用。

应该注意,虽然这里所讨论的方法在当地地质条件下应用很成功,但是不能就此推断在不同的地质条件下相同方法可以得到类似的结果。

所有这些勘测的结果都是第一次得到,可以微调切削方案,并可以主动预测剔尖和管道磨损问题。

# 磨损

### 绞刀和剔尖的磨损

针对该项目,为隧道基槽的中石灰岩的开挖工作专门设计和制造了三台 Vosta D68 绞刀和三台 Esco D58 绞刀。每一台绞刀的重量为25t,有6个叶片,每一个叶片有8个剔尖,每一个剔尖的重量为25kg。在隧道基槽的开挖过程中,使用了46313个剔尖,剔尖的使用寿命在

$19m^3$ 至 $157m^3$ 之间。在开挖底层哥本哈根石灰岩时,剔尖的使用寿命最短为 $19m^3$,这些石灰岩中含有的燧石成分最高。

图 13　磨损的剔尖(Worn pick points)

在绞刀损坏之后尽快进行了替换或修理。总共修理了 66 个绞刀。

图 14 的左边给出了一对 Vosta 型的剔尖,右边给出了一对 Esco 型的剔尖。图中给出的两种类型的剔尖一个是使用前的,一个使用后的。

图 14　典型的剔尖磨损(Typical pickpoint wear)

**管道磨损**

在该项目实施过程中,使用了直径为 800mm,壁厚为 25mm 的 3840m 长的沉锤管线和 1500m 长的水面管线,还使用了直径为 800mm,壁厚为 20mm 的在地面上敷设的长度为 4000m 的管线。在工程末期,这些管线的 60%都需要替换。

由于石灰岩和冰碛层所固有的水力运输，在与混合物海流相接触的过程中，管节上产生大范围的磨损。泵壳、叶轮和管路所承受的磨损条件在正常的开挖作业中很难看到。记录的管道底部的磨损率在每毫米2万立方米和10万立方米原位材料之间。

通常，使用厚度计测量管道的磨损。根据测得的管道磨损量，定期把管道翻转90度或180度来使磨损扩散。但是对于厄勒海峡大桥，由于磨损率太高以及很难接近管道不能采用该方法。

**管道磨损的原理**

绞吸式挖泥作业"双子星"管道的唯一目的就是把挖掘的材料运输到半岛和人工岛上指定的填筑区。有时要使用长度大于4000m的管道(生产线)，在地面上或海面上或海面下运输混合材料。从磨损的角度，可以把管道分为三种类型的管段：

1. 船上管节；
2. 半沉放管节(SSP)；
3. 岸上管节。

船上管节是由定制的持久耐用的管道制成的，其设计寿命是标准钢等级管道(钢等级42)的2至3倍。相比之下，岸上管节广泛采用了标准钢等级的管道(直径为840/800mm)。但是，这两种管节的操作效率都比较高。由于所使用的材料和不断的监测，船上管节的突发性管道破坏的几率几乎为零。岸上管节虽然容易磨损，但是这并不太重要，因为很容易监测这些管节，而且这些管节的修理或替换都很简单(快捷方便)。

虽然半沉放管节的壁厚达25mm，但是这种类型的管道有一些典型的问题，预计这种类型的管段带来的麻烦要比其他两种类型的管段所带来的麻烦要多。但是，半沉放管节又很重要，很难进行监测或基本上不可行，修理起来也很难(耗费时间，相对较难)。

除了受到混合材料中磨料颗粒的磨损之外，半沉放管节还受其他一些条件的影响，如天气条件(如海流湍急或浮冰)，以及与自己船只或其他船只相碰撞的风险。

为了防止操作效率的降低，并提高半沉放管节在极端磨损条件下的使用效率，引入了一个磨损效应的监测和预测系统，并按照预测结果行事。

**监测**

监测管道磨损和运输过程中混合物的性能，以便：

◆ 确定管道的条件(如管道壁厚)；
◆ 为将来假设的管道条件提供数据(预测)；
◆ 检查对磨损效应的假设。

监测管道的目的就是连续记录不同类型的管道的物理状态，并不断的获取数据，这些数据按照磨损条件如产量、混合物的流速和密度来描述运输的混合物。

**监测管道的物理状态**

管道的物理状态涉及到以下内容：

◆ 管道壁厚的记录；
◆ 单个管道的管道特性(如类型：漂浮型、下沉型、弯曲型、修改和修理)；
◆ 对管道方向(如旋转)和位置(如管线中管道位置的改变，移出或移入管线)所采取的预防措施的动态变化。

测量管道壁厚时可能会遇到一些实际问题,如:
- ◆ 管道的可接近性;
- ◆ 测量表面的腐蚀;
- ◆ 天气条件。

在管道组内(没有铁锈)进行了声学测量,管道组经常被带出活动管道,并带到受保护的工作港口。下沉型管道一旦安装后,就完全不能接近,只有当管道旋转或更换时才能偶尔检查一下。

除了厚度测量之外,管道的物理状态的其他数据都通过数据库应用程序进行存储和操作。"WaTbase"可能是本文中最有用的一种数据库。WaTbase记录管线中单个管道在方向和位置上的变化,并与管道特性变化相结合,如修改和修理。与混合物数据相关联时,实际的磨损效果可能与混合物的运输相关联。

在现场采用了一个监测混合物的磨损因数的实用方法。监测认为有重大影响并且能够测量的混合物磨损因数,并与观测到的磨损形态相关联。在管道内部的临界点上频繁测量壁厚,经过较长时间后,就可以合理的计算磨损率,并根据计算结果定量分析磨损的发生。虽然这些磨损指示量没有多少价值,但是他确实考虑了每个影响磨损的因数。在与重要的和可测量的混合物数据关联后,就可以进行有用的关联性分析。在预测部分对该方法进行了详细的解释。

必须承认该方法的一个主要缺点,就是只有在实际开挖工作开始之前才可以得到可应用的磨损图形,因此,预先使用该方法进行详细的磨损预测是不可行的。

### 预测

有效地监测和管道预测这两个方面受严重磨损条件的影响,这样就可以确定以下两个目标:

1.确定单个管道的临界磨损轮廓(代表一个管道壁径向的厚度);

2.确定临界磨损形状(在一个时间段内使用磨损轮廓计算的磨损率)。代表性的轮廓请参见图15。

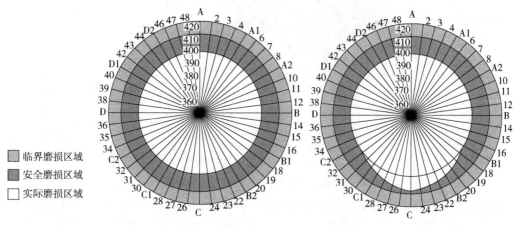

图15 典型的磨损形状(Typical wear shapes)

通常确定关键磨损轮廓是指管道最薄(经常是临界)的部分的径向测量。根据管道的类型(漂浮型或下沉型),可以有规律的进行径向测量(平均4到6周一次)或不进行径向测量(一些下沉型管道)。

磨损轮廓给出了管道厚度状态的横断面视图。图16给出了漂浮型管道的视图,根据大约20次磨损轮廓测量的插值建立了该视图,采用带有存储能力的声学测厚仪进行测量。

这些临界磨损轮廓形成了磨损计算的基础。在这个例子中,首先给出了一个管道状态的特别指示,然后计算磨损形状,根据这些形状可以预测管线的磨损。磨损形状由两个磨损轮廓相减得到,反映了某时间段管道关键横断面瞬时厚度状态,相减的结果即为该时间段管壁磨损量,单位毫米。计算得到的磨损形状,假定表现了该时间段的管道磨损,并且同相关混合特征,例如生产、坚硬物含量等相联系;对于不能测量的管道,计算将采用线性模式,通过使用产品图表、旋转信息及适用的磨损形状来预测管道的当前磨损轮廓。

总而言之,有效预测管道磨损必须考虑以下措施:

1. 管道临界截面的最后真实的磨损轮廓的基本计算;
2. 根据类似管道的测量,确定管道已经运输的或将要运输的材料混合物的代表性磨损形状;
3. 确定该管道的方向和位置历史记录;
4. 应用磨损形状,磨损形状的影响力取决于运输颗粒的体积和为管道旋转校正的磨损轮廓。

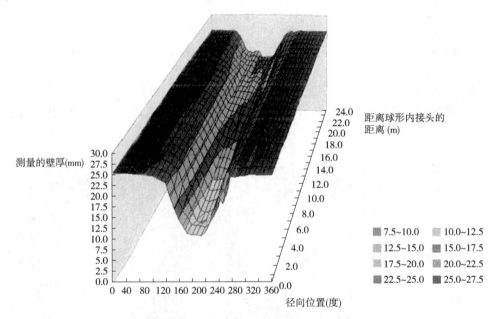

图16 漂浮型管线的磨损轮廓(Wear profile of a floating pipeline)

结果显示预测的某一特定管道的临界截面的一个磨损轮廓。测量的精确度和对数据的解释对结果的可靠性是至关重要的。在这个项目中,该方法避免了管道的所有意外损坏。

这涉及到一个漂浮型弯管,该弯管在第一次故障后就到期了,在临界截面上没有得到实际的磨损率,针对工作管道的特别测量也没有定位精确的临界点。结果产生了一个非常有限的作用,在距离孔洞中心 20mm 处(小指大小),壁厚超过 10mm。经过这次经历,确定了临界截面,提取了正确的临界磨损率,并成功实施了应用。

**计算和演示**

在获取管道特性数据、磨损轮廓、磨损形状和混合物数据后,在一个电子制表软件中把这些数据关联起来,该软件计算了预测的磨损轮廓。为每一个管道制作了一个简化的截面视图,并给出了建议的预防措施(见图 15)。这些措施主要包括管道旋转。经过计算发现,在 60 度的增量下可以得到经济实惠的转向操作。确定度数是用来平衡转向(可以实现的更可取的(连续的)转向周期)和发生的磨损的。测量的或预测的管道简化轮廓,以及推荐的预防措施都要提交给轮流操作的工作人员。

# 隧道基槽填充和清理

合同中的技术规范要求移交的隧道基槽的开挖公差的上限为 0.25m,下限为 0.5m。此外,底部不能有残渣。由于哥本哈根石灰岩的断裂性质和绞吸式挖泥船的特性,基槽的底部不可能和台球桌一样平整。在开挖过程中,总会在底部残留一层断裂破碎的岩石。

此外,在开挖过程中会有一层钙质粉砂堆积在岩石残渣层上面。厄勒海峡水体内固体的运输和悬浮也会使砂和淤泥沉积在隧道基槽内。

图 17 给出了在隧道基槽底部发现的材料的管状样品。可以清楚地看到的是下层的钙质粉砂和上层的填砂。

研制了一种名叫"Janne"的特殊清理工具,用来去除隧道基槽内粗糙的底部上面的细材料和填料。

Janne 是在可拆卸、装箱的双体泵船的基础上研制的。安装了六台绞车用以定位。吸附支架和水泵安装在舷梯上,舷梯由直径为 800mm 的管制成,排泄管道、喷水管线和电缆线都沿着舷梯布置。在吸附支架上安装了裙座,总功率为 100kW 的三台潜水电泵安装在支架上。海流注入到到裙座下面的沉积层,沉积物松散后,电泵抽走悬浮物。泥浆抽送到停靠在 Janne 旁边的驳船上。

但是,并不是隧道基槽的所有部分都需要清理。"双子星"已经成功清理了一些部分,基槽填实的现象是动态的。由于海流的作用,填充物可能移动、消失或再度出现。

在移交之前,重新确定是否需要用 Janne 来进行清理。

图 17 隧道基槽内填料的管状样品
(Tube sample tunnel trench infill)

## 结论和观察

绞吸式挖泥作业"双子星"在该项目中的使用表明可以采用绞吸技术来开挖大体积的岩石，同时还能够满足严格的环保要求和规划要求。

结果还表明，现代定位技术的应用使在困难条件下达到严格的开挖公差成为可能。

对于岩土工程和地球物理数据的深入解读、新型锚固系统的研制以及复杂管线磨损监测系统的开发都是开挖行业的创新之举。

绞吸技术所面对的未来挑战包括改进对岩石切削生产率以及相关磨损量的预测。此外，新型绞刀、剔尖和易损件的研制可以进一步提高绞吸式挖泥船的效率。

# 16 隧道管节的碎石层基础

**HAN LA MBREGTS**
高级项目工程师
ROYAL BOSKALIS WESTMINSTER BV

**BEN MOOIBROEK**
土木工程师
ROYAL BOSKALJS WESTMINSTER BV

**JOHN BUSBY**
首席工程师
SYMONDS 集团工程公司

## 概述

海洋基础的施工包括沉放隧道管节或沉箱的一层材料,由于时间的限制和对施工精确度的严格要求,该施工过程一直都很困难。有几种方法可以采用,目前使用最多的就是用砂作为底层填料。在这种方法中,首先把一个隧道管节放在临时液压支架上,然后通过管道系统抽走该管节下面的砂水混合物,直到建立起足够的压力可以支撑该管节为止。但是,经验证明该方法有一些困难和缺点:

◆ 只有在底层填满之后,才能实现完全压载,达到隧道管节的稳定性;自然条件或重型船只航运造成的海流速度很快时会危及管节的安全性;

◆ 淤积太多时会造成严重的问题;

◆ 地震时可能造成砂床的液化,特别是对于那些有裂缝的多岩石的基槽底部,无法保障砂床的稳定性。

另外一种叫碎石整平的方法通过使用碎石可以克服这些缺点。已经证明该方法精确度高,可靠性好,而且还缩短了几个工程的施工时间。虽然碎石作为填料比砂作为填料要贵很多,但是该方法从整体考虑在经济上是可行的。在隧道管节内不需要敷设管道,不需要采用昂贵的液压缸,而且不需要潜水员充填混凝土基础垫层。该方法的优点已经凸显出来,包括安全性。很明显,本章所描述的方法更加合适。

抹平和刮平是制造一层平坦的材料层作为沉放隧道管节或沉箱的水下基础的方法。该方法的缺点就是要进行两个操作,即沉积后再单独整平。

碎石整平的概念就是材料的沉积和整平在同一时间进行。材料运输到水落管中,把水落管的末端定位在理想的深度。开始时,材料会在沉降管中堆积直到到达管的下端。然后材料开始作为石柱在水落管内积累。在不断的保证沉降管下部的材料的同时,把水落管移到旁边,管道下端就可以整平沉积的材料,从而材料的沉积和整平就在一个过程内完成了。

厄勒海峡隧道的碎石层是用碎石整平的方法进行施工的。针对该项目,研制了一个特殊的多用途泵船,该泵船可以在水深为22m的地方铺设碎石层,精确度高达±25mm。该方法缩短了施工时间,实现了准确的充填,使材料的损失降到了最低,而且该方法对环境的污染是微不足道的。

## 设计涵义

厄勒海峡隧道的招标前设计是以底部填充的压砂法形成的砂垫层为基础。隧道的底面和开挖基槽的基础之间的间隙应该用该方法完全填满,实现隧道和砂之间的完全接触,砂的可压缩性较高,沉降可能会更大。在合同授予后的初步设计阶段,发现了一个风险,就是采用这种方法进行基础施工可能造成过大的不均匀沉降。其中主要关注的问题就是砂的高度可压缩性,以及开挖基槽基础剖面的允许误差所造成的砂层厚度的变化。后者的允许变化是指垫层的厚度可能在500mm至1400mm之间变化,这就可能造成严重的不均匀沉降。

正因如此,厄勒隧道联合体考虑了其他基础形式。在沉放之前铺设的碎石层基础会更加坚硬,从而降低了以上风险。Royal Boskalis Westminster 已经为新加坡沉箱码头墙研制了铺设该类型的垫层的另一种方法,该方法被称为碎石整平®。

在沉放之前铺碎石层基础,由于床面的不精确性,隧道基础和碎石层的表面之间就不会有充分的接触。这就会导致隧道结构变形,造成额外的负载效应。因此对于隧道管节的结构设计来说,碎石层表面的精确度是一个关键的设计参数,对管节的成本会产生重大的影响。厄勒隧道联合体认为他们可以研制出一种铺设方法,可以使碎石层的水平精确度达到±25mm。进行了一项研究来确定碎石层基础的变化对隧道设计的影响。简单的初步计算表明,如果完全采用±25mm的水平精确度,砂垫层的设计就会超载,并且需要大幅度的增加钢筋数量。图1给出了一个这样的例子,隧道中心处床面的精确度为+25mm,在两边的精确度为-25mm。在这种情况下,隧道会承受一个大的负弯矩。但是,有人认为产生这种结构的可能性极小。需要开发一个考虑这一点的设计程序。

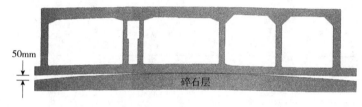

图1　碎石层横截面(Gravel bed cross section)

厄勒隧道联合体认为碎石层表面的变化是随机的,管节设计的关键标准就是指定表面标高的变化不会超过±25mm,而且这些变化是随机的。

根据这些标准决定采用一套强加变形来模拟碎石层表面轮廓的变化,要考虑到这些变化是随机发生的。这些强加变形作为永久荷载施加到隧道横向和纵向分析模型。给出了横向设计的强制变形的推导,来说明解决这个问题的一般方法。

图2给出了正态分布的随机数字的表格,平均值为0,标准差为7.58,数字出现在-25和+25之间的概率为0.999。这些数字代表隧道管段下面某点处的碎石层指定标高之间的变化。把该表分为两块,每一块都包含九个支撑点代表所支撑的区域。这些点在隧道设计中都具有一定的物理意义,每一个区域都位于隧道墙壁的下方或墙壁之间的板的下方。图2

| 管段宽度 | | | | | | | | | | | | | | | | | |
|---|---|---|---|---|---|---|---|---|---|---|---|---|---|---|---|---|---|
| -3 | -5 | 6 | 3 | 16 | -4 | -7 | 6 | -3 | 3 | -3 | -3 | -6 | 4 | -9 | 4 | -3 | 13 |
| 7 | -1 | 4 | -5 | 12 | 6 | 0 | -17 | -6 | -8 | -7 | -2 | -16 | 3 | 3 | 2 | -2 | -1 |
| -2 | -6 | 1 | 3 | 0 | -6 | 1 | 4 | 17 | -1 | -15 | 3 | 6 | -1 | 3 | -4 | -1 | -2 |
| 7 | 2 | -2 | 2 | 3 | -8 | 5 | -7 | 7 | -4 | 4 | -6 | -6 | -13 | -5 | 12 | 4 | -15 |
| 1 | 4 | 15 | -17 | 5 | -13 | 2 | 3 | -2 | 0 | 13 | -8 | 7 | 10 | -17 | 1 | -5 | 11 |
| -12 | 3 | 13 | 6 | -8 | 11 | 0 | 6 | 15 | 7 | -4 | -3 | -11 | -12 | 4 | 12 | 11 | 5 |
| 3 | -7 | 13 | -5 | -12 | -2 | 3 | -19 | -15 | 0 | 0 | 5 | 2 | -4 | -5 | -1 | -4 | 2 |
| -2 | 2 | 7 | 17 | -5 | 4 | 4 | -10 | 4 | -5 | -7 | 3 | -9 | -3 | 4 | -3 | 4 | -1 |
| -10 | 7 | 6 | -1 | 1 | 2 | -6 | 4 | 1 | 7 | 1 | 7 | 2 | -12 | -3 | 0 | -5 | -12 |
| -2 | 2 | -6 | -8 | 3 | 12 | -2 | 7 | -7 | 14 | -16 | 0 | -1 | 16 | 3 | -18 | 1 | -9 |
| 3 | -3 | -7 | -2 | 9 | 8 | -11 | 18 | 0 | -5 | -3 | -4 | -4 | -2 | 2 | 14 | 3 | -2 |
| -8 | 5 | 7 | -5 | 4 | -1 | -5 | 11 | -4 | -2 | -9 | 4 | 1 | 1 | 2 | -6 | -25 | 4 |

| | | | | | | | | | | | |
|---|---|---|---|---|---|---|---|---|---|---|---|
| 0 | -7 | -3 | -4 | 11 | 2 | 1 | -8 | -5 | | | |
| 4 | -8 | 3 | -9 | -4 | 2 | -11 | 6 | 3 | | | |
| -17 | 5 | 6 | -12 | 0 | -11 | -1 | 8 | -7 | | | |
| 7 | -2 | 10 | -1 | 3 | 8 | 6 | -8 | -7 | | | |
| 3 | -15 | 1 | 4 | -10 | 1 | 3 | -7 | -6 | | | |
| -5 | -2 | 6 | -3 | -5 | 1 | 7 | 2 | -9 | | | |
| 2 | 14 | -8 | -10 | 4 | -6 | -3 | -4 | -4 | | | |
| 2 | 14 | -8 | | | | | | | | | |
| -7 | 5 | 13 | -4 | -2 | -4 | -1 | | | | | |
| 2 | -12 | -9 | 2 | 8 | 4 | -2 | 4 | | | | |
| 9 | -10 | 1 | -8 | | | | | | | | |
| 14 | -4 | 17 | -8 | -13 | -6 | | | | | | |

图2　碎石层面的标高变化(Gravel bed surface level variations)

中墙壁下面的区域都加了阴影以示区分。假设隧道由较高的点支撑。在图 3 中,每一个区域内最高两点的平均值列在相同的表格中。这些数字代表了所支撑的每一个区域的标高与指定的标高之间的变化。这些值的平均偏差和标准偏差分别为 8.5 和 3.7。

通过假设隧道的横向分析模型是通过每一个区域的支撑点来支撑的,可以确定一套以设计为目的的强制变形。因为隧道设计是以特性荷载为基础,所以强制特性变形的概率超过 0.05。这些计算结果使支撑区域之间 10mm 的强制特性变形得到了普遍应用。

| 管段宽度 | | | | | | | | | |
|---|---|---|---|---|---|---|---|---|---|
| 6 | 14 | 12 | 3 | 5 | 9 | 6 | 7 | 7 | |
| 14 | 8 | 11 | 10 | 8 | 12 | 8 | 6 | 7 | |
| 18 | 11 | 4 | 7 | 2 | 6 | 17 | 9 | 6 | |
| 4 | 8 | 15 | 9 | 12 | 4 | 9 | 16 | 4 | |

图 3　碎石垫层的表面标高——每一个子区域内的两个最高点的平均标高
(Gravel bed surface levels-average level of the two highest points within each sub-area)

但是,墙壁的纵向刚度比板的纵向刚度要大得多,板下面的较高区域的高度不会比墙壁高 5mm。

为了达到调查的精确度,新增了一个额外余量,以确认已经实现了关于设计表面精确度的假设。

在隧道设计中采用这些强制变形后,导致的钢筋供应类似于初步砂垫层的设计,因为强制变形所造成的额外负载效应被碎石层基础增加的刚度抵消了。

在设计隧道时,厄勒隧道联合体研制了基础施工的方法,从而引出了碎石陇的概念(图 4)。从设计的角度来看,离散护堤,而不是连续床面,在承载力方面对基础的设计有很大的影响。

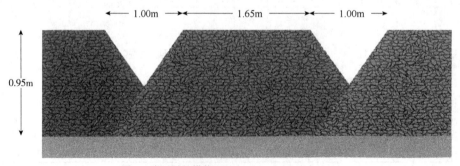

图 4　碎石层的横截面(Gravel bed cross section)

加载在其表面的粒状材料的极限承载力与加载区域的宽度成正比。增加护堤之后，减小了加载区域内从隧道到护堤的宽度。护堤边缘的材料的承载力很低，因为他们的边坡围绕着材料的静止角。因此，为了确定护堤在负载下的活动，进行了详细的研究。使用有限差分程序 FLAC 为一段护堤建模，以确定碎石发生一般剪切故障时的负荷。在分析模型中，阻止负载表面的转动，否则将导致不切实际的低承载力。

研究结果表明，对于建议的碎石，碎石层的极限承载力大约为 $400kN/m^2$，摩擦角为 $40°$，这对设计负载来说已经足够了。增加护堤之后，改善了基础的磨合特性，得出的结论是设计假设很保守。

在每一个管节沉放之前调查床面。按照各种标准核对调查结果，包括支撑区域之间的变化。

## 碎石整平的概念

在碎石整平充填技术中，材料通过带有可伸缩底部的水落管进行堆积，通过液压缸(图5)不断的保证碎石整平管在需要的水平面内。把水落管和碎石整平管定位到需要的深度后，向水落管中添加材料。当材料在碎石整平管的底部聚集时，一个石柱开始在碎石整平管内部积聚。通过把水落管移向一旁，并保持碎石整平管在指定的平面内，材料就可以通过碎石整平管的尾部进行铺设和平整。

只要水落管中有足够的材料，材料层的铺设高度就会与碎石整平管尾部的高度一致。管道中的传感器指示碎石整平管中石柱的高度，要保证该高度为先设定的高度值。如果石柱的高度下降到预先设定的最低值，停止移动水落管，增加添加到水落管中的材料直到石柱的高度达到最低高度为止。如果碎石整平管中石柱的高度超过预先设定的最大高度，停止向水落管中添加材料，增加水落管的移动速度，直到石柱的高度下降到预先设定的最大高度为止。该过程是全自动的，以确保材料层不间断的铺设。

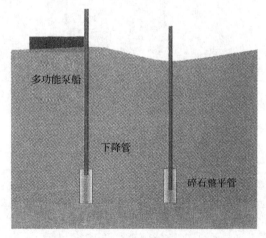

图5 碎石整平管和水落管之间的关系

(The relation between the scrade pipe and the fall pipe)

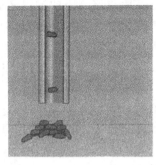

图 6　整平原理（The principle of scrading）

## 多功能泵船

在投标阶段，设计理念是基于传统的砂垫层上的，但是在详细设计阶段，认识到了碎石垫层在垫层特性和垫层材料移动特性方面的优点，从而导致了理念的改变。

碎石层必须是一种开放的结构，与封闭的碎石表面相比，开放的结构有很多优点（图7）。碎石整平带有中间槽（或负重叠）的护堤，避免碎石重叠径迹上出现高点，因为在为上一个护堤铺设碎石材料时，碎石材料可能发生旋转，由于在护堤铺设期间整平脚向下的压力，碎石材料还会向上推移。可以把可能的碎石高点移到侧面的凹槽内，避免给管节造成较高的应力。在管节的接头处，增加护堤之间的距离以降低在沉放期间颗粒被困在管节之间的风险。可以排除可能存在的沉积物质，当把管节降低到碎石层上时，水和泥沙更容易沿着基槽消散。这可以减少碎石的需要量，增加生产量。

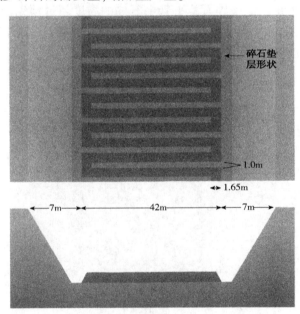

图 7　碎石垫层布置图（Gravel bed layout）

根据新加坡两个项目的施工经验，决定修建一个特别的船只来进行垫层的施工。该船只也可以用来调查施工的垫层，保证基槽内没有淤积，并在管节放置后还可以回填基槽——

因此被称为多功能泵船(MPP)。该船只的尺寸为 76×15m，吃水达 3.5m。基槽的两侧各有一个定位桩,用六个锚固位泵船。水落管安装在较长的一侧,穿过基槽可以横向移动 47m。在泵船上安装了一个传送带系统,给水落管运输材料(图 8)。使用装载机把材料从平顶驳船转移到受料料斗中。

图 8　带有水落管的多功能泵船(MPP)
(Multi Purpose Pontoon (MPP) with the fall pipe)

不需要重新定位,多功能泵船就可以穿过基槽碎石整平碎石材料的一个护堤,之后两个定位桩都必须为下一个护堤重新定位。不断的进行,直到到达定位桩台车的行程终点,然后需要重新定位定位桩。在一个定位桩位置碎石整平一系列的护堤之后,测量和处理刚刚修建的护堤,然后重新定位定位桩。这样,就可以不断的监控和立即监控碎石整平过程的结果,实现直接系统反馈。图 9 给出了基槽上定位的多功能泵船的总平面图。多功能泵船上的碎石整平过程是全自动化的,桥上安装有几个传感器和照相机,这样操作员可以监测所有重要的部分。该测量系统允许操作员在碎石层的一部分碎石整平完之后马上检查结果。

在每一个管节沉放之前,铺设了包含 65 个护堤的碎石层,减少了碎石层开放和暴露的时间。根据层厚的不同,每一个管节所需的碎石量在 8000 到 14000t 之间。碎石整平和测量一个管节的碎石层总共需要 3 至 6 天。

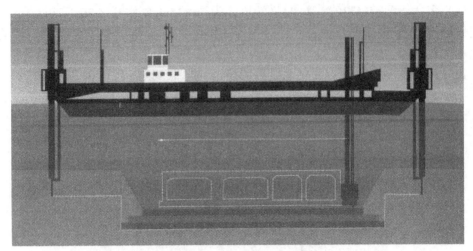

图9 多功能船在隧道基槽上方驻位
(Multi Purpose Pontoon (MPP) in position over the tunnel trench)

图10 碎石整平时,多功能泵船旁停靠着一艘装石头的驳船
(MPP with a stone barge alongside while scrading gravelbed)

## 垂直位置控制

控制碎石整平管的垂直位置对于材料铺设的精确度极为重要。碎石整平管与水落管通过液压缸相连,液压缸调整垂直运动。这些液压缸每秒被激活20次,以弥补各种传感器测得的泵船的起伏、滚动、颠簸所引起的垂直运动。为了把碎石整平脚调整到需要的垂直位置,把所要求的水平面与旋转激光产生的一个水平参考平面关联起来。在水落管上安装一个光敏传感器以接受激光信号。激光接收器包含一个自动跟踪系统,该系统保证激光平面在敏感区域的中间。同时还测量了激光接收器位置相对于其在水落管上的安装位置。测量

液压缸在水落管和碎石整平之间的行程,以确定激光接收器的安装位置和碎石整平管、碎石整平脚的末端之间的长度,因为水落管的实际角度会由于船只的移动而改变。这些角度会造成碎石整平脚的高度偏差,因此要使用倾角计进行测量。

激光接收器的方向、其在水落管上的位置、模具水落管的长度,以及水落管的角度都会影响碎石整平脚相对于参考平面的位置。实时登记和处理所有传感器的读数,调整液压缸的行程以保证碎石整平脚在需要的水平面上(图11)。

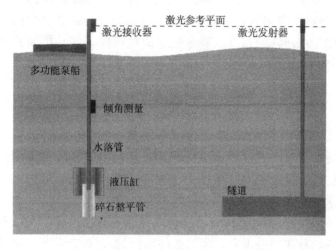

图11 碎石整平管的垂直高度控制
( Vertival height control of the scrade pipe )

激光的精确度随着距离的增加而减小,所以必须把激光放在施工的水域(参见图11)以减小该距离。

所有垂直定位都以激光参考平面为基准,因此该水平面的确定和激光平面的标高的确定是非常关键的。采用安装在一定距离处的参考接收器交叉检查激光平面,该接收器也和激光发射器一样安装在一个固定的位置。从参考接收器的读数可以看出激光信号是否稳定,激光平面是否在其水平面内。在厄勒海峡项目中,激光系统配置在先前放置的管节顶部的一个塔上和一个锚固岛上。

## 水平位置控制

水落管系统安装在多功能泵船上,如图8和图9所示。一个移动平台使水落管沿着导轨运动。水落管的实际水平位置并不太重要,因为垫层所需要的水平精确度不是很高。采用数字全球定位系统卡丁车系统来测量泵船的水平位置,采用俯仰传感器和滚动传感器来计算碎石整平脚的位置。

## 碎石整平系统的精确度

上面已经讨论了影响碎石整平系统精确度的主要传感器。碎石整平脚的垂直位置的测量精确度取决于传感器的精确度以及工程的配置,如激光和激光接收器之间的距离,以及根据水下深度确定的水落管的工作长度。在距离激光 200m,最大水深为 22m 的地方,碎石整平脚的垂直位置的测量精确度可以达到 ±10mm(2s,95%的测量)。碎石整平脚的总控制精确度还与环境条件有关,如海浪、海流、多功能泵船的行为,以及控制系统的性能。

厄勒海峡隧道的环境相当恶劣,海浪高度达 0.75m,海流速度达 1m/s。采用数学模拟以调查多功能泵船及其控制系统的行为。研究了不同输入参数下的各种方案,如海浪高度、周期和方向,以及海流速度和方向。这些模拟的结果表明,在最恶劣的环境条件下(如恶劣的天气和高速海流),碎石整平脚的控制精确度可以超过 ±20mm(2s,95%)。在确定和控制碎石整平脚的垂直位置的精确度后,可以确定垫层的精确度。多功能泵船上复杂仪器的使用使垫层的公差在 ±25mm 内。

## 碎石层测量

在批准将碎石层用于垫层之前,要检查碎石层是否满足指定的要求。垫层的施工公差要求很严格,因此要求测量精确度很高以证明满足指定的要求。如果测量精确度和施工公差在同一个数量级上,那么就需要采用一个不同的公差水平来校核测量值。如果施工公差为 ±25mm,测量数值的不精确度的整体公差为 ±35mm。

使用立杆进行简单的机械测量是不可行的。把末端带有水平板的立杆下降到施工层会扰乱垫层的顶部,特别是在垫层没有封闭的条件下,比如包含交替护堤和沟槽。由于扰乱的风险,在不利的天气条件下不能使用该系统。

取而代之,可以采用声波测量方法,在多功能泵船上安装一个特殊的系统来测量垫层,其精确度很高。采用常规的回声测探方式进行测量,倾斜距离很长,即回声探测仪与反射对象之间的距离,导致测量结果的精确度降低。如果采用高频回声探测仪和短斜距的组合,就会提高精确度。与一个小的开度角相一致的高频使回声探测仪的精确度得到提高,短斜距在增加信号精确度的同时,还可以给垫层提供一个小的覆盖区,从而更好地诠释了其表面形状(图 12)。

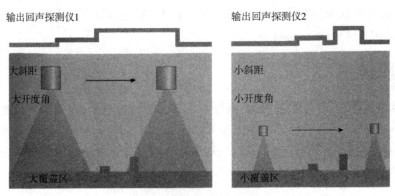

图 12 斜距和开度角的影响
(The influence of slant rang and opening angle)

实验室试验用来研究可以达到的精确度范围。采用1MHz回声探测仪在32至64mm厚的碎石人工垫层上进行测量,用水泥把探测器固定在一块板上防止其运动。所采用的斜距为80cm。在一个同样的碎石层上采用水准标杆进行测量,以便比较。

在标杆的末端安装了一个直径为10cm的圆盘,大约为使用的斜距上回声探测器覆盖区的直径。从理论上讲,两种方法的结果应该相同:回声探测器探测到与覆盖区内的最高点相对应的第一个反射,而标杆下降到碎石的表面直到圆盘接触到最高的石头为止(图13)。

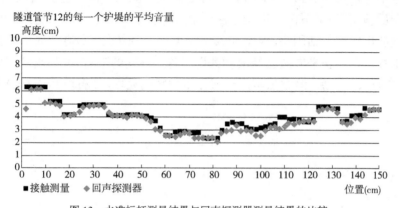

图 13　水准标杆测量结果与回声探测器测量结果的比较

(Result of the measurements with theleveling staff compared with the echo sounder)

测量精确度大于5mm。为获取短斜距,把一个基于这些回声探测器的测量系统安装在多功能泵船的碎石整平脚上。

## 碎石层的验收

在碎石整平操作中,根据每个护堤的平均音量来处理测量值,为了实现沉降,采用的偏移量为2cm。图14给出了隧道管节12的所有65个护堤的平均值。如果由于仪器故障或人为失误造成碎石层不能满足验收标准,可以很容易进行修理。在有碎石或没有碎石的情况下,都可以使碎石整平脚再通过一次,把不精确的护堤推到一边来修正护堤。在管节13发生故障后,清理了整个碎石层,并替换了新的碎石层,此过程中没有遇到任何困难。

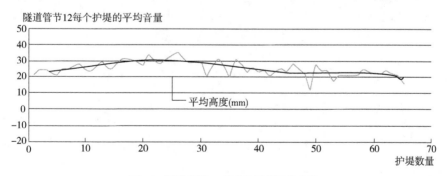

图 14　隧道管节12每个护堤的平均音量

(Average patch levels per berm for tunnel element 12)

## 结论

在厄勒海峡项目期间,再一次证明了采用碎石整平新方法铺设海洋垫层是可靠的。在一次操作中,就可以把材料充填在理想的深度,并进行了平整。碎石整平允许的最佳填充精确度可达±25mm,因为材料是通过水落管穿过水柱的,所以材料损失量降到最低,对环境的污染可以忽略不计。在荷兰第二 Benelux 隧道已经成功应用了该工艺,并且也证明了该工艺的成功性。今后,碎石整平不仅可以用于隧道施工,还可以用作其他用途,并可以使用不同的材料。其他应用实例包括码头、风车和其他海上施工的垫层、岸边和底部的保护,以及其他精确填充工程。碎石整平方法已经成功铺设了各式各样的颗粒、块体材料,从细碎石到直径为300mm 的石头。今后,该方法将用于海洋中材料的充填,如石块和(胶态)混凝土。

# 17 沉管浮运

HAN LAMBREGTS
高级项目工程师
ROYAL BOSKALIS WESTMINSTER BV

## 概述

隧道管节的运输可以分为以下几个阶段：
- ◆ 前期准备；
- ◆ 做出运输的决定；
- ◆ 运输过程；
- ◆ 到达目的地后进行锚固；
- ◆ 决定继续开展工作；
- ◆ 穿过基槽运输；
- ◆ 沉放。

## 前期准备

在决定把管节从浇注场地上浮和运走之前，需要进行一系列的海洋准备工作。该工作应在管节的某些部分还没有开始修建之前进行；此阶段的错误可能在今后导致大的灾难。只有当用于沉放的全部技术安装都完成后（包括压载舱、管道、电力系统、水泵、通讯系统等），才可以安装并用橡胶密封最后的舱壁。但是，一旦安装完所有组件后，把管节向前移动，用闸门把坞池封闭，这是在沉放之前要做的第一项重要工作。

在此之前，浇注场地要对所有管节负责，之后该责任转移给了海洋工程组。但是在交接之前，双方的负责人应联合检查这些管节。质量保证工程师检查所有文档是否完整，文件是否经过签署并准确描述所要进行的工作。工程师、施工经理和专家一起进行管节的最后一次检查。

填写质量保证文件是必需工作，这样就存在一种风险。该工作在之前已经做过，而且完成得很好，为什么这次就会出问题呢？仅仅签署文件已经不代表实际的检查工作了。因此虽然终检、重检和复检很浪费时间，但却至关重要。

在每次交接会议中，都明确的规定了责任交接的时间。之后就可以进行排水工作，将管节首次浸水。

在管节开始漂浮之前，到了第二个重要时刻。此时水还可以流出坞池，并可以采取必要的纠正措施。但是在某个管节浮起之后，就不能够再把该管节下沉到滑移轨道上，以防止损坏横梁或管节本身。此时到达了第一个不能返工的点。

在检查完所有管节，所有管道系统通过压力测试后，可以做出决定继续开展工作。在该阶段，代表保险公司的工程师同意继续开展工作。在前几次操作过程中，经常认为该工程师的出现仅与保险公司有关，却忽略了该工程师的利益大部分都和承包商的利益相同。保险代表的意见可以改善安全性，甚至可以提高整体的成功性。

此时，已经向坞池中抽送了 100 万立方米的水。

一旦浮起后，用四台 25t 绞车和两台 10t 转向绞车把这些管节转移到深坞中。这些绞车都安装在坞池周围的堤坝上，然后降低水位。在这个过程中，测量堤坝内的水位，该水位必须与坞池内的水位保持一致，否则饱和的堤坝就会变得不稳定。

图 1　有漂浮管节的浇注地（Casting yard with floating elements）

在移走浮动闸门之后,把一个管节拖到坞池外的系船柱附近,然后进行最终准备工作。包括放置沉放所需的所有设备:指挥塔、测量塔、沉放泵船、更多的巨石、拖运装置、测量系统、导向系统、报警系统等等。安装所有设备并检查其功能。现在可以把管节运输到隧道基槽,并进行沉放。

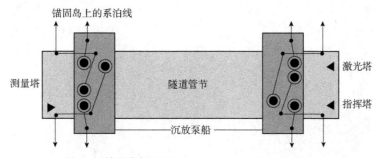

图 2　沉放系泊布置（Mooring arrangement for immersion）

## "继续"或"停止"

此时到达了第二个不能返工的点。一旦拖船带着管节离开系船柱之后,就不可能安全地返回到浇注场地附近的系船柱,因为入口很狭窄。必须把管节运送到基槽处,然后进行锚固。从离开到沉放完成,管节现在将完全暴露在海洋环境中。

在做出决定继续运输之前,不仅要考虑为保证管节航行的安全而采取的措施,还要考虑天气和海流条件。要在两个阶段做出这个重要的决定。在规定的启程时间之前 12 小时,召开一次会议,所有相关人员都可以提出自己的观点。

早些时候为了筹备该会议,在海洋组内举行了一次预备会议,在做出决定"继续"之前,找出最终的障碍,并确定之前还要做什么工作。此时,负责准备碎石层、锚固岛、舾装管节和测量的队伍应全部就位,以宣布他们已做好准备并且没有异议。质量保证工程师宣读注意事项,所有事项都应达到"继续"的条件,每一事项都要得到相关工程师的认可。

注意事项包括物流、通讯准备等等。除了海洋组之外,拖运公司代表、业主代表及保险公司代表都要出席。如果没有异议,继续召开确认会议,复查天气预报和海流条件,以及当时厄勒海峡的航运交通情况。

在两个阶段做出继续运输的决定具有很明显的优点。在第一次会议期间,大组可以讨论并明确各种相关事宜,此时没有时间压力。在确认会议之前,可以作出小规模的变动。在第二次会议期间,小组可以集中讨论天气情况和海流条件。拖运总工、业主、保险公司代表(在该阶段要提供拖运证书)、沉放经理和质量保证经理都出席了这次会议。

承包商、业主代表、拖运公司和保险公司都要签署包括继续运输的实际决定的会议记录。该文件的目的并不是分担责任,而是证明任何一方对继续运输都没有异议。

## 天气情况和海流速度预测

正如前面所解释的,当时的天气情况和海流速度条件,以及相应的预测都是极为重要的。因为歌本哈特和马尔默机场相邻,所以很容易获得关于天气情况的信息。但是,令人惊讶的是,没有一个能够可靠预测厄勒海峡海流速度的系统。

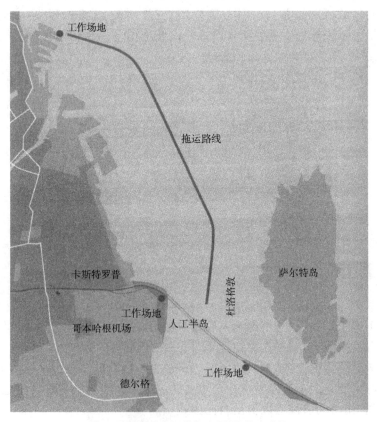

图3　浇注场地与沉放位置之间的拖运路线

(Towing route between casting yard and immersion site)

任务主要是预测海流速度在可接受的范围内的时间,拖运期间的流速定为0.5m/s,在基槽区域的流速定为1m/s。由于预测的不确定性,预测的海流速度要低于这些值,以保证现实中不超过这些值。

与丹麦水利研究所一起建立了一个预测模型。该混合动态模型基于两个基本参数:历史海流状态和当前海流状态。发现后者取决于很多参数:风、大气压、波罗的海的静态波、天文潮、实际水位、科里奥利力、南或北方向、实际运动等等。参考点选择在 Nordre Røse 岛上,该点在基槽附近,并且已知近五年的当地条件。因此,该模型就有了历史依据。连同厄勒海峡不同地方的实际水位,通过实际的天气预报(风)以及预测的北海的天文潮,就可以得到一个计算值。

同时还测量了实际的海流速度,这样就可以控制和校正第一个12小时的数据。根据数次勘查所得到的测量结果,Nordre Røse 的海流转移到了运输路线的其他部分。同时,得出了可靠度。因为该模型具有自主学习的能力,因此很快就变得更加精确。由于所建立的模型是用来预测定义的海流路线上管节数值的,所以该路线上的精确度最高。

但可惜的是,很快发现超过24小时的预测结果是不可靠的。例如,天气预报给出的风速为10m/s,但24小时后,风速为12m/s,这已经是气象机构能够给出的最好的预测了。但是,空气和水面之间的力要高出45%左右。虽然如此,风速等的改变并不会马上影响海流速度,因为水体的惯性很大,如果预测错误时,可以为采取缓解措施争取一些时间。

## 运输

因为哥本哈根港口必须关闭,所以在确认会议做出"继续"的决定之后,通知当局,并再一次请求出发。当局和其他港口的使用者之间进行了密切合作,这意味着不会带来任何问题。

在工程开始时,每次出发前都要通知或咨询60个人、组织和当局,包括业主、保险公司、港口当局、国际海洋管理局、交通控制部门等等。考虑到在做出"继续"的决定之后该信息流要快速的传送到所有部门,并且一些机构要求提前通知,因此可能导致出发延迟。显然信息流的传送是一个挑战,需要采取措施解决这一问题。

通过各方之间的密切合作,在每次决定之后,海洋工程办事处传出的信息减少到三次提前通知和十二次直接信息传输。该信息的收件人把信息发到其他需要的组织。包括30个"停止"的决定,这意味着在施工期间,大约发送了5000个传真——因为各方都遵守规章制度,所以信息流从来都没有失败过。

管节由大约5000马力的四台拖船进行拖运。当浇注场地外的实际海流速度读数与预测值相吻合时,才可以开始拖运。要限制拖运速度,因为在某些地方漂浮管节离海床仅仅0.5米。

如果速度太快,伯努利力会使管节在水中下沉,因此船队的最大速度定为每小时1.5海里。在拖运过程中,测量海流速度,并与预测值相比较。只要管节还没有经过 Nordre Røse 岛(在该岛处厄勒海峡的宽度减小,海流速度是浇注场地前方速度的两倍),拖船就可以保持管节的载流状态。

如果经过该点时条件很恶劣,管节就有可能超过基槽而在需要的区域的南面搁浅。如果条件较好,就可以把管节送到锚固系统,一旦与锚固系统连接后,在转向到基槽的方向之前,在任何条件下都可以保证管节的载流状态。

## 锚固系统

一旦管节转向到基槽方向后,如果海流速度大于1m/s就会造成灾难性的后果。模型试验表明,如果流速大于0.8m/s就必须改变锚的配置,如果流速大于1.25m/s,管节就开始变得不稳定。如果把管节下沉或把管节依靠在基槽的墙壁上,就可以缓解该问题,但是可能会造成损坏,因此应该尽量避免这样做。

由于基槽内的海流流速是正常的,而且预测的海流速度仅在24小时内可靠(返回到安全的系船柱已经不太可能),所以要修建安全的"等待点"。沉放后,隧道管节必须安全落地,所以必须另外争取一个24小时的机会。

基槽周围的水深不允许把这些隧道管节拖运到沉放的区域。这就意味着,在运达后,必须把它们转向到基槽的方向,通过绞车使这些管节穿过狭窄的空间,并把管节沉放,所有这些都必须在24小时内完成。

图4　锚固岛(Anchor islands)

转移隧道管节的常规系统是使用固定的锚固点,这本来是为隧道准备的。但是,在管节穿过基槽时,必须把绳索移向系泊点,并需要断开和重新连接不同的点,这很浪费时间,在严酷的海洋条件下增加了失败的机率。

在使用"锚固岛"时发现了一个速度较快的系统——在三个支腿之间有一个三角支架的自升式平台。该三角支架通过链条与锚索相连,形成一些灵活的锚固点,这些点可以移动、定位、使用并且可靠。(对于一个正常的锚,必须先挖地埋入,替换需要锚固的物体)。

因此,不必断开和连接绳索,也不需要潜水员的协助或其他一些危险操作,可以通过系统的下放、移动和吊起九个锚固岛使隧道管节转向和穿过基槽。

## 最后的等待机会

一旦把管节停泊在基槽口部处的锚固岛上后,就必须做出决定继续前进或等待更好的条件。在此必须查看 24 小时的预报。到目前为止,通过拖船或锚固岛都可以把管节固定在到达的位置,但是一旦管节转向到与基槽对准后,并且准备穿过时,就不能够再停止了。

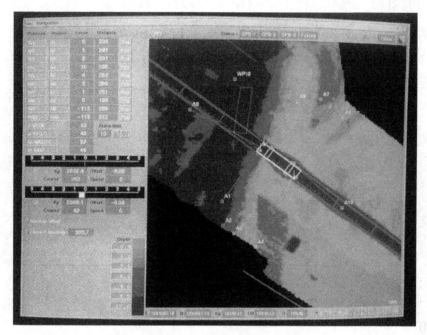

图 5  隧道管节穿过隧道基槽时的屏幕显示
(Sceen display of a tunnel element progressing through element progressing through the tunnel trench)

图 6  在沉放位置被锚固岛包围的隧道管节
(Tunnel element in immersion position surrounded by anchor islands)

在收集和验证了必要的数据后,承包商、业主和保险公司的三个代表一起做出"继续"的最后决定。作为一个密切合作的团队,通常是通过发送正确信息的传真或打电话的方式来做出该决定。由于工作时间很长,所以采用轮班制,在实际的操作过程中他们要各就各位,所以决策者在时间上是不统一的。

把继续运输的决定递交给沉放经理,此后,就可以开始实施穿过基槽和沉放的最后几道工序,如下章所述。

# 18 隧道管节的沉放及最终接头

**BRUNO FRANCOU**
土木工程师
杜美兹公司

## 概述

厄勒海峡可变的高速海流,较浅的海床区域,以及隧道管节的长距离运输,所有这些都要求在沉放之前和沉放期间研制一个新型灵活的系泊系统。加上专门设计的沉放泵船和简化的压载系统,所有设备和方法的研制都以速度和效率为前提。在设计中,最终接头在海底实施,以尽量减少加固区域,在关键路线上尽量增大入口,减少施工时间。

## 沉放

沉放沉重的隧道管节是一个具有挑战性的操作,即需要结构设计与项目开发早期的临时工程设计的紧密结合,又需要在海上操作时严格按照程序和控制要求实施。围绕下列主要因素确定沉放方法:

- ◆ 干舷;
- ◆ 盐分剖面;
- ◆ 海流速度;
- ◆ 波浪;
- ◆ 碎石层基础;
- ◆ 需要的精确度。

### 干舷

根据设计要求,选择在干舷300mm的淡水区沉放重量为550MN(55000t)的管节——一般采取以下必要条件的折中设计:

- ◆ 在管节顶面上工作的能力,由于波浪条件,该面积是有限的;
- ◆ 在管节顶部上浮动和压紧双体船的能力;
- ◆ 减少压载时间;
- ◆ 在拖运期间,减少可能的下沉量。

顶面面积为6700$m^2$,该干舷代表了2000t或总质量的3.6%。为了确保干舷高度,需要严格控制成型表面系统测量、混凝土密度持续监控和钢筋数量周围分布的重量。

在浇注和评估各个隧道管段的重量后,计算混凝土压载块的数量,然后在上浮之前投加混凝土压载块。根据垂直和横向平衡、干舷和定位能力的安全裕度来选择混凝土压载块的数量和位置。通常情况下,每个管节浇注1700t混凝土,但必须调整每一个混凝土压载块的式样以适应弯曲的部分、水坑和通风壁龛。

### 盐分剖面

在厄勒海峡,由于季节不同和流入或流出波罗地海的水流影响,水体密度在10.08至10.29$kN/m^3$之间变化。应用到管节上,重量变化为14MN。在大多数时间,密度大的水会聚集在基槽内,特别是在海流速度低时,沉放泵船和压载舱的设计的主要因素就是要应对这些浮力变动。

### 沉放泵船

在拖运之前几天,专门设计了漂浮在管节的上方的两个双体船式沉放泵船。每一个双体船都有两个 250m² 的船体，通过支撑四个 600kN 的系泊绞车和两个 350kN 的下降绞车把船体连接到甲板上。

图 1　拖运期间沉放泵船的全局视图（Immersion pontoons. Global view during towing）

四个下降绳索中的每一个都移动 16 次，提供四个下降点，每个点的能力均为 4.5MN。成对操作每个泵船上的绞车。设计的下降能力可以适应作用在泵船上的 1MN 的波浪作用，作用在管节上整体海流力导致的 0.5MN 的不平衡力，水密度变化引起的 100t 的力，以及管节的 2MN 的视重量。每一个下降点都配备了数字负荷指示器，以指示船体的吃水，所有的信息都发送到绞车操作员和指挥塔。

图 2　沉放期间沉放泵船的全局视图（Immersion pontoon. Global view during immersion）

## 压载舱

这些管节压载舱的最初设计包括同等大小的总容量为 82MN 的四个横跨四车道机动车

道的舱，以及铁路中两个 13MN 的纵倾平衡水舱。但是，根据前四个管节的施工经验，剩下的管节都采用总容量相同的三个主舱，完全取消了纵倾平衡水舱。通过沉放泵船中沉放负荷的不同，实现了沉放期间的滚动。通过减少舱的数量，减少了最重负载的泵船的可用余量，但是节省了压载时间，减少了误差来源和关注对象。

## 压载程序

在沉放期间，沉放泵船的整体视重量，也就是总下压力的目标值为 8MN。沉放泵船或压载舱并不能应对水体密度的全部变化，否则就会太多而无法处理，因此压载程序开始时，先要测量密度分布，然后选择在沉放开始和结束时所需要的沉放负载。计算压载舱液位，并由管节内的压载人员分三步实施。估计达到 100t 的负载后，释放沉放泵船的预应力，使测压管节和吃水仪满足压载计划。一旦所有的压载物就位后，就可以按照正规的步骤开始下降。管节到达基槽的隐蔽处后，执行其节距，然后把管节移动到先前放置的管节处，并与顶面上的导轨相衔接，然后下降到碎石层。在这个阶段，可以重新压载以增加可操作性。然后，用泵船把管节提起，并把管节沿着两个管节之间需要排水的空间的先前管节向前拖运。这就可以很快地挤压 Gina 接头，从而形成水密性。

## 定位

在所有这些操作期间，通过整合差分全球定位系统（DGPS）的数据、在隧道顶面上的三个角落里的 20m 高的桅杆上的三个天线的实时动态测量系统（RTK）的数据、浮起前管节竣工测量的数据以及前面管节表面的土地测量数据来进行定位。屏幕上显示了需要组装在一起的两个隧道的末端（唯一的信息源）。在管节降落在隧道地面上，并抽除了空间内的水之后，用隧道内部穿过入口竖井的差分全球定位系统的天线进行两次测量。进行比较，评估是否应该重新排列刚刚沉放的管节。由于浇注公差的减小，铁路间隙随之减小，如果实际的线路与理论线路的偏差超过 11mm，则必须重新排列。

## 重新排列

为了进行重新排列，液压千斤顶分别布置在沉放点处的外墙内。为减少对碎石层的摩擦，重新加载了沉放泵船和管节（此时管节还与绞盘连接在一起）之间的沉放电线，缓慢加压千斤顶，在穿过敞开门的管节内部进行最后一次测量。当管节回到正确位置之后，进行完全压载以确定管节的最终位置。

# 最终接头

在一个如厄勒海峡的长隧道上，连接隧道两端距离 3500m 的两个口部对于终饰工程来说是非常重要的，因此最主要的工作就是尽快浇注一个最终接头。为了寻求有效的解决方案，为临时发挥和现场调整预留了空间。

## 位置

由于在隧道长度方向大部分的海床高度都很高，特别是在口部处，必须把最终接头放在管节 16 和管节 15 之间的最深的部分。沉放顺序为管节 1 至管节 14，管节 20 至管节 17，最后是管节 15 和管节 16。管节成对的浇注允许最后沉放的两个管节一起进行浇注，这样就可以在最后进行长度调整。

图 3 空间内最终接头的视图(Closure joint. View from inside the chamber)

**长度控制**

最终接头的暂定设计宽度为 2m，但是为了更加经济，在详细设计阶段，宽度减小为 1.2m。考虑到 Gina 接头的厚度和止水带保护系统，沉放期间预留的间隙非常小，在整条 3510m 长的沉管隧道中，最后一个管节的两端仅预留了 300mm。长度控制迅速成为一项重要的任务。在隧道施工和安装期间，进行了三次独立的测量分析，以确定两个半隧道的实际长度。这些分析整合并比较了每个管节或管段在浇注场地内测量的长度、Gina 接头的压缩、在部分组装的隧道内的测量结果以及在每一次沉放中穿过入口竖井的绝对数字全球定位系统的测量结果。每次沉放后，计算剩下的需要浇注的总长度，通过调整推挤滑移轨道，使仍需浇注的某些管段的长度符合目标值。在沉放了最后一个管节之后，最终接头的测量开度为 1210mm，而目标值为 1200mm。

**浇注方法的选择**

由于位于海峡中间，为了降低船只的风险，决定浇注最终接头时不采用延伸到吃水线的围堰。设计四块钢板，分别就位，然后由潜水员组装在一起，形成一个水密空间，该水密空间的尺寸为需要浇注的混凝土部分的精确的标称尺寸。由于无法接近顶板的顶部，专门设计了一个自浇注的混凝土结构，该结构的外部现浇圈在浇注内墙前充满水压。使内墙的浇注成为单独的一部份，这是关键路径的第二阶段。

**加固**

厄勒海峡隧道的横截面积为 300m²，是有史以来规模最大的截面之一。沉放接头中心的深度为 -15m，因为没有潮汐，所以 50MN 的加固会使它变得非常稳定。为了提高最终接头空间内的可抵性和循环性，采用 1.5m 高的混凝土支柱制成紧凑和均匀的应力系统替代了传统的的大体积楔固系统,该系统配有水泥浆袋以应对成型表面的不规则性,并配有弹性支撑来应对表面的可能旋转。这些支柱中的四个支柱用做内墙的基础。在空间内排水期间和排水后,没有监测到任何移动。该空间的设计可以允许顶板底面完全进入,以在下面放置钢筋和脚手架模板。

### 在干燥条件下制备

在浇注最后几个管节时,所有浇注最终接头的设备都准备好了。为了使工作条件更好并在接头处存放支柱,把一个舱壁安装在管节的内部,以增加 Gina 垫圈和舱壁之间的距离。然后可在浇注场地内在良好的条件下制备和预装最终接头的所有组件。

### 最终接头顶板的混凝土浇注

由于在顶板的顶部没有制作任何空间,通过七个注射点把混凝土泵送到顶板的拱腹。采用拱腹上的压力传感器和顶模板上的接触传感器组成的双系统,监测和检查模板的混凝土灌注。结果非常令人满意,因为在去除顶部模板时,仅仅损失了几升的混凝土。

### 排水时的垂直平衡

与常规沉放接头相比,最终接头是一个非常大的空间,所以必须允许临近管段的垂直平衡。还要求在最终接头的浇注期间,不会发生差异运动。因此调整岩石护面的放置方案以补偿常规最终接头空间的额外隆起。在早期,这一调整的形式就是给接头每一个侧的三个管段施加过载压力。

### 排水

在隧道的主要装配期间,压载舱内需要排除的水被抽送到舱壁的外面。但是在最终接头处,所有舱壁都不再与海洋联通,因此压载水不能排出。为此目的,在最后一个沉放的管节的隧道顶部专门穿了一个孔,并配备了合适的止回阀,这样就可以把压载水排出,同时避免了海流达到口部。

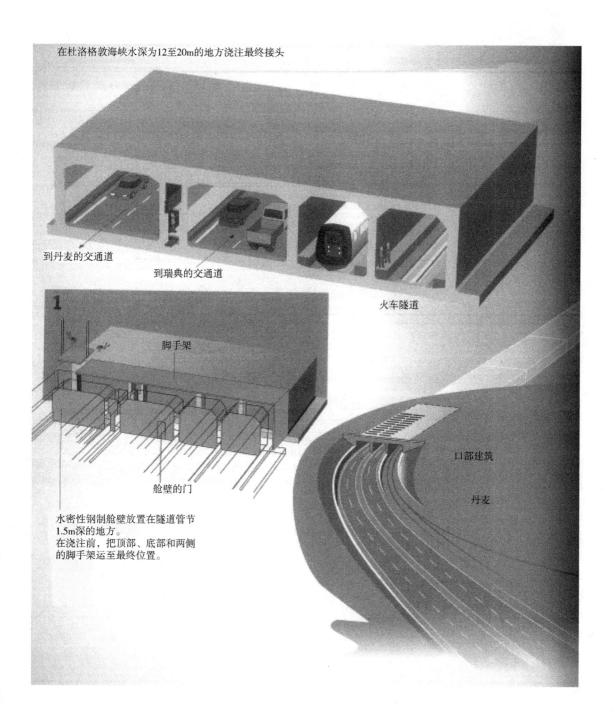

在杜洛格敦海峡水深为12至20m的地方浇注最终接头

到丹麦的交通道

到瑞典的交通道

火车隧道

脚手架

舱壁的门

水密性钢制舱壁放置在隧道管节1.5m深的地方。
在浇注前，把顶部、底部和两侧的脚手架运至最终位置。

口部建筑

丹麦

# 19 针对敏感的海上环境作业的海流预报

**BO MOGENSEN**
**H. RENE JENSEN**
**VLADAN BABOVIC**
**ERLAND RASMUSSEN**
DEN 水与环境协会

## 概述

准确而可靠的海流预报必不可少,不仅因为承包商对于安全完成拖运和沉放的要求,还因为厄勒海峡相当严酷的海流条件和隧道竣工非常严格的施工期限。特别是由于后者,承包商不得不在全年始终执行拖运和沉放工作,因而特别依赖于足够长并具有可接受海流速度的气象窗口。

本章对开发的预报模型做了进一步描述。如 Hans Lambregt 在第 7.3 章中着重指出的那样,在合同各方同意开始进行 175m 长、55MN 的隧道管节的关键性拖运与安装之前,它承担了至关重要的作用。

所使用的预报模型——以及在本章中描述的预报模型——显示了"流体信息学"如何将复杂信息压缩并制定为决策基础的独特例子。该预报系统由 DHI 水与环境协会(DHI)代表厄勒隧道承包商(厄勒隧道联合体)设立。

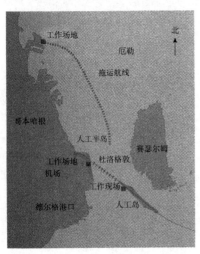

图1 左:哥本哈根以北的浇注场和隧道地址之间的拖运航线
右:隧道管节抵达现场即将转动沉放入已挖好的基槽中
(Left:Towing route between the casting yard north of Copenhagen and the Tunnel site.
Right:Tunnel element arriving at the site and about to be turned for immersion in the already dredged trench)

## 准备工作

为何预报像厄勒海峡这样一个狭窄并庇护得相当好的海峡中的流速和水位有困难?这样的询问是合理的。事实上预报这些海流并不简单。

气压和由此引起的北海与波罗的海的风力环境是造成厄勒海峡及丹麦其他连接这两个海域的海峡海流情况的主要原因。任何熟悉丹麦气象的人都知道丹麦天气非常易变,即使在相对较短的时间内也是。尤其是在秋季和冬季,北海易于驻留低气压,这自然使天气非常易变。天气能快速地从平静晴好转为狂风巨浪,而厄勒海峡的海流也能这样。还有一些其他次要影响,如潮汐和河流流量,在描述北海和波罗的海复杂的水量交换时必须考虑到。

图 2　厄勒海峡无风浪天气（The Oresund in calm weather）

图 3　隧道管节挖掘基槽的绞吸式挖泥船的浮管在恶劣海况下，由于强大海流而破裂
（The rough conditions in which the floating pipeline from the cutter-suction dredging the trench for the tunnel elements, was ruptured by strong currents）

虽然为厄勒海峡建立了包括所有这些因素的三维确定性流体动力模型，例如在整个大桥环境设计优化中使用的 MIKE 3 模型，但是它们无法产生精确的实时预报。这主要是由于所需的计算时间长，因为厄勒海峡海流的模型模拟需要考虑到整个北海和波罗的海，同时考虑到大西洋。并且，如果必须充分详细地解析运输航线和安装走廊沿线的海流，这么大的计算区域还将进一步受到挑战。

尽管我们掌握了控制规则，模型结果也不精确。模型只是模仿现实，并且简化假设（例如深度取垂直综合二维模型中速度的平均值），这不可避免地产生偏差。在数值建模中，使用一个计算网络来表示所考虑的水域，而在过程中发生的变化以时间步长进行计算。这种对自然界的离散表示法意味着制定了一个离散域，并且因此不能解析众多未被解析的下级网络现象。并且,在模型参数确定(主要是由于 mosmany 模型参数不能直接测量)中的误差极大地造成了数字模型中的误差。最后,不可能精确地定义初始条件和控制海流的力学条件的演化或整个计算域内的影响因素。尚且不提气象预报的缺陷,所有这些不精确度和不确定性就可以累积产生相当糟糕的模型结果。

那么除了只是简单地利用天气平静的季节以最小化海上作业风险从而延长施工期并增加成本之外,有没有其他方法呢?答案是肯定的。有很多制作模型的方法因其计算规模庞大而使预报更加可行和更加精确。当可以观测已建模的现象且对上述误差存在一定的认识时,可以使用数据同化方法改进模型方案。数据同化是一种能够优化提取观测值得到的可靠信息并将其结合或同化到数值模型中的方法。

可以采取各种数据同化以便在预报时改善初始条件的精确度或在预报期间校正模型的预测。但是为了准确地预测厄勒海峡的海流,仅仅通过合并测量值来简单地调整模型是不够的,举例来说,对于受潮汐控制的海流情况。常规的数据同化方法是不够的,需要更加先进的方法以满足这些海上作业要求的超高精确度。开发了一个基于人工神经网络(ANN)的误差校正数据同化方案并应用于优化二维确定性流体动力模型的预报能力。

## 现场的海流条件

在探究已研发的预报模型的更多详情之前,需要对动态海流条件进行简要介绍。图 5 显示位于隧道中心线以北、邻近 Nordre Røse 灯塔的一个声控多普勒流速剖面仪测量的一个月按时间序列记录的样本。横轴表示时间(一个月),纵轴表示海面以下的深度。着色区域代表测定的南北向海流分量,这几乎与厄勒海峡的方位平行。红色的强度代表向北海流的强度,蓝色的强度代表南向海流的强度。ADCP 放置在海底,并且除了靠近海面的区域和传感器头正上方,通过整个水柱获得可靠测量。经常出现蓝色和红色之间的即时变化,表示流入和流出之间的快速交替。

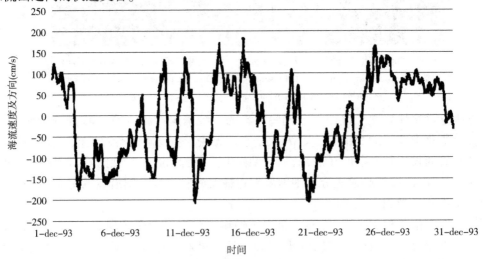

图 4 在平均海面以下约 2.4m 处测量的"海面"海流速度按时间序列的样本
(Example of time series of 'surface' current speed meansured approximately 2.4m below the mean water surface)

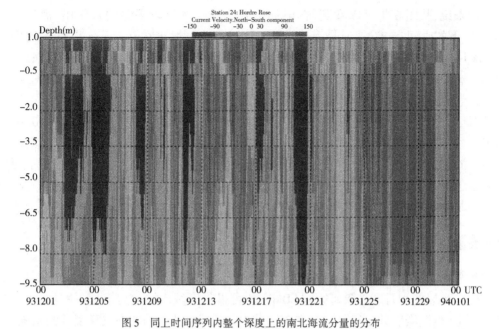

图 5 同上时间序列内整个深度上的南北海流分量的分布

(Distribution of the north-south current component over the entire depth for the same time series as above)

其次,深度发生重大变化,在上部和下部的颜色对比度有明显区别。这表示潮汐影响以及较淡的表面水和下层咸水之间分层的共同作用。并且,海流的方向有时在这些分层中是相反的。图 5 上部显示了"海面"海流速度,即海面以下大约 2m 处,以及相同时间序列内的方向。显然,海流可能在几个小时的相对时间内急剧增大。

需要弱海流的海上作业可行性首次粗略评估表示出在将进行作业的月份内超过(停工期)或未超过(窗口期)临界海流速度的时间百分比。这个分析经常被认为是海流相关气象窗口的持续时间。图 6 的表格中显示了一个样本,根据有限的持续时间内的海流数据(3.5年),在 Nordre Røse 观测站使用多普勒流速剖面仪(ADCP)测量。根据在海面以下大约 2m 测量的数据进行分析。

| 持续时间 | 0 小时 | 6 小时 | 12 小时 | 18 小时 | 24 小时 | 36 小时 | 48 小时 |
| --- | --- | --- | --- | --- | --- | --- | --- |
| 一月 | 61 | 55 | 46 | 39 | 28 | 17 | 13 |
| 二月 | 51 | 45 | 33 | 26 | 19 | 15 | 10 |
| 三月 | 52 | 48 | 38 | 32 | 27 | 22 | 10 |
| 四月 | 79 | 76 | 68 | 65 | 61 | 54 | 50 |
| 五月 | 77 | 74 | 67 | 62 | 59 | 48 | 44 |
| 六月 | 78 | 75 | 67 | 63 | 55 | 45 | 31 |
| 七月 | 83 | 80 | 68 | 66 | 60 | 52 | 49 |
| 八月 | 75 | 71 | 62 | 59 | 51 | 40 | 38 |
| 九月 | 72 | 69 | 59 | 56 | 52 | 45 | 41 |
| 十月 | 63 | 58 | 51 | 44 | 38 | 26 | 17 |
| 十一月 | 59 | 53 | 45 | 36 | 26 | 17 | 9 |
| 十二月 | 61 | 55 | 47 | 37 | 30 | 20 | 16 |

图 6 不同持续时间的海流速度恒定于 0.75m/s 以下的气象窗口所涵盖的时间百分比

(Percentage of time covered by weather windows of different duration, in which the current speed is constantly below 0.75m/s)

举例来说,从图 6 中可以看到,在诸如 7 月这样一个比较平静的月份中,海流速度在 0.75m/s 以下的时间有 83%,但是海流速度连续 36 小时恒定在 0.75m/s 以下的时间只有 52%。该月总计有 31/1.5 = 20.6 的这样 36 小时期间,所以平均起来有(20.6 · 52%)= 10.7 个周期。这些情况的平均发生率为 31/10.7,即倘若其定期发生的话,大约每隔两天一次。然而,自然界在厄勒海峡显然不是有序和可预测的。

针对厄勒隧道联合体执行的独立分析预计了两个临界海流速度(平均深度):0.8m/s 的作业极限和 1.2m/s 的生存极限。前者是正常工作条件的速度上限。在海流低于该速度时,承包商应能够拖运、然后沉放隧道管节,并根据要求的精确度将其定位。生存极限表示海流速度和承包商应能够承受的作用于隧道管节上的相关力量的上限。然而,在海流速度超过作业极限时是不能进行沉放和精确定位的。

## 预测策略

预测策略是把使用人工神经网络进行本地在线测量的区域确定性模型的结果结合到预测系统中。可以使用丹麦气象研究院(DMI)的可操作区域流体动力模型,并且丹麦气象研究院为业主设计、安装并运行了一个在该区域内包括很多测量站的在线环境监测系统。

### 确定性模型

确定性模型基于丹麦气象研究院的 MIKE 21 二维模型。模型中的输入来自由丹麦气象研究院的气象模型 HIRLAM(高分辨率有限区域模型)产生的气象栏,以及北海两个开放式边界的天文潮。图 7 显示了模型区域。

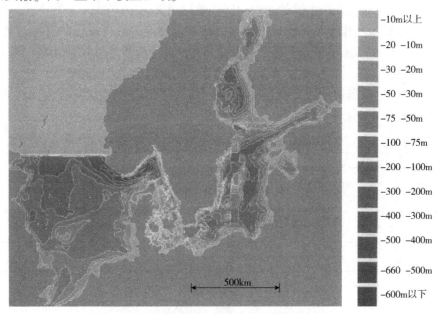

图 7 MIKE21 确定性模型的计算网格,一个 9n mile 的粗网格覆盖波罗的海和北海。一个 3n mile 的中间网格覆盖卡特加特海峡和斯卡格拉克海峡
(Computational grids for the deterministic model, MIKE 21. A coarse grids of nine nautical miles covers the Baltic Sea and the North Sea. An intermediate grid of three nautical miles covers Kattegat and Skagerrak)

流体动力模型每12小时在丹麦气象研究院运行一次。使用经过分析的风力和气压（hindcast）气象栏来更新模型海域状态,以获得最可能的海流及水位初始区域用于随后的预测。然而可以料到,和所需要的相比,这样一个覆盖较大区域相对简单模型的精确度有限。特别是涉及气象领域的不精确度,厄勒海峡流体动力模型的较差的空间分辨率,以及没有任何观测值同化的较长时间间隔。

图8清楚地表明:虽然确定性模型捕获了大部分海流流动特征,但是其分辨率不够准确（特别是1n mile 的粗分辨率不能用于55000t 重的拖运,这样的分辨率在厄勒海峡不可能正确描述本地水深变化。

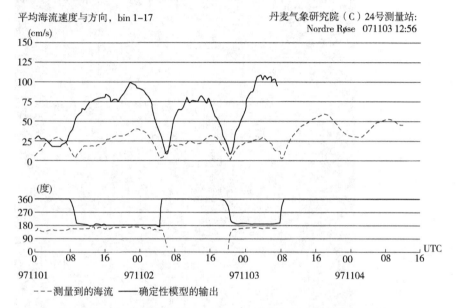

图8　确定性模型产生的典型结果。虚线表示测量到的海流,而实线是确定性模型的输出。
有一个明显的隐含误差(顶部)和一个相位角误差(底部)
(Typical results from the deterministic model.the blue line indicates the measured current, where the red line is the deterministic model's output.There is an obvious amplification error（top）and a degree of phase error（bottom））

为了改善确定性模型的精确度,必须同化本地观测值。这一新的预报方法将确定性模型与观测值结合并使用人工神经网络合并两种信息来源并产生更准确的预报。因而,除了MIKE 21输出以外,各种本地观测值被用于生成预报。这种混合近似法结合了区域信息和本地信息并根据收集到的观测值进行更新。人工神经网络被用于为定性模型未解决的部分结果取近似值。

**在线测量**

在大桥施工之前,在厄勒海峡建立了许多在线测量站以支持环境监测与建模任务和施工活动(图9)。但这些观测值并不是全都与预测海流有关,必须选择最佳的观测站。

选择了几个观测站用于进一步分析并限定预报系统中观测站的数量,消除了高度不相关的观测站。最后,选择观测值的下列子集:

◆ Nordre Røse 的海流速度与方向:海面及平均深度;

◆ 霍恩拜克的水位；
◆ 罗德威格的水位；
◆ 卡斯特鲁普的风速与方向。

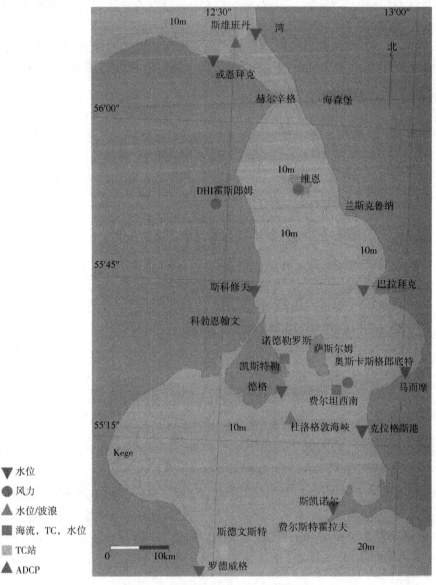

图9　显示厄勒海峡地区测量站的总览图
(Overview map showing the measuring stations in the Oresund)

流过厄勒海峡海流的一项重要测量便是倾斜度，即北部边界（霍恩拜克）和南部边界（罗德威格）之间的水位差。如果能够生成这些水位的精确预测（幅度和相位），Nordre Røse 的海流估计将更加接近可靠。诺德勒罗斯的瞬间测量水位差与海流之间的相关系数约为 0.8。

## 人工神经网络

正如所指出的那样,合并两类信息(确定性模型的输出和观测值)的一种方法是使用人工神经网络。

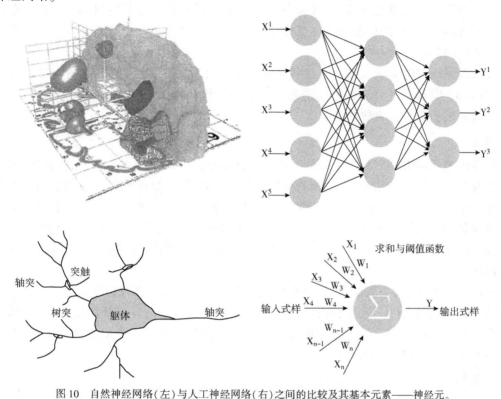

图10　自然神经网络(左)与人工神经网络(右)之间的比较及其基本元素——神经元。
大脑中的神经元以 $10^{-3}$ 秒的速度运算,而硅半导体逻辑门以 $10^{-9}$ 秒的速度运算。但是大脑以巨量的神经元进行运算。他们之间有大约 109 个神经元伴随大约 1013 个连接。
(Comparison between natural (left) and artificial (right) neural networks and their basic elements-neurones. Neurones in the brain operate at $10^{-3}$ sec and silicon logic gates at $10^{-9}$ sec. However, the brain operates with a vast number of neurons in parallel. There are approximately 109 neurones with approximately 1013 connections between them)

　　神经网络只是一套相互连接的单个计算元件(神经元),可以安排成许多层。一层通常是一组神经元,每个神经元都连接到相邻层的所有神经元。神经元的"隐藏层"是没有直接连接外部输入或输出路径的层。隐藏层为神经元网络性能及所考虑问题的内部表征增加了灵活度。在大多数情况下,隐藏层的存在显著提高网络对数据取近似值以及快速高效地处理数据中固有的复杂非线性联系的能力。

　　在实际应用中,多层神经网络结构的设计需要规定很多的因素,例如不同层中神经元的数量、隐藏层的数量,以及所用的神经元传递功能类型。

## 训练

　　为了导出对数据取近似值的模型,必须提出一个带有一套已选定代表样式的人工神经网络并让其向它们学习。在实际中,人工神经网络的配置值(各处理单元之间连接上的相对加权)必须调整,直到误差函数测量人工神经网络产生的输出值和期望输出值之间的误差变得最小。这个阶段被称作人工神经网络的"训练阶段",其目标是找到一套将产生最小误差函数的加权法。

显然神经网络实质上可以被看作是一套具有大量潜在自由参数的过参数方程。在训练阶段期间,设置最佳加权是根据对训练数据的反应进行的。训练过程建立一套产生最精确的输入输出映射的自由参数。

训练数据通常包括输入以及对这些刺激的期望反应。在训练期间,比较网络计算的输出和实际(期望)输出并计算两者间的差。然后在整个训练中,加上这些差以形成误差函数。神经网络输出值是自由参数的函数。

### 训练终止

在训练神经网络时有个实际问题始终发生:训练过程的终止标准是什么?显然,神经网络训练有个主要目标:创造基本过程的真实模型。正如所示,目标不是盲目地最小化训练集中产生的误差,而是最大化人工神经网络的概括能力,即开发一个足够概括并能够真实再现整个数据集的人工神经网络。如果人工神经网络训练过度,它将产生过度详细的表达,倾向于更加个体化,并且相应地学习甚至是训练信号中包括的噪音。网络失去了其概括输入定义域的能力。

可以使用所谓的"交叉证实"。加权仅在人工神经网络执行训练数据并且同时通过交叉验证数据集测试的基础上进行校正。训练过程应在有确认集的误差开始增加的瞬间终止。当此事发生时,网络正在受到"过度训练",即开始拟合甚至是训练集中包含的噪音,噪音是训练集系统动力学中固有的。

### 验证与测试

显然,不应把人工神经网络训练得只记忆训练数据,而是对产生数据的系统取近似值。因而经训练的人工神经网络应能够再生训练集不包括的式样。

由此引起的模型的校正性能由一套测试式样来评估;为了确保感应的模型像它一样完成任务,使用新的(没见过的)式样来测试网络是确保导出的模型式样最好的方法。这个阶段称为一个模型的"验证"。在测试阶段使用的数据也应代表所考虑的问题。

在此有最后一点应当强调。使用人工神经网络是一种数据驱动技术,执行质量主要取决于训练、交叉验证和测试所用的数据质量。数据应包括所有特征现象并提供最有关联的观测值输入输出对。选择所用最具代表性的数据时明显因区域而异,并且需要大量知识和洞察力。虽然神经网络是一个强大的建模工具,不对取近似值的过程确实了解的话,它们几乎没有用处。模型制作者负责仔细选择最关联数据。人工神经网络是通用函数近似方法,只有当观测值正确代表一个真实系统时才能真实地为该系统取近似值。模型制作者负责在选择代表数据集时利用其专业判断力与理解力。

## 厄勒海峡的人工神经网络

如上所述,输入到人工神经网络的观测值是:

◆ Nordre Røse 的海流速度与方向:海面及平均深度;

- ◆ 霍恩拜克的水位;
- ◆ 罗德威格的水位;
- ◆ 凯斯特勒普的风速与方向。

此外,确定性模型的下列输出得到应用:
- ◆ 诺德勒罗斯的平均深度海流速度与方向;
- ◆ 霍恩拜克的水位;
- ◆ 罗德威格的水位。

所以这些数据在1995年7月1日至1997年6月5日的期间内有效,时间分辨率为一小时,然后如图11的表格所示被分为训练期、交叉验证期、以及测试期。

| 数据应用 | |
|---|---|
| 训练数据 | 自1995年7月1日至1996年3月12日(6000小时) |
| 交叉验证数据 | 自1996年3月12日至1996年9月3日(4190小时) |
| 测试数据 | 自1997年3月7日至1997年6月5日(2180小时) |

图11 数据应用(Data utilisation)

使用图11中规定的数据集建立并训练了几个人工神经网络。因此,对于每个预报超前时间(+1小时、+3小时、+6小时,等等)和每个参数(水位、平均深度及上层海流),开发了不同的人工神经网络,既使用观测值也是用计算值作为输入,输出为期望输出、未来观测到的海流速度及其方向。

预报的策略之一为可以单独根据观测值产生程序。总体来说,较短时间范围内的预报精确度几乎完美。然而,一旦范围延伸到大约12小时以外,单独基于对初始条件的了解的预报策略是不可能出现的。观测值(表示初始条件)在大约12小时后完全地被冲走,不能单独根据该基础确定真实系统的进一步精确演化。必须使用其他实际判断以扩展预报未来的能力范围。一旦超过12小时(第一个潮汐周期),测定量无疑变得过时。因此,对于超过12小时的超前时间,只有确定性模型的结果用作人工神经网络的输入。基本上,在这种情况下使用神经网络来检测并纠正确定性模型中的误差。这是纯粹的确定性模型校正,不涉及观测值。

图12的表中显示了应用人工神经网络前后预报精确度的分析范例。此处作为精确度测量统计的数据是相关系数,给出了几个超前时间的数据。其结果是超前时间高于18小时(18~36小时)的预报精确度几乎恒定(此处唯一不确定性增加的成分是气象预报)。

| 预报模型 | +1小时 | +3小时 | +6小时 | +12小时 | +18小时 |
|---|---|---|---|---|---|
| (1)单独的确定性模型 | 0.676 | 0.675 | 0.673 | 0.671 | 0.670 |
| (2)单独的基于测量的人工神经网络 | 0.989 | 0.963 | 0.926 | 0.831 | 0.791 |
| (3)根据测量的人工神经网络和确定性模型 | 0.993 | 0.979 | 0.945 | 0.909 | 0.832 |

图12 预报模型预测诺德勒罗斯平均深度速度能力的比较。精确度评估基于有效数据集并且在此使用相关系数表示。数值1对应完全相关,即理想预报

(Comparison between the forecasting model' capability to predict the depth-averaged velocity at Nordre Rose. The accuracy assessment is based on the validation data set and is here expressed in terms of the Coefficient of Correlation. A value of 1 corresponds to full correlation, ie a perfect forecast)

图 12 清楚地显示了最佳预报策略。虽然确定性预报(1)不是非常精确,但超前时间更长时该性能也不变差。单独根据数据(2)的预报策略对超前时间短时非常好,但不能扩展到较长超前时间的预报(即长于单次潮汐周期)。误差相关方法(3)混合了这两种预报策略并且有效地吸收了两种方法的优点:也可以扩展到远期未来的优良预报技术。

## 操作执行

在一台运行WindowsNT的计算机上建立一个由测量数值及预报气象风力和海流资料组成的数据库运行预报系统,包括几个开发用于采集数据并生成预报的程序。数据库使用最新测量值每小时自动更新两次,一天从丹麦气象研究院更新风力与海流预报两次。为了预报Nordre Røse的海流,每小时按预定顺序运行程序 5 分钟,其组成如下:

1. 采集数据(从数据库中所有预报所需数据资源中提取测量值,从确定性模型系统——MIKE 21 中提取气象风力与海流预报数据);
2. 处理输入数据(从测量值中删除错误的峰值);
3. 计算数据可用指示器;
4. 执行人工神经网络;
5. 建立输出(计算不确定性范围、图解与表格输出)。

除此之外,运行系统也提供被遗漏的理想预报数据资源信息,例如传感器脱落,或确定性预报接收中的传输问题。

## 结论

在目前的研究中,在选择复杂性适宜的神经网络并对其进行分析的过程中付出了大量努力。

使用交叉验证并根据具有最佳概括能力的人工神经网络产生的误差分析确定每个预报超前时间的最佳配置,即一旦人工神经网络经过训练,就能够再现训练集中不包括的式样。

为了拖运隧道管节,模型系统必须能实时运行。就是说,一套新观测值一旦生效(每小时),预报系统必须考虑到它们并更新预报。这种策略给出了最新、最精确的预报质量,但是它也需要在线质量保证程序。

举例来说,一旦一个传感器发生故障,它产生一个错误数值。一个策略可能在单个传感器脱落时马上使用另一个程序的输出替代该程序的输出(例如,使用一个较低精确度但有效的纯校正程序)。为了执行自动错误检验程序和传感器脱落时置换观测值(观测站),付出了大量努力。

最后,产生的混合模型基于几个人工神经网络程序,网络都有两个隐藏层,将确定性预报和观测值或经校正的确定性模型系统误差相结合。最终模型执行得非常好,如图 13 中所示。

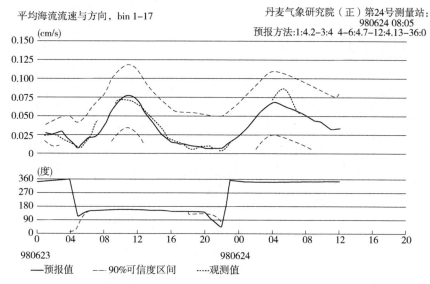

图 13 在第 11 节管节沉放期间发布了第一个 36 小时长期预报。作为实时运行系统,在拖运期间每小时更新预报,产生更加准确的预测。无论如何可以看到,即使第一次预报,质量也非常优秀:粗线表示预报而虚线表示 90%的可信度区间。细线表示漏测值和测量到数据的外形

(The first, 36-hour long forecast issued during the tow of element 11. As the system operated in real time, the forecast was updated every hour during towing, generating ever more accurate predicting ever more accurate predictions. However, as can be seen, even the very first forecast was of remarkably good quality: the dark line indicates forecast whilst the dotted blue lines show 90% confidence intervals. The thin red line depicts missing values and outliners in the measured data)

图 14 第一节隧道管节于 1997 年 8 月 11 日沉放,最后一节(第 20 节)管节于 1999 年 1 月 6 日成功沉放,在 17 个月里进行 20 次拖运作业。尽管此期间的海流条件相当苛刻,隧道还是提前竣工

(The first tunnel element was towed on August 11 1997 and the final (20th) element was successfully immersed on January 6 1999:20 towing operations in 17 months. Despite rather severe flow conditions throughout this period, the Tunnel was even completed ahead of schedule)

# 20　第13节隧道管节

**LARS-GORAN N1LSSON**
工程经理
厄勒海峡隧道承包商

**CEES BRANDS EN**
联盟经理
**NS RATLINFRABEHEER** 公司

**RICHARD LUNNISS**
技术总监
西蒙兹集团

**HAN LAMBREGTS**
高级项目经理
**BOSKALIS BV** 公司

## 概述

第 13 节隧道管节(TE-13)的沉放计划在 1998 年 8 月 4 日星期二进行(为了保证成功,海上部门已经多准备了"12A"这节管节——你绝不会知道!)。按照前一章节中说明的规程从哥本哈根北港向外拖运;所有检查已经如此前的 12 个管节一样完成,沉放过程在中午前后开始,而且在有利的天气和海流条件下进行。在 15 时 45 分前后,在沉放期间,当管节大约在理论基础水平面以上 1.3m 时,水以一种不受控制的方式流入。管节充水、下沉并在隧道基槽内的碎石层上停止,与其他管节大约排成一线,距离第 12 管节东端大约 3m。

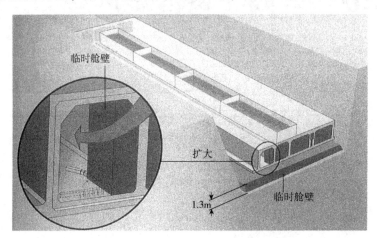

图 1　第 13 节隧道管节(Tunnel element 13)

## 事故

在沉放的开始阶段,压载舱充水并且所有人员在 15 时 30 分之前已经按照正常程序离开管节并进入指挥塔。沉降开始,没有任何即将发生什么的征兆。在 15 时 45 分,管节开始倾斜并下沉,在短时间内到达海底并带着驳船随其下沉。随着一声巨大的如爆炸声般的噪声,出入竖井的盖子(已经关闭以防止进水)被掀掉,这是出现严重故障的第二个迹象。空气咆哮通过竖井,大得使耳朵生痛;后来的计算显示空气层以每秒数百立方米的速度流出!

在不超过 30 秒的时间内,控制塔内的人意识到有一个舱壁出现故障、情况失去控制。幸运的是管节位于已准备好的碎石层上方仅仅大约 1.3m 处,否则沉放驳船将被拖至水下并可能造成人员死亡。当充填管节的水达到内顶板和竖井入口时,水和空气一起开始形成巨大的虹吸作用。竖井中的水形成的卷流达到海面以上 30m,带起一切。回顾起来,它令人惊奇的是居然无人感到恐慌。

沉放驳船上的工作人员切断了控制塔的电源,以避免那里的人触电并减轻绞车的张力。指挥塔内分发了救生衣并简短讨论了下一步如何处置。打消了跳水的念头,因为很快明白倒塌的舱壁正好在塔下,所以在那里跳水将导致被吸进管节中。通过移动电话进行了联系并向外界给出了最初情况报告。12 个人需要在两个小时以后才可以离开指挥塔,因为只有那时情况才能平静得可以安全接近控制塔并撤退。

图 2　第 13 节隧道管节正在下降,事故发生前 10 分钟
(TE-13 on its way down, 10 minutes before the incident)

# 第二天

面临此范围事故时的第一个挑战是再次获得对局势的控制。同时需要注意几个主要考虑因素。人员方面需要优先注意,需要进行临时说明,需要开始直接调查,需要一个危机小组协调必须就位的所有事项。

潜水员检查在事故后当晚进行,确认管节东端南部铁路隧道内的临时舱壁和临时混凝土直立梁已经倒塌,造成水淹。这些检查的视频证据显示,在舱壁基础用作支撑的直立梁已经折断。之后的底板与该临时梁间接头调查证实了缺少细销加强。

图 3　水从检查井喷出
(Water splashing out of the inspection shaft)

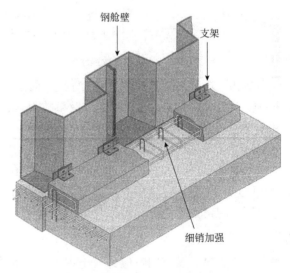

图 4　细销加强(Hairpin reinforcement)

## 立即行动

从事故后的第一天,业主代表就和承包商的管理、工程以及海上部门之间进行日常联系。立即采取行动确定迫切需要完成的事项以避免进一步发生事故,并且使员工恢复信心。确定的主要项目是已沉放的第 11 节和第 12 节隧道管节上现存暴露的舱壁、在浇注场地的第 14 节漂浮管节和岛状门式结构。因为事故原因仍不明,这些位置上的混凝土直立梁全都需要加固。提出了设计方案并且立即开始加固工作。

进行了几次潜水员调查和检查,调查第 13 节隧道管节的情况,同时还需要做出将来处理该管节的初步计划。同意把作业分成两步,第一步是把第 13 节隧道管节的"残骸"移到可以展开调查之处,这样它不会妨碍进一步作业。第二步毫无疑问是维修或完全移走它。这两步必须都在非常短的时间内详细计划,浇注场地需要马上继续生产。

设计方西蒙兹位于承包商哥本哈根办事处的厄勒隧道联合体处成立了一个专门的"TE-13 小组",同承包商的工程和海上部门密切配合工作。他们的任务是确定验收标准。

◆ 使管节排水、升起并移动到一个临时位置(恢复标准);
◆ 评定其是否适合并入永久性工程以及取得这样所需补救工程的范围和方法(再使用标准)。

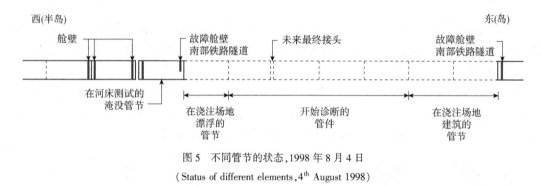

图 5　不同管节的状态,1998 年 8 月 4 日
(Status of different elements, 4$^{th}$ August 1998)

## 恢复标准

因为最初不可能对管节进行详细检查,受损范围尚未确定。进行了风险评估,利用潜水员调查、遥控潜水器(ROV)电视调查以及事故报告,以调查研究:

◆ 排水;
◆ 提升并转移到临时碎石层。

初步调查显示没有大损伤。进行分析确定下沉和冲击期间的负载,以确定可能的过应力和损伤区域。在分析过程中同承包商和业主召开了大量会议以测试假设并让各方对如何最好地使用所有可用专业知识提供建议。结果用来指导随后的恢复前检查。

## 结构损害

潜水员检查显示没有因过应力而出现大裂缝的迹象。因此认为尽管有些区域可能已经承受一定程度的过应力,但不太可能有冲击造成的结构损害。对冲击时结构可能达到的负载进行了分析,调查结果是可靠的。结构任何部分的弯曲和剪切均未超出容量;尽管冲击显著增加了横向沉放负载,但维持在永久性使用条件之下。

作为一次意外事故,对提升期间可以承受的裂缝范围进行了估计。它显示最大5mm的裂缝是可以接受的,在不方便接近、查看和清理的情况下,为提升前的初步检查给出了一个实际数据。

**预应力**

调查显示接头有所移动,所以存在一些临时预应力钢筋束断裂的风险。因此,对于初始移动,管节将压载成中拱状态以保护基础预应力钢筋束,预应力钢筋束更有可能已经受损。此外,管节将只提升到高于基槽底部3m,这样两端的静水压力将补偿受损的预应力钢筋束。

扩展计算,即如果增加的力矩超过了设计提升力矩,确定接头将如何表现。它显示结构可能变得不稳定,并建立了在风险变得太大之前放弃提升的标准。在提升期间监测管节顶部接头间隙。

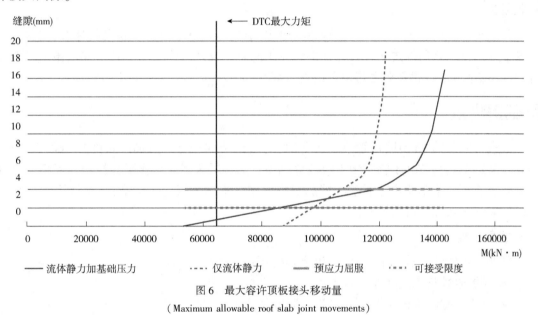

图6 最大容许顶板接头移动量
(Maximum allowable roof slab joint movements)

## 第13节隧道管节重新沉放

**剪力键**

各管段间的剪力键是关键结构件,而最初的潜水员调查显示其中有几个已破裂。最初计算的冲击期间负载大于剪力键的容量,没有重大损坏,可能是由于过高估计冲击负载以及预应力的有利影响和接头的摩擦力。证据显示剪力键的容量并未受损,而出现裂痕属于可适用性问题,不影响恢复作业。

恢复期间剪力键的最大负载只有容量的20%。不过,在提升之前,更加详细地检查了剪力键是否没有超过5mm的裂痕或混凝土局部破碎。

**泄漏**

打开接头会对防水产生破坏,但是排水期间发生这种情况而导致排水不能安全控制的重大泄漏的可能性较小。为了证明这一点,进行了一次降低出入塔内水位的排水试验。

### 舱壁和支架

潜水员调查显示,在故障直立梁区域内没有发现基板重大受损的迹象。但是,如此前提到过的,故障意味着不能依赖剩下的完好的立柱。在排水开始前,在水下以原地额外加强混凝土的形式加强了每个立柱。

在舱壁顶端的几个钢质固定支架受损。受损件被更换,所有支架的地脚螺丝均被卸掉检查。

### 吊环

吊环在事故期间良好地经受了超过其设计负载的负载,但潜水员检查显示没有损坏的迹象。在提升期间吊环故障的影响非常重大,所以它们都被以 2.5 倍的提升负载进行测试以确认其适用性。

### 验收标准

分析和调查产生了一套在提升和运输第 13 节隧道管节之前需要满足的标准;这些标准在管节开始排水之前经过充分讨论并得到业主同意。设计组代表向检查组代表做了简要报告,并且在排水之后和移动之前亲自检查了管节。

## 再利用标准

在进行恢复第 13 节隧道管节的布置时,对整个结构进行了更加严密的冲击负载分析。该分析确定了当管节处于临时地点时需详细检查的关键区域并简化了分析与实际情况之间的关联。使得在不影响业主要求的情况下可以建立不同受损等级标准,还可以提议确保其长期性能和耐久性的维修方法。

### 管节的永久变形

要评估可能的负载效果,考虑分析下列内容:
◆ 海水通过舱壁开口进入的速率;
◆ 管节在海水负载的作用下的动力学情况;
◆ 第 13 节隧道管节对隧道基槽基础的冲击力;
◆ 事故关键阶段的管节横向与纵向分析。

水进入引起了直线和旋转加速度,因为提升设备在事故期间不能释放,驳船的反作用而变得复杂。第一次冲击是在东南角。然后管节绕着这个点旋转,直到南边受到冲击。最后它绕着这个长边旋转,直到停下来。

冲击期间产生的力量等级取决于碎石层的变形。在使海床变形中通过均衡运动管节的能量估计这一点。消除管节下面水的缓冲作用,从而获得更加有利的效果。

冲击感生力矩的概括根据截面容量列表表示。这些数字给出了在何处寻找损伤迹象的提示。冲击力矩通常小于使用力矩,所以只有隧道横截面上的少数几个孤立点上具有较小的永久形变风险。由于冲击负载不确定,以 1.5 和 2.0 系数增大负载并检查结构敏感性。

若永久变形已经发生,需要建立可接受范围的标准。如果因这些应力而产生的裂纹被灌浆,结构在正常使用极限状态下将按照原始设计执行。然而,在极限状态下,永久形变将导致延伸性有所损失。预估储备应变能力,以及因此可以在结构各点上简单灌浆的最大容许裂缝宽度。但是,实际上,冲击分析表明,预期不会产生这些计算的裂缝宽度。

更详细的分析也显示剪力键不太可能在事故期间过载。

**因外表面上未被发现的裂缝而损失耐久性**

如果外表面上已产生裂缝,可以展开灌浆程序——除了基础下部。从里面灌入灰浆在理论上是可能的,但其有效性总不确定。制定了对两面都没灌浆的裂缝进行加强的结果评估。提出可接受腐蚀风险的裂缝宽度标准。

**因浸没在海水中而损失耐久性**

如果隧道内部暴露在海水中的持续时间相对较少,且墙体被彻底清洗以除去氯化物,则由于氯化物穿透而造成钢筋加速腐蚀增加的风险是微不足道的。

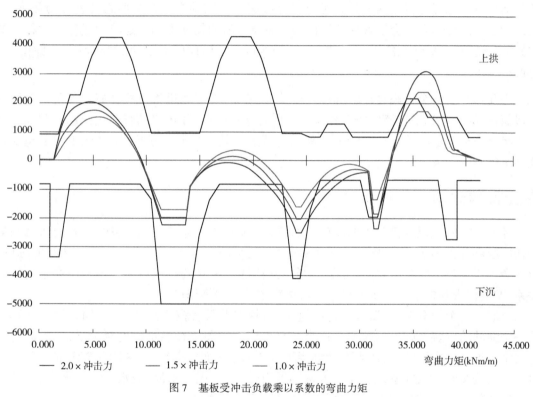

图7 基板受冲击负载乘以系数的弯曲力矩

(Base slab bending moments due to factored impact load)

**因接头开裂而造成的伸缩接头部件损害**

接头中的注入式防水密封不大可能受损,因为它们可以适应最高达80mm的移动,因此,不大可能有较大泄漏,而且较小泄漏可以通过灌浆处理。接头中的其他弹性材料和氯丁橡胶密封件已经检查并清洗。

**对沉放接头部件的损害**

对沉放接头部件的损害可以为三种类型:

◆ 由于碎石层的冲击而损害油漆系统;

- 由于冲击而造成端架未对准；
- 损害 Gina 止水带本身。

初始检查没有显示端架未对准，但是实施了更详细的调查来确认此事。结果 Gina 止水带的软凸头也有些较小损伤，在水下进行了维修。

### 隧道机电及辅助工程

许多机电和辅助设备不是固定的就是存储在隧道管节内部，所以所有这些浸没在海水中的影响必须考虑。然而，归根结底所有这些都可更换，所以这并不影响管节本身是否可用的决定。

### 海上土方工程

碎石层的条件确实引起了关注。冲击区域内的基础很可能发生了重大变形，在管节下的任何地方可能都有较小的变形。可以对碎石进行详细调查并在必要之处进行局部维修，但认为这样的局部复原会导致原始海床和复原海床间的硬度不同。这将使残存物对将来的差异运动遗留不确定性，所以在这种情况下整个碎石层顶面撤去至少 100mm 深并更换。

### 验收标准

因此建立了一套可修复损坏等级标准，以便使第 13 节隧道管节准备好再使用。就恢复阶段而言，同业主和承包商紧密合作制定了所有这些标准，并在移动管节之前达成共识。这使得经过充分指示的检查组在管节一移动时就进入并迅速制定条件，这样业主和承包商将能够决定它的未来。

## 现场恢复操作

环境情况使得很难控制人的反应。信任，特别是厄勒海峡隧道承包商不同团队之间的信任已经部分受影响，并且同业主的关系紧张，这是不能接受的。为了恢复团队间的理解，召开会议不仅为了"消消气"，也是为了开始其他低估风险的研究。为了维护同业主的良好关系，邀请代表参加承包商内部会议并密切跟进计划和维修进展。

组成了一个约有 30 名潜水员的小组，开始每周七天昼夜不停地工作，同时设计并建造了一个新的舱壁替换破损的舱壁。这个潜水小组也加固残存舱壁的混凝土梁，然后进行第一次全面检查。在该阶段，还需要计划当可以再次进入时，第 13 节隧道管节内部需要的项目。不仅是照明和电气系统需要在水密容器中带下去，还有水泥、淡水、工具、水泵、压载系统损坏的部件、脚手架等。大型水泵安装在新舱壁外面的基板上。

满足了提升前验收标准，并且测试了提升系统最大值并确定其可靠性，九月的第二周开始排水。在第一阶段，第 13 节隧道管节的地面以上剩下约 1m 的水，因为压载箱可能已经损坏，并且再从管节中向外排水可能导致不稳定状态。在这一阶段其他人可以下去进行更详细的调查，并且做出一些初步的临时性维修。

现在可以进行最后的排水了，并且因为满足下一个阶段的标准，管节被提升至刚刚从基槽上抬起，并被运输到基槽里距事故发生地约 300m 的临时碎石层上。在管节运输期间，使用遥控潜水器拍摄了管节下方的视频。专家此刻可以下去调查该管节是否能够使用以及需要的维修。

图 8　临时维修后的第 13 节隧道管节
(Tunnel element 13 after temporary repairs)

移除并更换了靠近第 12 管节的受损碎石层,并且在各方检查过第 13 节隧道管节并发现其满足再使用标准后,在九月下旬,它被穿过基槽带回到其最终沉放位置。至此,不仅是第 14 节管节,而且第 20 节和第 19 节管节已经漂浮就绪,但是通过仔细计划和优化可用资源,制定了一个加速海上作业的程序。

当最后一节管节于 1999 年 1 月 6 日沉放时,证明了这一成功,这比事故之前的原始计划提前了一个月!

## 业主的观点与行动

当第 13 节隧道管节已下沉并被水淹的消息得到确认时,业主的第一反应是不相信。截至当时,沉放作业的准备和执行都很顺利且成功。所有设备以前都使用过,与以前作业唯一的不同是水深略有增加。

需要处理一个特别情况:就目前所知,以前从没像这样损失过隧道管节。经过慎重考虑,业主决定通过仔细检查沉放过程和所有工程有关方面进行充分准备。第一份报告显示了舱壁已倒塌,这表明是结构故障。

### 第一阶段

业主主动提出了几个问题:什么出错了? 承包商计划如何处理解决第 13 节隧道管节带来的挑战? 业主在没有完全了解的情况下,采用了多少"传统"方式面对承包商,等待收到更加详细的信息和处理该问题的计划。然而,承包商的事故说明里没有这些,说明里有段视频做为支持。其他管节的安全是他们最关注和想要讨论的主题。业主要求一份关于事故如何发生的更详细报告,但是事故对于承包商组织的影响使其尚未对这些问题做准备。因此承包商的反应也是"传统的"：有限的信息和等等看将要发生什么事情。

双方评估情况和并评审事故结果。首先，第13节隧道管节显然阻碍了下一次沉放作业；结构或其他损伤尚不知道，最坏打算是，需要完全移走一节受损管节然后维修：当然也可新建一节管节，但是非常昂贵。整个项目正在加大进度，如果不处理好，第13节隧道管节可能严重地拖后腿。尽管业主可以依靠合同地位，但业主也认识到问题是相互的并且需要进展和解决方案，而不是愚蠢地争论是谁的过失。显然第13节隧道管节事故需要一个联合方法，任何真正的拖延都将影响到业主和承包商。

逐渐，随着更多事实出现，显然在结构上没有看到实际损伤。没有一个接头开裂，所以13节隧道管节可能没有承受过预期的极端负载。业主开始认识到逐步逼近法应该是个确定结构部件是否受损、是否可修复的好方法。然而，这要求处理信息的工程作风并设定检查计划。最终，业主寻找一个他能够确定该管节上没有发生过载、并且根据检查和结果第13节隧道管节可以再使用的方法。业主同承包商讨论这个问题：可以在此基础上开始工作，除非事实证明所有不同，否则假设再使用第13节隧道管节。但是这需要承包商方额外进行工程工作，并需要同意确定第13节隧道管节条件的检查方案。

## 制定解决方案

在事故发生后的第二周里，所有其他管节均确保安全，但是双方需要花时间和努力讨论并验收方法和达到的结果。准备恢复并确定事故期间发生了什么的实际工作需要承包商的团队做出大量努力才行，远不止现场所见。业主不是很满意，因为迄今为止确认第13节隧道管节发生了什么的工作做了很少，并且在要求进展时遇到了一些抵触。承包商的反应是给予较少的信息，尽管业主在要求方面做得并不过分，他面临的事实是仅仅得到他询问的信息。

业主因此改变了方法，同承包商工作人员的探讨变得更加直接。不但花费更多时间寻找解决方法，而且更加有效地帮助进行协同工作。业主自然也要求更多的协作任务以及更加开放的信息与观念共享态度，以便加速形成可接受的解决方案。

在此期间维修舱壁和带入其他临时设备以使排水和提升第13节隧道管节成为可能的工作正在全力实施。双方同意在吊装和运输时保持管节在水下保持完好的恢复方法。显然这将是一次有风险的作业，但是所有细节均进行公开讨论，可能有危险之处均进行避免或测量以进行控制。

至此，舱壁支架梁的故障原因已经澄清并被接受。承包商告诉业主它完全清除了以前的规程并制定了对关键活动检查表上所有内容进行双重检查的制度。然而，调查还证明现场工作的质量检查程序很好，所以没有必要如此改变程序。只对检查表做了较小修正。特别是业主确信检查员充分了解他们正在检查的项目。

在第13节隧道管节准备排空和提升作业期间，对作业期间接头最大负载情况进行了激烈讨论。还详细讨论了当管节碰到海底并被淹没时可能的形变和应力。显然没有可以利用的直接证据，所以利用测量或检查联合确定了参数。这些讨论对于澄清作业验收准则、评估是否已发生结构损伤以及如果发生的话管节排空后在哪可见等是必要的。在这些讨论期间，人为因素和态度变得非常重要：单有事实和数字不能产生解决方案。然而，真实的程序是通过联合钻研程序和获得对决策及各方承担相关的风险的相互尊重与理解来实现的。

第13节隧道管节到九月中旬被排空,并移到水下。双方的团队对所有结构部件检查了裂纹。业主确信做出关键决定的个人已经实际进入过管节内部。到九月底之前,得出除了临时沉放设施、机械管道和电气照明配件的损坏以外,没有发生实际的结构损害的结论,第13节隧道管节通过再使用验收。这是很幸运的,因为第13节隧道管节至少是跌落到基槽中唯一可以吸收冲击的点上;就是已经放置好的碎石层!

## 结论

此次恢复作业的一个教训是,共同解决此类事故可真正增强双方的积极态度。创造共同成功要大于解决那个问题。双方已同意解决方案使用的工程方法。结果有助于立即确定管节的真实情况,因此业主接受再使用第13节隧道管节是个合理决定。业主和承包商在这种情况中显露出比事故前更加有信心,使隧道按时竣工。

# 21 机械通风系统

**FRANCOIS CHAVANEAU**

## 概述

机械通风系统保证常规隧道使用过程中,一氧化碳(CO)和二氧化氮($NO_2$)等污染物的含量不超标,能见度等级保持良好。污染物含量上升超过设定点时,系统自动对其进行稀释。

隧道中的气流或交通为隧道提供天然通风系统,当气流不够多,不能充分更新空气时,机械通风系统将自动使用风机提供的纵向推力更新空气。

如果隧道内发生火灾或其他紧急情况,如交通事故或有毒泄露,系统可确保无烟环境。如果发生类似事故,交通会中断,交通流量提拱的天然通风也会停止。开启纵向通风装置抽出烟雾和气体。同时会将新鲜空气吹至逃生走廊,方便急救队进入事故发生现场。

图1 隧道顶部的通风设备
(Ventilator installation in the tunnel roof)

## 设计基础

确定允许空气质量值时需要考虑通过隧道的三个交通流量等级:
- ◆交通堵塞;
- ◆交通畅通;
- ◆维修期(见图2)。

获得设计值还需要考虑外部空气污染、风力影响、交通排放及隧道间的再循环等数据。

| 含量 | | 含量高(LHH) | | |
|---|---|---|---|---|
| 污染物 | 单位 | 交通堵塞 | 交通畅通 | 维修 |
| 一氧化碳含量 | ppm | 100 | 50 | 35 |
| 能见度 | $m^{-1}$ | 0.007 | 0.005 | 0.003 |
| 二氧化氮含量 | $\mu g/m^3$ | 800 | 800 | 800 |

图 2　污染物含量(Pollution levels)

如果隧道内发生交通事故,需保持气流速度的最小值,以去除烟雾和减少热量。合同文件或相关安全标准如 PIARC(国际道路协会)等对此速度值做出了规定。厄勒海峡隧道中,设计标准为 100MW 火灾。

| 隧　　道 | 最小气流速度 |
|---|---|
| 机动车道 | 5m/s |
| 铁　　路 | 4m/s |

根据图 3 所示确定通风系统的尺寸。

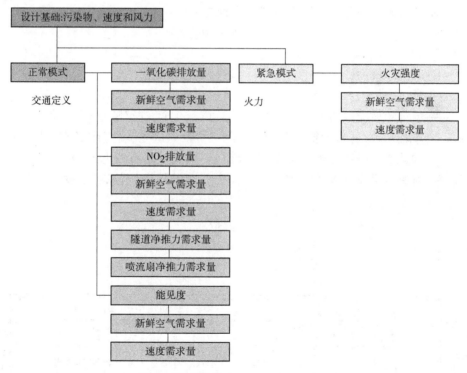

图 3　系统设计图(System design diagram)

第一步确定一氧化碳(CO)和二氧化氮($NO_2$)的基本排放量以及铁路和道路的灰尘含量,还需要确定交通车辆类型和速度以及隧道坡度纠正系数引起的潜在变化。

第二步是计算新鲜空气需求量。

使用下列公式计算：

$$Q_{CO} = \frac{L}{V} \times E \times \frac{10^6}{C_{adm} - C_{amb}} \times \frac{1}{\rho_{CO}} \times \frac{1}{3600}$$

$$Q_{NO_2} = \frac{L}{V} \times E \times Cr \times \frac{10^6}{C_{adm} - C_{amb}} \times \frac{1}{\rho_{NO_2}} \times \frac{1}{3600}$$

$$Q_{Dust} = \frac{L}{V} \times E \times \frac{1}{K_{adm}} \times \frac{1}{3600}$$

根据隧道长度($L$)、交通流动速度($V$)、交通排放量($E$)、环境浓度量($C_{amb}$)、最大允许浓度($C_{adm}$)、能见度水平($K_{adm}$)以及污染物浓度($r$)来计算新鲜空气需求量($Q$)。

第三步是从流量中求得速度——通过流量与隧道断面面积比值获得。

第四步包括计算所需的净推力。净推力是通过风机完成所需气流而获得的整体性能，需要考虑多种适当的损耗。按照下列公式进行计算：

$$F = (\Delta p_{vch} + \Delta p_{tu} + \Delta p_{MT}) \times A_T$$

净推力等于通过隧道交通产生的压力损耗或增益（活塞或拖运效应），加上隧道摩擦和风力背压。

根据 PIARC 或 IDEL'CIK 公式计算各种压力损耗。

最后一步是根据下列公式计算射流风机净推力：

$$NT_{fan} = NT_{tun} / (k_2 \times k_1) / N_b$$

其中，

$NT_{fan}$——风机净推力；

$NT_{tun}$——隧道净推力；

$N_b$——运行的射流风机数量（机动车道隧道有 60 个，铁路隧道有 15 个）；

$k_1$——安装系数，需考虑推力路线中的风机位置和壁龛、墙壁或安装的其他风机之间的关系。需考虑的机动车道隧道 $k_1 = 0.75$，铁路隧道 $k_1 = 0.86$；

$k_2$——射流风机速度系数。此系数为校正系数，用以识别风机速度($V_f$)生产的隧道速度($V$)。

$$k_2 = 1 - V/V_f$$

# 系统设计

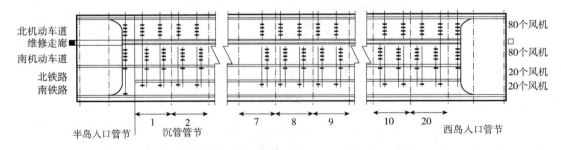

图 4　通风系统布局(Ventilator system layout)

### 机动车道隧道

每个机动车道隧道中安装 80 个射流风机,这些风机被隔离成四个主要区域。每个区域中有 5 排射流风机,每排 4 个。沿着隧道纵向看,20 台风机成 4 排。

每个机动车道隧道中安装了 4 组空气品质和速度传感器,每个区域一组。一组空气品质和速度传感器包括 1 个一氧化碳传感器,1 个二氧化氮传感器,一个能见度传感器和 1 个速度传感器。

### 铁路隧道

每个铁路隧道中安装 20 台射流风机,这些风机被隔离成四个主要区域。每个区域中有 5 组连续射流风机。沿着隧道纵向看,20 台风机成一线。

每个铁路隧道中安装了 4 组空气品质和速度传感器,每个区域一组。一组空气品质和速度传感器包括 1 个一氧化碳传感器,1 个二氧化氮传感器,一个能见度传感器和一个速度传感器,与机动车道隧道安装相似。

此外,每个入口还装配有 1 个风速和风向传感器和 1 个烟雾能见度传感器。

## 主要设备特征

### 射流风机

确立那些安装在厄勒海峡隧道中的射流风机特征必须考虑许多因素。隧道具有多样化、独特化,需要具体考虑和确立所需标准。

虽然考虑的主要特征是推力(通过牛顿定律计算),也应考虑尺寸、土木工程接口、审美学(即建筑学)、所需电源(配电盘和启动器)以及噪声等级等其他标准。

关于厄勒海峡隧道,选择射流风机来获得图 5 中正向和反向特征。

| 名 称 | 单 位 | 技术特征(20℃时) |
|---|---|---|
| 直径 | mm | 710 |
| 正向流动方向 | | |
| 气流速率 | $m^3/s$ | 16.3 |
| 测量的推力 | kN | 0.811 |
| 电输入功率 | kW | 33.4 |
| 测量的推力/电输入功率 | kN/kW | 0.0243 |
| 满载电流 | A | 31.1 |
| 反向流动方向 | | |
| 气流速率 | $m^3/s$ | 16.2 |
| 测量的推力 | H | 0.801 |
| 电输入功率 | kW | 32.8 |
| 测量的推力/电输入功率 | kN/kW | 0.0244 |
| 满载电流 | A | 30.6 |

图 5 隧道通风系统特征(Charateristics of the tunnel ventilation)

厄勒海峡隧道射流风机配有消音器,在所有射流风机运行时,将路面以上1.5m处的噪音等级降低至95dBA。

为了处理隧道中的紧急情况,这些风机的设计,能够转变流动方向的99%,能在250℃温度下工作60分钟。

通过六个固定点和两个附加安全链将每个风机的支座固定在隧道结构上。通过防震减震器将风机从结构中隔离;如果支座松动,微动开关会引起警报。

至于防腐蚀,在射流风机所有钢制和铝制部分上使用50μm的热镀锌和120μm厚的环氧粉。

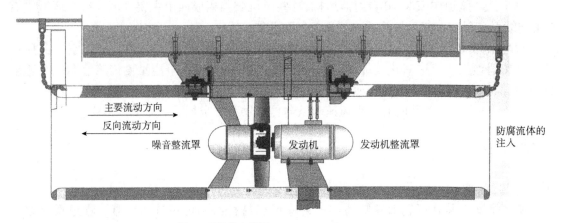

图6　通风设备配置(Ventilator confiiguration)

## 传感器

上面已经提到,厄勒海峡隧道中安装了多种传感器。

**空气质量传感器**

测量一氧化碳的空气品质传感器为电化学类型,测量范围为0~250ppm,发出4~20mA模拟输出信号。

测量二氧化氮的空气品质传感器为气体分析器类型,测量范围为0~1000μg/m³,发出4~20mA模拟输出信号和警报数字输出。这些传感器依靠化学发光反应过程工作。

**能见度传感器**

能见度传感器为红外辐射类型,测量范围为0~0.015m⁻¹。产生4~20 mA模拟输出信号和两个数字警报和方向输出。每个装置包括两对发送器和接收器,安装在每个隧道的同侧。能见度测量是根据介质对光的吸收来进行分析的。数据处理器则根据测量的吸收率计算能见度。

**速度传感器**

速度传感器为超声波类型(压电),测量范围从-20m/s到20m/s,发出4~20mA模拟输出信号,带有2个警报和方向数字输出。此装置通常包括2对传送器和接收器,安装在隧道每侧。根据传送器和接收器之间的超声波传送时间来进行速度测量。数据处理器根据测量的传送时间计算速度。

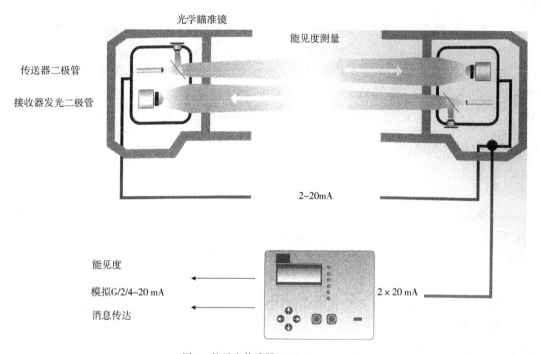

图 7  能见度传感器(Visibility sensors)

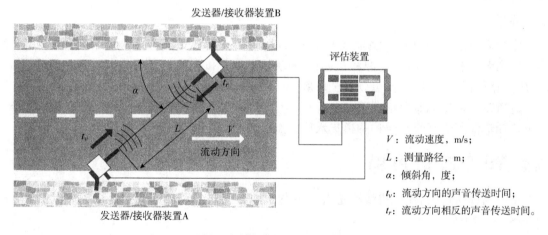

图 8  速度传感器(Velocity sensors)

## 烟雾传感器

烟雾传感器与能见度传感器非常相似,除了在同一个装置中发送器和接收器是独立的。

## 风速和风向传感器

纵向风速和风向传感器为风速计类型,测量范围从 $-20\text{m/s}$ 到 $20\text{m/s}$,发出两个 $4\sim20\text{mA}$ 模拟输出信号。

## 功能

控制系统处理空气品质传感器（CO、$NO_2$ 及能见度）传出的信号，决定启动或停止射流风机的数量。

使用速度传感器传出的信号来检查通风系统能力，手动操作系统时选择等级。检测出烟雾时，控制系统使用烟雾传感器传出的信号来从过程中分离出能见度传感器部分。自动运行模式下不使用风力传感器传出的信号，只在手动操作系统时选择等级。

## 与其他专业的接口

### 土木结构

预先制造混凝土隧道管节，留出非常有限的可用空间，有必要详细研究电力设备和机械设备的装配以及如何在隧道管节中自然定位。在详细设计之前的三年里，计算出主要设备所占量。例如，预测射流风机可安装在隧道轮廓上的壁龛中。

### 电源

风机由安装在维修走廊（两个机动车道隧道间）且间隔 87.5m 的 20 台起动盘（690 Vac）提供电源。在所有四个隧道相同等级上，每个起动盘配有 10 个风机启动器，确保配电和电源保护，在可编程电子系统（PES）控制下，对所有隧道射流风机执行开关转换。设计最大深度为 400mm 的定制收缩式起动盘，以适应狭窄的维修走廊，有利于维修队工作。射流风机与起动盘通过阻燃（lvf）电缆连接。

### 其他系统

作为通风系统的补充，厄勒海峡隧道中的其他系统负责安全功能。暖通空调系统保持维修走廊温度和通风，维持电源和控制设备的内部温度和逃生走廊的过大压力。发生火灾时，应急路线保持无烟，人员可以安全疏散。

隧道正常使用和紧急情况下都要保证照明，此外隧道还配有具体消防系统，如消防栓、灭火器和泡沫灭火系统来保护隧道集水坑。

## 可编程电子系统（PES）

正如前面所述，射流风机线路是由 PES 根据收集发送器和时间表的信息控制的。图 11 为 PES 设计简图。

实际上 PES 包括四个独立系统（A–D），每个口部的两个系统与以太网 MMS 协议（10Mbits/s）相连接至隧道冗余以太网络。

两条现场总线"总线 DP"将隧道分成两个物理部分。独立运行的远程终端模块（RTB）装置连接至两条现场总线的相关位置上。隧道由位于隧道每端的两个 PES 控制，每个 PES 控制射流风机的一半线路。

PES 连续向 SCADA（数据采集与监控）系统报告信息（状态、警报、测量等），SCADA 系统监控隧道和桥梁的电气和机械系统。SCADA 等级可进行远程超控。

PES 可不依靠 SCADA，单独控制通风系统。

图 9　逃生走廊(Escape gallery)

图 10　维护走廊(Service Gallery)

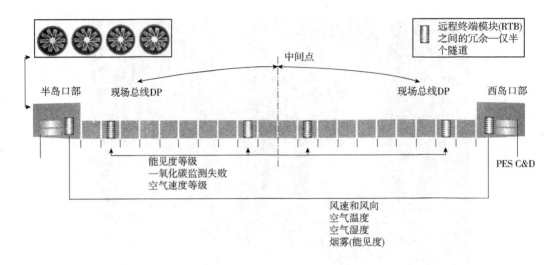

图 11　隧道 PES 中的通风位置
(Location of ventilation PES in the Tunnel)

## 运行系统

### 主要特征

共有三种主要的运行模式：

◆远程自动化为常规运行模式，由 PES 控制。此模式中，射流风机只能在交通流动方向（正向）上运转，PES 可随时决定运行射流风机路线（步骤）的数量。

◆远程超控模式可在特殊情况下（逆流交通或紧急情况），由操作者从 SCADA 或 PES 终端激活。此模式下，可选择正向或反向运行任意数量的射流风机。

◆本地模式用来维修或针对特殊情况使用。由维修操作人员从起动盘激活。

### 自动模式下的操作顺序

根据时间表运行此系统，可通过多种污染物含量的检测超控系统。根据图 12 制定顺序。

控制步骤如下：

1.计算每种类型污染物（$L_{CO}$，$L_{NO_2}$，$L_{vis}$）的平均空气品质等级。

2.选择每半个隧道的最大输出信号。

3.选择每半个隧道的最大计算距离。

4.选择第一个半个和第二个半个隧道之间的最大距离。

5.使用时间表对比选择最大距离。

6.比较选择距离和实际距离。

7.定序器选择开始或停止路线。打开路线至少 15 分钟。

### 每个机动车道隧道的机械通风系统——逻辑控制图

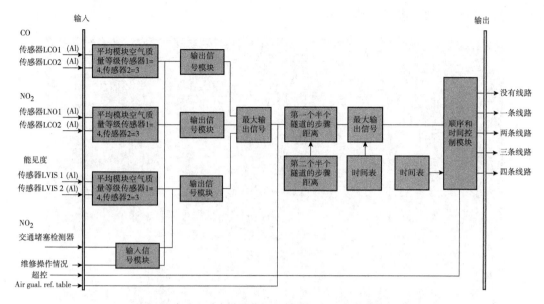

图 12　每个机动车道隧道的通风系统——逻辑操作控制图
（Ventilation system per motorway tube-logic operation control diagram）

**超控模式**

此模式下，SCADA 操作员可激活正向或反向的通风任何步骤。

**紧急模式下的操作顺序**

概述

紧急模式由 SCADA 操作员主要根据火灾位置、风向和风速、其他隧道交通状况、应急疏散隧道中人员的位置来激活。正向模式下，启动检测出火灾隧道的所有可用射流风机。其他隧道中，启动低通风等级同一方向所需数量的射流风机，防止隧道中烟雾反复通过出口和入口。SCADA 操作员可停止火灾通风情景。

预定义火灾情景

图 13 显示了 SCADA 等级可用预定义火灾情景。

| 隧 道 情 景 | 北机动车道 | 南机动车道 | 北铁路 | 南机动车道 |
|---|---|---|---|---|
| 情景 1（北机动车道火灾） | 正向模式步骤 4 | 反向模式步骤 1 | 正向模式步骤 1 | 反向模式步骤 1 |
| 情景 2（南机动车道火灾） | 反向模式步骤 1 | 正向模式步骤 4 | 反向模式步骤 1 | 正向模式步骤 1 |
| 情景 3（北铁路火灾） | 正向模式步骤 1 | 反向模式步骤 1 | 正向模式步骤 2 | 反向模式步骤 1 |
| 情景 4（南铁路火灾） | 反向模式步骤 1 | 正向模式步骤 1 | 反向模式步骤 1 | 正向模式步骤 2 |

图 13　预定义火灾情景（Predifined fire scenarios）

**人/机接口**

所有关于隧道机械通风设备状态和操作的信息在每个 PES 终端都有效。系统每部分关于污染物测量、状态或警报的主要信息从 PES 传送至 SCADA。PES 和 SCADA 等级中，设备可如前述超控系统或修改标出污染物含量和时间表的设定值。每个独立射流风机在正向或反向上都可通过起动盘进行手动操作。

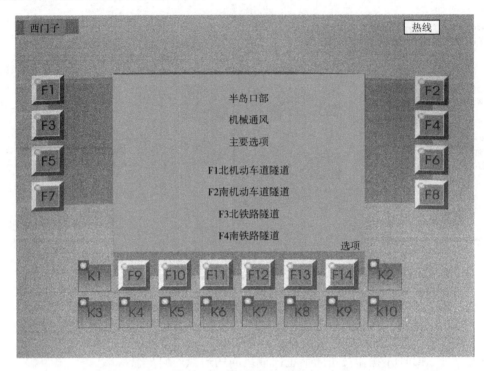

图 14　PES 接口（PES interface）

图 15　SCADA 接口（SCADA interlace）

**调试反馈**

*速度要求*

系统调试后,结果显示机动车道隧道测量值为上述全部必要测量值(火灾情景下为 5m/s),超过了设计要求。可以通过项目前期阶段的保守估计来解释;特别是将风机效率的安装因素效果降至最低。

在铁路隧道中,测量值符合设计要求(火灾情景下为 4m/s)。

*噪声等级要求*

合同要求在一个隧道中运行所有风机时,路面 1.5m 处的噪声等级不得超过 95dB(A)。

测量平均噪声等级,需在合同要求范围内。但是反向运行所有风机时,某些测量点测出的值是 99dB(A)。此差异包括 3dB(A) 的误差范围,通常包括噪音等级测量。也可以通过塑造管节横截面管节的混响系数进行简化或通过火灾情景下其他隧道中风机运行的影响来解释。此外,不能在常规自动模式下或紧急模式下激活此情景(反向四条线路)。

# 22 公路隧道纵向通风限制

**GARRY POOLE**
西蒙兹集团

## 概述

通风方式将直接影响隧道的结构形式,由此可能会极大地影响施工成本。由于纵向通风施工成本最低,因此30多年前已开始应用,并得到普及。在一些国家,将其作为唯一的通风方式。一般的国际共识是应对纵向通风隧道的长度进行限制,但对此却无国际标准,有些机构对其长度有自己的限制标准,范围是800~4000m。在一些国家,对于拥挤的城市隧道进行了更加繁多的限制;在其他一些国家,针对具体隧道做出专门规定和限制。

所有隧道都是独一无二的,因为每个隧道的通风限制受到多个可变因素的影响。因此,本章不会提供明确的建议,而是通过探索适用于位于海平面的沉管隧道的纵向通风在长度上有哪些限制因素和趋势,从而给出指导建议。

## 通风方法概述

鉴于沉管隧道中部加修通风竖井是不可能也是不明智的,这对选择通风方案,尤其对于长沉管隧道有直接影响。鉴于此,下面按照预计成本讨论了三种主要通风形式,从中得出了混合式通风方案。从最近发生在欧洲隧道火灾中教训中得知,长隧道通常为两个交通管廊和一个中间逃生管廊的隧道结构会成为趋势。

### 完全横向通风

对于完全横向通风,在隧道两端的通风建筑物内分别安装轴流送风和排风机。通过进风井吸入空气,并将其下压至供气管道,该供气管道与交通孔平行,在隧道中点处相接。风槽将新鲜空气均匀分布在整条隧道长度。同样地,通过高位射流槽(该射流槽连接至铺设在隧道全线的排风道)将废气或火灾烟雾抽出(图1)。排风井用于驱赶隧道中的污染物及烟雾。

图1　全横向通风沉管隧道的标称横截面
(Notional cross section of a fully transversely ventllated immersed tube tunnel)

全横向通风最适合单孔隧道中的双向交通,但是亦可用于单向交通。对于一定规模的火灾,采用全横向通风在火灾烟雾层形成烟团之前,能够直接从火灾区除走浮烟。然而,送风和排风道往往随隧道长度的增大而增加,这会对施工不利并增加营运成本。

### 半横向通风

半横向通风与全横向通风类似,不同之处在于,半横向通风使用交通孔将污染空气从隧道中导出。新鲜空气通过进气管,穿过射流槽并平均分布在交通孔中,见图2。另外,可能会用到高位进气槽,在这种情况下,风机可反向旋转以将烟雾抽出。

对于无论是双向还是单向交通的隧道,虽然半横向通风可能会对其中车辆污染程度予以控制,但是与全横向或纵向通风相比,半横向通风对于控制单向交通的长隧道中的火灾烟雾控制效果较差(见图2)。为此,对于双孔长隧道而言,采用半横向通风因含送风道,其成本不会令人满意。

图2　半横向通风沉管隧道的标称横截面
( Notionak cross section of a semi transversely ventilated immersed tube tunnel)

## 纵向通风

对于纵向通风,空气只是简单地从进口吸入,从出口排除。射流风机安装在交通孔中,以提供所需的通风力(推力)。如有需要,则在隧道口附近布置排风井,以对建筑区内隧道污染物的驱散情况予以改善。

图3　纵向通风沉管隧道的标称横截面
( Notional cross section of a longitudinally ventilated immersed tube tunnel)

此种通风形式假设火灾前方的车辆会驶离隧道,那样的话就可以将烟雾向出口方向驱赶,使之离开困在火灾后方的车辆。在正常运行中,畅通无阻的单向交通的活塞效应改善了通风过程。其方向与烟雾控制方向相同。因此,原则上,纵向通风只适用于交通隧道中的单向交通。因此,通常才用单独两孔隧道,但不要求送风或排风道,使得隧道成本最低且是应用最广的通风方式。

# 对纵向通风的具体考虑

## 假设

在为某个隧道专门设计纵向通风系统时,必须考虑诸多可变因素。在本章中,已经将各典型值应用于大量的数据表模型中,推算出以下参数。

广泛采纳了国际道路协会(PIARC)的建议,特别是所使用的车辆平均排放率的说明是根据国际道路协会(PIARC)1995年关于典型西欧国家普通隧道的排放率表。对可能发生的排放量,如在2005年以后,仍有大量的推测,因此,应该核查国际道路协会1995年的预测量。为了便于参考,假定隧道为双孔隧道且规模与厄勒隧道相似。

## 背景污染及隧道口再循环

平行隧道之间的背景污染水平和再循环,对所需的隧道内供气量造成了影响,这些供气量需要将洞内的污染控制在规定范围内。对该关系的描述见图4。

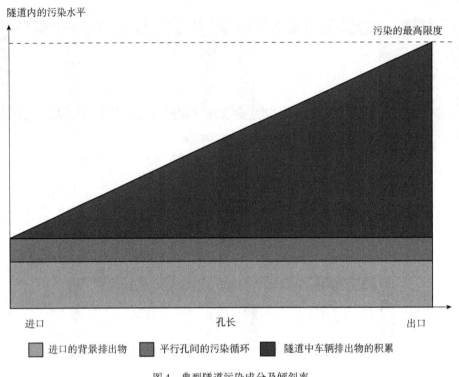

图4 典型隧道污染成分及倾斜率
(Typical tunnel pollution composition and gradient)

背景污染水平及隧道口再循环的程度与该区域车辆平均排放率及隧道是否在建筑区相联系。循环率可以通过隧道口的设计来降低。很明显,在这一点上,在郊外建较长的隧道是有可能的,因为在郊外背景污染水平很低,几乎可以忽略不计。

改善车辆排放量

催化转化器在将一氧化碳转化为二氧化碳时基本上无效。对减少排放的影响进行评估的一种方法是看速度,在该速度下,车辆的活塞效应足以使隧道通风,而无需其他帮助。图5展示这样一种情况:位于海平面的隧道内拥有饱和的交通流,其速度在一范围内,而逆向迎头风速为10m/s。

由此很明显,通过保证交通,隧道中通常为自由流动,在对新鲜空气的要求上,较长的隧道长度是可行的。此项措施同样可以降低年通风能耗。

图5中的不规则性可通过观察所需新鲜空气和交通速度之间的关系来解释,如图6和图7所示。图6显示了2000年的一氧化碳、二氧化氮及微粒(烟灰)所需要的新鲜空气的模式。图7对在一定时间(设计年)中,在同样的交通速度下所需要的最大新鲜空气量的走势进行了说明。

这足以说明,控制洞内污染水平所需的新风量随着车速和交通密度增加而不规则地增加,且设计年也很重要。

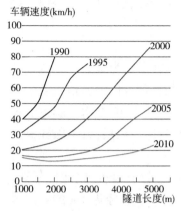

图 5 在活塞效应足以对一个具有双车道、位于海平面,同时有速度为 10m/s 逆风的郊区隧道进行通风时的速度

(Speed at which the Piston effect is just sufficient to ventilate a 2 lane rual tunnel at sea level with at 10m/s portal head wind)

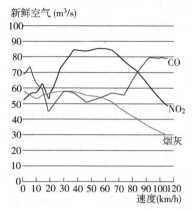

图 6 对于一个 1km 长、双车道、位于海平面、在 2000 年时拥有饱和交通量的郊区隧道所需的新鲜空气

(Fresh air required in a 1km long 2 lane rual tunnel at sea level with saturated traffic in years 2000)

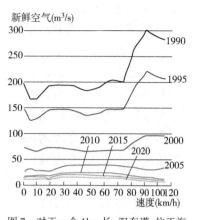

图 7 对于一个 1km 长,双车道,位于海平面的隧道所需要的新鲜空气

(Fresh air required with saturated traffic in a 1km long 2 lane tunnel at sea level)

### 10m/s 规则

当空气速度大于 10 米/秒(36km/h)时,即被认为对行人造成"危险",比如步行前去使用应急电话的驾乘人员。然而,在无射流风机的帮助下,车辆的活塞效应,可以超过该空气速度,且可以不考虑隧道的长度。因此只有在需要通风系统来保持洞内空气质量的情况下,才考虑该规则。

通常说来,当交通拥挤,且移动速度等于或小于 10km/h 时,对新鲜空气所需的机械通风量达到最大。图 8 对基于 10m/s 规则的纵向通风隧道的长度限制,进行了理论描述。同时该图也显示了在未来几年中,高度的影响有望降低。该图反应了随着车辆技术的发展,一氧化碳含量的预期降低量,同时二氧化氮成为了主要污染物(如上所述)。

### 射流风机的推力限制

在一定的隧道布置中,对单元长度内安装的射流风机的密度进行了合理限制。相应地,隧道内能产生的可用推力也受到限制。为了确定所需最大推力,有必要考虑火灾烟雾及污染控制所需要的通风量。

### 火灾烟雾控制

在发生事故中,仅仅用于防止回烟(烟气逆流),由此保护隧道上游无烟所需要的纵向风速被称为"关键控制速度",该速度通常为 3~5m/s 之

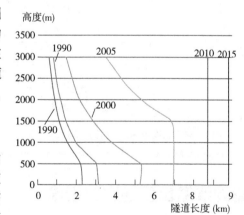

图 8 在静止的环境调节下,在一个 2 车道郊区隧道中,交通量饱和且运行速度为 10km/h 时,基于 10m/s 规则的用于新鲜空气控制的隧道长度限制

(Tunnel length limit for fresh air control base on 10m/s rule with saturated traffic travelling at 10km/hour in a 2 lane rual lunnel in still ambient conditions)

间,主要根据火灾规模确定,且无论隧道长度是多少。若进口和出口速度损失和风压忽略不计,为烟雾控制,每单位长度所需的推力保持不变,尽管隧道长度不断增加。所以,就现存隧道而言,隧道内火灾烟雾控制所需的风扇密度与隧道的长度无关。

*污染控制*

当交通拥挤、车辆行驶缓慢时,用于污染控制的射流风机推力需求量为最大。在这种情况下,所需推力几乎与新鲜空气需求量的面积(空气速度)一起增长,因此随着隧道长度的增加而增加。为了通风的有效性,射流风机组(横向排列)的间距应不小于10个水力隧道直径之和。因此,需要合理的长度,超过该长度,就没有足够的空间安装这些风机,就不能提供要求的推力,因此影响能效。

射流风机制造商可提供大量具有不同电动机转速及浆叶角的射流风机,以适应需要。最大可用推力(较少安装损耗)的限制约为 3.5kN/km 较为合适。假设直径为1m 的射流风机,4 台为一组,安装在隧道顶壁上的吊舱内,间距为70m(10 条水力隧道直径之和),安装在公路交通管廊的横截面,就像厄勒隧道那样。图 9 给出了在不同设计年的排放量,隧道长度方面的理论限制。

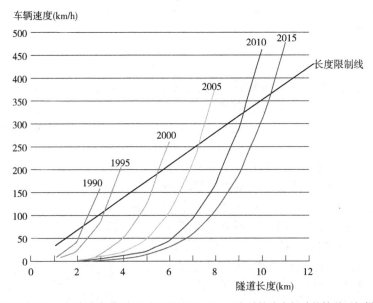

图 9　隧道长度限制(在 2 车道隧道、有逆风、交通饱和、以 10km/小时的速度行驶的情况下新鲜空气的控制)
(Tunnel length limit for fresh air control with saturated traffic travelling at 10km/hour in a 2 lane rual tunnel with an adverse head wind)

# 影响隧道长度的安全考虑

## 现行标准

在采用纵向通风的隧道中,假定处在火灾前方的车辆可以自由离开隧道,且烟雾从出口的方向吹出,则主要问题是:位于火灾前方的车辆在自由离开隧道时有多安全,尤其是交通拥挤和火灾事件经常一起发生的市区。对该问题的回答是主观的,必须对每条个别隧道合理考虑之后才能确定。

不幸的是没有国际隧道标准,然而,出于安全原因,一些权威机构已经开始此项工作,并出于安全考虑,制定了自己的隧道长度限制。然而,国际道路协会于 1999 年出版了题为"公路隧道的烟雾控制"出版物,讨论了不同通风方法的相对优缺点。总的来说,有两种单独的隧道类型,并对这两种类型的隧道设置了通风段的长度(见图 10)。对于经常发生交通拥挤的城市隧道,其长度设置在 800m 到 1000m 之间。在不容易发生交通拥挤的地方(例如:一些郊外隧道),则通风段的长度设置在 1000m 到 4000m 之间。很多国家也对此类限制进行了规定。

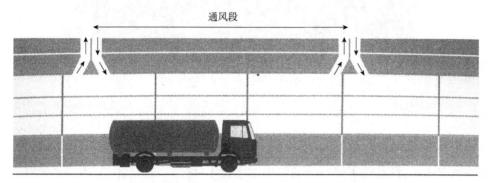

图 10　纵向通风段(Longitudinal ventilation section)

但是如果像图 10 中所示的那样在洞身安置通风竖井,则隧道就可以无限长且仍然可以满足上述标准,但这不适用于沉管隧道。

**交通控制、标志及通信**

在交通速度维持在一定限速以上的隧道内,可增加隧道的安全长度,这存在争议。但是有一点是真实的,即车辆行驶速度超过随后的烟雾速度(如 15km/h)是完全可能的。无论如何,尽力使位于火灾前方的车辆快速撤离隧道。

可形成区域一体化交通控制体系来发现拥堵路段,并通过优先行使交通管理来缓解进出隧道的交通量。通向隧道口的长引道,在无交叉口时,应配有此类交通管制,且尽可能用于郊区隧道。

如果车辆被阻止或限制离开火灾前方的隧道路段时,驾乘人员能自行撤离,通过等间距布置的应急门进入临近的隧道管廊,最好是逃生通道中。然而,我们担心行人的某些行为会影响逃生自救,比如人们可能认为车辆是安全的而不愿丢弃其车辆而不愿(或不能)撤离现场。从合理的设计角度,认为自我保存的本能最终会占上风。或许答案在于寻求新的方法,如果隧道长度达到了其限制,该创新方案能激发人们采取逃生的正确行动。

**疏散长度**

当考虑到撤离时,有必要多考虑隧道长度所需要的撤离时间而不是距离。对于双孔隧道,纵向通风是必须的,应通过应急服务设施撤离,便于进入"安全管廊"。如果配有驻地应急小组的话,人们可以相信该隧道的长度可以与长铁路隧道长度一样,比如英伦海峡海底隧道(即长度超过 50km)。

图 11 隧道口建筑中的通风管道
(Ventilation ducts in the portal building)

## 结论

诸多因素决定了隧道的形状和形式,包括其长度和通风方法。然而,只有当长沉管隧道执意使用纵向通风,且获得了最经济的解决方案时才可行。如果反向交通流被隔开,更需要如此,目前这种做法是普遍的国际性观点,该观点吸取了近年欧洲所发生火灾的教训。

对于城市隧道,国际共识普遍赞成将纵向通风隧道段的长度限制在 1km。假如因交通拥堵而阻止火灾前方的车辆及时撤离隧道的风险小到可忽略不计,并且公路网能随时容纳从隧道撤出的车辆,通过实行区域行驶优先交通管制,则对于郊外隧道来说,可以延长纵向通风路段的长度。

如果能完全控制潜在的交通拥堵,仍需确定纵向通风的功能设计标准。按照烟雾控制,无论隧道长度是多少,射流风机的密度应根据给定火灾规模保持大致不变。所以,设计标准与正常运行有关(图 12)。根据上述得出结论:该双洞沉管隧道,位于海平面,支持双车道交通,位于典型的西欧地段(在西欧,环境污染程度可忽略不计)。

其实,如果有可行的安全措施,纵向通风的隧道长度会随着对汽车排放的改善而增加。在一定条件下,在不久的将来,纵向通风段的长度超过 10km 是可以实现的。

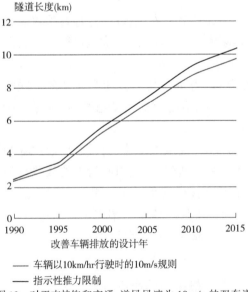

—— 车辆以 10km/hr 行驶时的 10m/s 规则
—— 指示性推力限制

图 12 对于支持饱和交通,逆风风速为 10m/s 的双车道郊外隧道的长度限制总结
(Summary of length limit for a 2 lane rural tunnel supporting saturated traffic against an adverse head wind of 10m/s)

图 13　临时通风管道(Temporary ventilation duct)

# 23 隧道内机电工程及控制系统

**SEBASTIEN BLIAUT**
土木工程师,机电及装修工程区域经理
厄勒隧道联合体/杜美兹公司

**LAURENT BERN1AUD**
土木工程师,工程经理
SSB / SP1E ENERTRANS

## 概述

厄勒隧道电气系统的设计出于两个主要考虑因素：
- ◆ 使用最先进的设备以最佳性能、可靠性及安全性实现其功能；
- ◆ 设备能安装于预制沉管遂道的预制结构力。

第一个目的是通过所有 13 个机电系统达到，其中最重要的是具有冗余设计的可编程电子系统(PES)，以及连接至两个国家电网的高压(HV)系统，设计高压系统的目的是允许两个国家电网在 7 分钟之内进行转换。

第二个考虑因素对电气系统具有重大影响，主要是由于在投标阶段做出的以下重要决定：
- ◆ 实施纵向通风(见第 8.1 章)，以避免使用贯穿隧道的通风管，由此减少浮力、基槽间隙等。需要不少于 200 台射流风机，这使得该系统成为该隧道的主要电力负荷装置；电力负荷是电气系统最重要的设计准则之一，且大大超过接下来最大的电力负荷(照明系统)。
- ◆ 承包商选择只在口部结构(隧道管节 10 内)之间修建一个中间变电站，而不是业主的说明设计中规定的三个变电站，所以只有单个非标准隧道管节。由于相继变电站之间的距离(约 2km)，它会影响电气系统，并影响减少装配电机装置和荧光灯压降的需要。

这两个决定的第一个后果是将低压(LV)系统再分为两个独立的电源:690V 交流电(专用于机械通风)和 400V 交流电(用于向所有其他系统供电)。

最后，向关键负荷(例如 PES 和控制系统、火灾探测、应急照明、交通管制等)提供连续电力。实施 400V 交流电不间断电源(UPS)。

本章仅讨论五个系统的前四个：PES、HV、690V 交流电和 400V 交流电，按照 UPS 的详细说明书，除了 UPS 的容量被减为 7 分钟外，UPS 仅用于配电侧，并通过 400V 交流电系统执行其日常功能。

## 高压(HV)系统

由于高压系统连接至两个具有不同电压和拓扑的国家电网，高压系统可按如下再分(见图 1)：

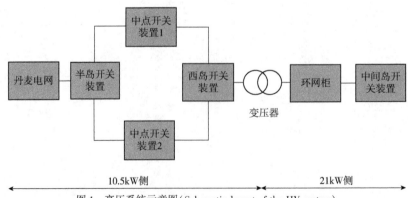

图 1 高压系统示意图(Schematic layout of the HV system)

◆半岛开关装置,其特点是两个电网之间的自动互锁;
◆中点开关装置,专门设计来适应内在空间限制;
◆西岛开关装置;
◆变压器,用于在两个高压电平及其双调压器之间执行转换;
◆配电变压器。

对设计原则进行简要介绍后,下面介绍每个子系统。

## 设计原则

### 电网特性

除了两个电压电平及对互锁的需要外,以下内容影响系统设计(见图2):
◆可从丹麦电网或瑞典电网供应,两个电网均供以永久通电;
◆电网不同步(即,交替信号不会同时达到峰值);
◆两个电网均采用中性点绝缘系统,意味着在不中断电力的情况下,单独采用的每个系统可承受接地故障。

因此,半岛的主要断路器需要形成/阻断加强电流(如果会超控互锁,断路器要求靠近反相)和加强介电绝缘(如果为反相,且发生接地故障)。

西岛变电站与第一个21kV变电站之间的电缆连接长度(大于3km)的另一个直接结果是尽管连接瑞典电网,但是电容作用会影响变压器地块上的潜在过电压(用于避雷器)以及21kV侧的"非零电压"读数。

### 缺少紧急无间断电力系统冗余

由于瑞典电网被看作备用供电电源,因此没有与丹麦电网联网(反之亦然,以应付缺乏应急电源,即柴油发电机),高压系统必须为隧道及完整电网提供最佳安全性和稳定性,如果从丹麦输送电力,整个16km电网的电力分配将依赖于该系统。因此,将高压系统排列为连接四个变电站的回路:一个位于半岛,两个位于中点,一个位于西岛(见图1)。

另外,将两个入口变电站再分为两半并独立连接母线断路器,使得一半出现电流故障时,可在另一半上继续配电。

对于接地故障和电流故障,每个回路(本书指隧道系统)必须向电网操作系统(LOS)提供监控设施,例如,LOS操作员具有的可靠信息启动适当切换程序,以便在不中断对相关回路内25%以内的电力负荷进行配电的情况下消除任何单个接地故障。

最后,所选设备具有全金属覆层,以限制潜在电流故障导致的后果。

### 半岛开关装置

半岛开关装置由12个功能单元组成(见图3):
◆用于连接丹麦电网的三个引入单元;
◆隔离连线与进线电网的一个主要断路器;
◆用于显示母线上的电压读数及电力计量的一个计量单元;
◆用于690V交流电配电变压器的两个馈电单元;
◆用于400V交流电配电变压器的两个馈电单元;

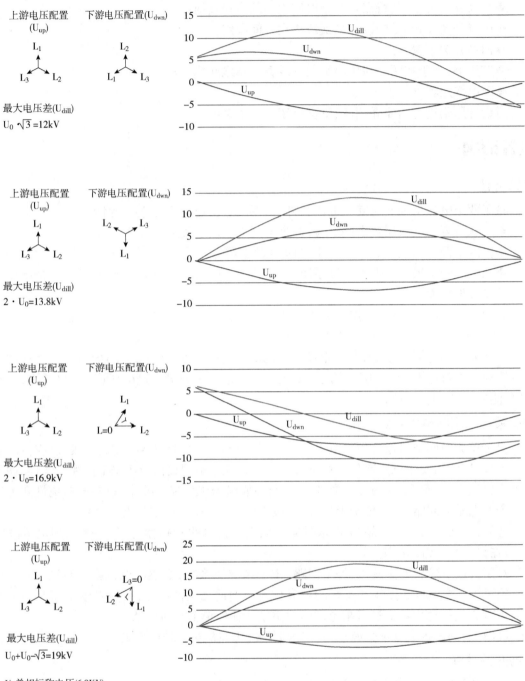

图 2 根据电网同步性和发生接地故障的最不利电压差
(Worst voltage difference according to the synchronism of the grids and presence of earth fault)

- ◆ 两条环路馈线;
- ◆ 一个母线断路器。

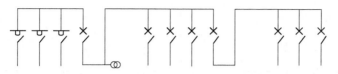

图 3　半岛开关装置的单线图（Single-line diagram of Peninsula switch gear）

除了上述主要断路器外,电路的主要特点是互锁。由通信承包商提供的可编程逻辑控制器（PLC）操作单元监控连接丹麦电网的电压状况,并通过与伦纳根的类似单元通信来控制主要断路器的开闭（见图4）。

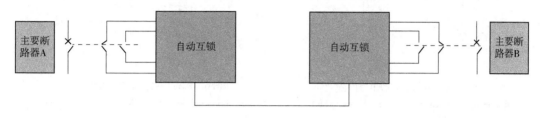

逻辑功能:$(A \times \overline{B}) \oplus (\overline{A} \times B)$

图 4　电网之间的互锁（Interlock between power grids）

## 中点开关装置

中点开关装置被分为两个单独的子开关装置并被安装在两间独立的房间里,以隔离两分支装置且使跳闸仅能影响其中之一。每个子开关装置由6个功能单元组成（见图5）：
◆两条环路馈线；
◆两条690V 交流电配电变压器馈线；
◆两条400V 交流电配电变压器馈线。

由于开关装置所在的房间比较狭小（2m）,两个配电盘由两个最大的成套隔间组成,通过母线干线单位连接两个隔间,以允许母线的连续性。

## 西岛开关装置

变压器的存在影响西岛开关装置的结构,该结构包括9个单元（图6）：
◆一个母线断路器；
◆两条环路馈线；
◆两条变压器馈线；
◆两条690V 交流电配电馈线。
◆两条400V 交流电配电馈线。

同样地,将两个21kV 环网柜安装在变压器下游,以向调压器提供其功能所需的21kV 电压读数。

## 变压器及调压器

变压器与调压器的尺寸标准被设计成完全冗余,即不管另一个变压器/调压器的状况,每个耦合变压器/调压器应能从丹麦电网或瑞典电网向整个电网馈电。因此,经过对几种情形（隧道内火灾、寒冷的冬天等）的研究后,将变压器的额定功率设置为10MVA,变压器及其馈线之间的标准240mm² 铜电缆增倍。

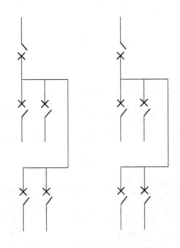
图 5　中点开关装置的单线图
(Single-line diagram of the midpoint switchgear)

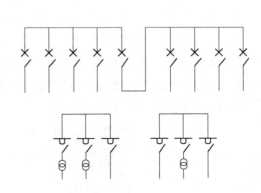
图 6　西岛开关装置的单线图
(Single-line diagram of the West Island switchgear)

由于电网长度和电力负荷变化(例如,根据交通提高通风水平和根据自然光照增加白天照明度时),需要调压器。

作者认为调压器是高压系统最具创意的方面。由于调压器在电网中的具体使用特点,调压器是特制的(见图7)。

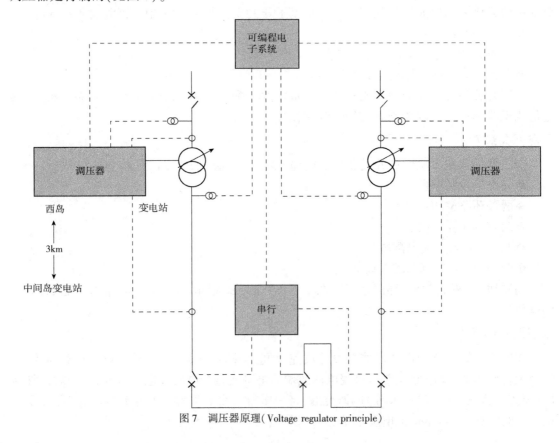
图 7　调压器原理(Voltage regulator principle)

◆馈电方向可逆,大多数调压器均设计为单个馈电方向(在该电网背景下,馈电方向指瑞典或丹麦)。

◆完全冗余原则,完全冗余原则影响确定两个变压器平行设置时哪个变压器应主导另一个进行调节的标准方法。

◆距 21kV 中间岛变电站的距离,需要在该距离处读出变压器反馈线专用的辅助触点的位置(以检测电网并行状态)。

◆2.1kV 电网上的低电力消耗的可能性(例如白天),会影响可逆调压器的馈电方向的标准方法的监测(通过电流检测电力方向);21kV 所需的潜在低电流可能低于变压器能检测的电平电流(由于测量中的不确定性)。

最后一点被证明最难满足。

在调压器内执行特殊功能,并根据以下原则操作特殊功能。如果在 10.5kV 侧打开馈电断路器(由于馈电断路器邻近调压器,所以很容易连接馈电断路器和调压器),则丹麦为馈电点;如果关闭馈电断路器,则瑞典为馈电点。

执行该功能以补充主要方法(通过电流变压器检测电力),但是在电网的调试期间,全负载测试表明调压器在上述情况下可错误地将瑞典检测为馈电点。已证实原因是 3km 长的电缆的电容性负载作用;主要检测系统可能将电容性负载读为瑞典至丹麦的电流。为了纠正这种情况,以保证在电流方向检测的自动化过程中被正确执行,必须保证延时过程中由于关闭 10.5kV 侧的馈电断路器的电容电流释放被完全释放。

**配电变压器**

配电变压器为干式变压器(通常用于此类装置),其额定功率范围为 1000~2500kVA。

分别计算射流风机处的可能性压降和荧光照明度后,设置二次额定电压,超出范围的电压电平影响电压性能。

# 可编程电子系统(PES)

隧道合同早于数据监控和采集(SCADA)系统合同两年后授予,SCADA 系统与 PES 相关。因此,设计要求限于:

◆内在可用度(定义为 $la = MTBF/[MTBF+MTTR]$,0.99954 的要求);

◆处理信号所需的响应时间(模拟/数字输入/输出);

◆选择 MMS 通信协议和以太网 10Mbit/s 作为通信网络;

◆与 SCADA 无关的一般陈述;

◆单一故障/事件后始终确保 50%功能性的要求。

在此基础上,相关承包商根据两条控制回路(半岛-中点-半岛和西岛-中点-西岛:见图8)为每个回路设计系统:

◆一对基于西门子 S7-400 设备和 Symatic 软件冗余的冗余 PES 单元,也称为可编程逻辑主控制器(MPLC);除了一般控制连接回路的管节外,这些单元确保直接控制隧道内纵向延伸的系统(通风、照明、配电及门)(见图9);

◆通过光纤实现的两条现场总线 DP 交错回路,在两个相邻的远程接线盒(RTB)之间具有使用交叉现场总线 DP 铜接头的通信备份；
◆各种 PLC(基于西门子 S7-300 设备)被用于服务在划定区域内的专用系统(例如消防装置、排水、HVAC、可移动障碍物)；
◆连接现场设备的 RTB,用于将其信号转播到 PES(见图 10)；
◆光连线模块(OLM),作为这些管节与现场总线之间的接口。

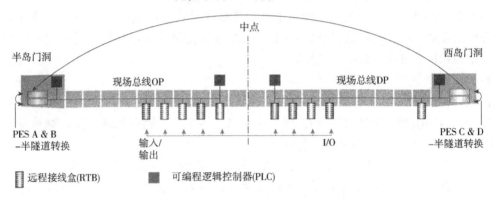

图 8　PES 的拓扑结构(Topology of the PES)

图 9　冗余 MPLC(Redundant MPLCs)

因为只有 RTB 触点不能复制,所以这种设置确保近乎完整的冗余。然而,现场设备并行的冗余和辅助触点的安全位置选择使关键系统能在即时发生 RTB 故障时仍能保持运行。

一旦设计出硬件和软件,业主、承包商及 SCADA 承包商会共同完成 PES 与 SCADA 系统之间的通信机制的定义。通过涉及会议、交换文件、两种系列工厂接口试验及两种系列现场集成试验的泛化过程完成定义。

最后,交付并调试该系统,具有以下特点：
◆硬件的 0.99999 内在可用度；
◆响应时间比规定时间短 35%～90%(见图 11)；
◆近乎完整的冗余。

图 10　中央走廊内的 RIB（RTB in the central gallery）

| 交换信号的类型 | 说　　明 | 预期响应时间 | 实测响应时间 | 提高 |
|---|---|---|---|---|
| 数字输入与输出 | 相同 PES 单元的数字输入与输出的状态改变基于至少五个条件的切换算法 | 0.2s | 0.024s | 88% |
| | PES 单元"A"的数字输入的状态改变与 PES 单元"B"的数字输出的状态改变基于至少五个条件的切换算法 | 0.4s | 热备用,一个 PES 周期(-0.1s) | 75% |
| 模拟输入 | RTB 终端的模拟输入值变化取决于 PES 以太网通信 | 0.5s | 0.32s | 36% |
| 数字输入 | 考虑到上述 PES 数字 I/O 响应时间(即 0.2s),还需 1.8s,用于通过 PES 设备处理数字输入(或输出) | 1.8s | 0.8s | 56% |

图 11　要求通过 PES 达到的时间响应

(Time responses required from and achieved by the PES)

## 690V 交流电配电系统

由于机械通风系统的重要作用,需要特别注意其配电系统。

射流风机排列为四组五排且接近变电站,以最大程度减少供电缆的长度,从而减小电压下降。在每组内,单个 1250kVA 配电变压器通过专用 240$mm^2$ 铜馈电电缆供应三排射流风机,其他两排射流风机与未来可能的扩展由第二配电变压器供应(同样通过专用电缆分别供应每排射流风机)(见图 12)。高压回路的不同分支通过专用的 690V 交流电总配电板供应每一对变压器,从而确保高压侧发生电力故障时整个机械通风系统不超过 15% 受损。

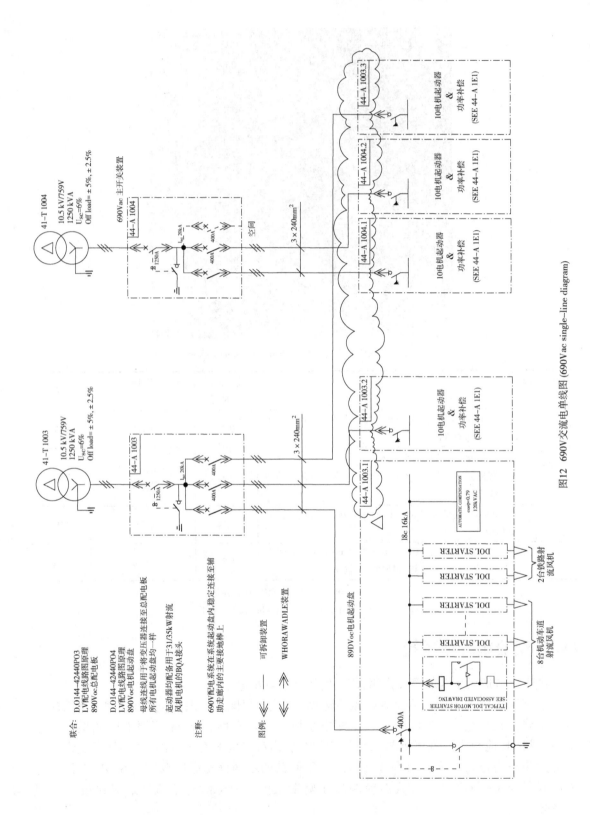

图12 690V交流电单线图(690Vac single-line diagram)

设计专用于射流风机的 20 个起动盘时,最大的困难是必须能拆卸起动盘,且由于中央走廊的宽度限制,起动盘安装在 400mm 的可用深度内。因此在设计具体抽屉时,要使抽屉沿横向而非标准方向(沿面板正面垂直方向)抽出。

## 400V 交流电配电系统

该系统排列为三条电路:
1. 标准电路 1;
2. 标准电路 2;
3. UPS。

标准电路 1 和标准电路 2 通过 400V 交流电专用总配电板对应来自不同配电变压器的供电(接下来是来自高压回路的不同分支),见图 14。

UPS 电路支持隧道内无间断负荷专用的供电:RTB、应急照明等。迄今为止,照明是隧道中该系统的最重要负荷,通到配电与照明表盘(DLP)的显示部分(见图 13)。

图 13　维修走廊内的 DLP(A DLP in the service gallery)

24 个 DLP 安装在三个配电柜内:两个配电柜用于标准电路 1 或标准电路 2(取决于照明系统的密度),一个配电柜用于 UPS。将 24 个 DLP 再分为四组六个单元,由相同的 150/185$mm^2$ 铜馈电电缆供应 DLP(出于压降考虑,并且根据配电长度)。因此,在发生故障时(高压主 400V 交流电或馈电电缆电平),不会影响来自相关高压分支的超过 25% 的负荷。通过机动车道照明布线图补偿负荷,在此情况下,机动车道照明布线图确保照明度降低时保持均匀(见图 15)。

在此基础上,一系列特殊配电功能被实施,例如自动转换(标准电路 1 与标准电路 2 之间),这些功能专用于消防装置和逃生走廊通风,并增加用于消防控制系统的 UPS 的电容量(达 48h)。

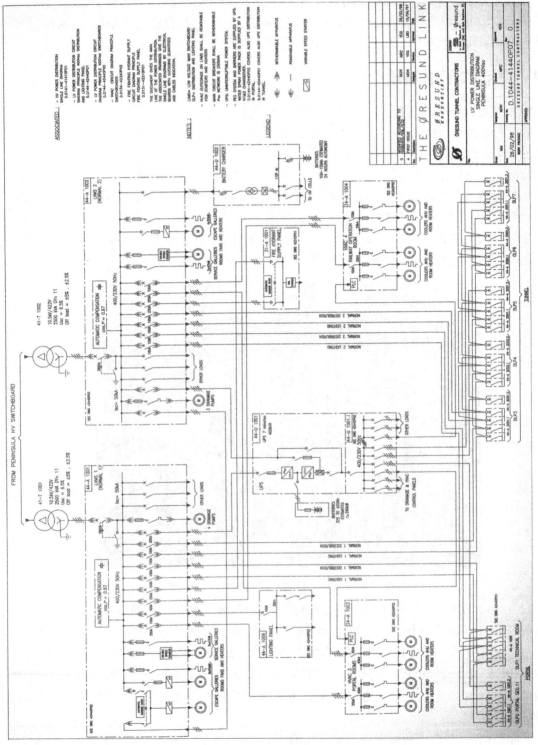

图14 400V交流电单线图(400Vac single-line diagram)

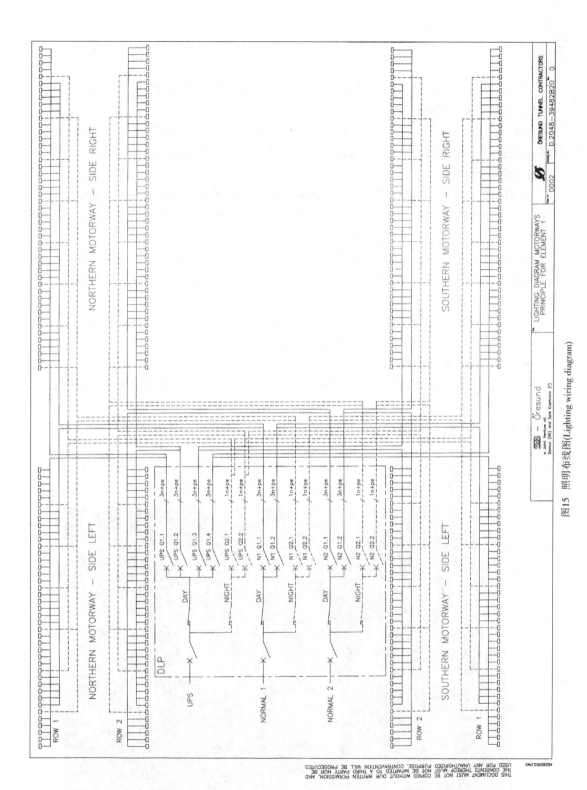

图15 照明布线图(Lighting wiring diagram)

# 结论

电气系统的总体设计无疑较成功,但是根据设计过程的类型,原因有所不同:

1. 无限制设计与制造

由于几乎完全没有与其他承包商的外部接口,低压系统与 PES 的硬件和软件均为无限制设计和制造,承包商通过考虑合同要求和土木工程优先权优化设计。

2. 局部设计与制造

局部设计与制造特别适用于 PES 的通信协议(必要)和高压系统。对此,承包商几乎完全可自由选择部件和技术,单由于许多外部接口(两个电力部门和四个相关承包商)以及随之对业主的需要介入设计过程,但仅限于方案设计。

根据作者的看法,对于允许无限制设计和制造的系统,一方面针对安全性、可用性、稳定性和适用性优化设计,另一方面针对承包商的施工优先权优化设计。两个系统均在设计过程中传递业主和承包商在投标阶段预期的效益。

由于以下原因,局部设计和制造过程中存在方案更改和重复:

◆ 授予隧道合同时,跨海系统内尚未定义的接口;
◆ 各承包商的不同步设计过程;
◆ 未知或未规定的终端用户的要求或期望,特别是在运行和维护时(任何组织在合同阶段均未识别);
◆ 相对独立的综合协调员,由某个部门协调设计,该部门也负责跨海系统的具体合同部分。

然而,因为冗余工程和装置使得在较短时间跨度内,在对寿命周期成本做出某些修改的情况下实现了投标阶段确定的目标,所以取得了与其他电气系统的安全和可靠性水平相似

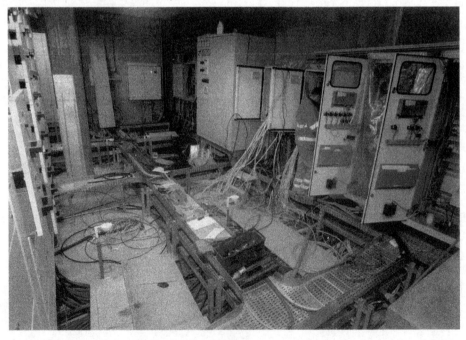

的安全和可靠性水平。

最终改进会实施类似于设计阶段的并行作业的过程:业主可授权其中一个协调承包商,以便承包商管理各方的并行设计过程,并根据全局方法向业主提出优化解决方案。在其统一协调下,业主以此通知所选承包商其全部优先权和待解决难题。

厄勒沉管隧道 The Tunnel(Oresund Technical Publications)

# 24 平行作业

厄勒海峡工程联合体

## 概述

厄勒海峡大桥项目涉及调度及协调同时或平行作业的多个承包商。为了协调"平行作业"(PW),将 16km 大桥分成显著不同的两部分:西部和东部。西部大桥约 8km 长,包括卡斯特罗普处的人工半岛、沉管隧道、两个口部结构和人工岛。东部包括约 8km 长的桥梁(人工岛到伦纳根)。

1998 年 10 月,厄勒海峡大桥业主联合体将协调任务委托给负责西部的隧道承包商和负责东部的桥梁承包商。协调任务包括管理、调度和协调平行作业的所有承包商和第三方。

图 1　铁路隧道内的平行作业(Parallel works in the railway tube)

## 修建大桥的承包商

*三大主要承包商*

负责建造大桥的三大主要承包商是:

◆厄勒隧道承包商(厄勒隧道联合体):负责人工半岛与人工岛之间的 4km 长隧道。该项目具有三个组成部分:

—半岛上的引道段和口部建筑;
—杜洛格敦下面的沉管隧道;
—人工岛上的引道段和口部建筑。

在 PW 过程中要求紧密协调的某些厄勒隧道联合体安装包括:防火、覆层、在隧道内安装铁路轨道、铺设沥青、14 个机电系统、测试、永久电力和供给跨海安装承包商的电路。应指出,机电装置在整个大桥上是最复杂的,总值为 4.5 亿丹麦克朗。

◆厄勒海洋合资企业(ØMJV):负责疏浚填海工程、卡斯特罗普的人工半岛及索尔特岛以南的人工岛。ØMJV 需要与其他承包商紧密协调的某些装修工程包括道路、管道组、高压装置、导轨、照明基础和电灯杆。

◆Sundlink 承包商:负责人工岛与瑞典之间的桥梁:

—西航道桥从人工岛向上通往高桥;

—斜拉高桥穿过 Flinte 海峡;

—东航道桥向下通往伦纳根的瑞典海岸。

**跨海安装承包商**

此外,与三大主要承包商平行作业的四个跨海安装承包商是:

◆Banverket Industridivision(BVT):负责连接卡斯特罗普和马尔默的丹麦与瑞典铁路网的双轨铁路。需要与其他承包商紧密协调的某些 BVI 安装包括压载和轨道安装、接触网系统、接地和连接以及自动列车控制。

◆Semco & SAIT-Devlonics I/S(S&S):通信承包商负责电话系统、无线电系统、数据通信系统、传输系统及网络管理系统。需要与其他单位紧密协调的某些 S&S 安装包括所有交通隧道和逃生走廊内的泄漏电缆(天线)以及安装维修走廊和铁路隧道内的光纤。

◆Sainco:负责安装数据监控和采集(SCADA)系统的承包商,SCADA 控制所有 14 个机电系统,例如通风、排水和照明。SCADA 系统包含跨海管理系统,跨海管理系统包括交通侦测器、可变信息标志、遥控障碍物、闭路电视(CCTV)摄像机及监控器。

◆ASØ 铁路集团:负责从哥本哈根的火车总站至卡斯特罗普,一直到隧道口部结构的丹麦陆地工程的全程铁路安装。与隧道承包商接口,至口部结构的安装包括轨道安装、接触网系统、互锁和厄勒隧道联合体、无线电、传输、电话和遥控系统。互锁与遥控系统持续穿过隧道,一直通往人工岛。

# 形成 PWB 的背景事件

1997 年末,Sundlink 通知业主自己能在 2000 年 1 月 1 日(大约比原竣工日期提前 4 个月)前完成有关桥梁的所有工程。Sundlink 宣布此事时,规划厄勒隧道联合体和 ØMJV 在 2000 年 5 月 15 前完成各自的工作,并安排四个跨海安装承包商在 2000 年 8 月 28 日前完成各自的工作。允许跨海承包商完成所有安装后进行三个月的调试,因此,厄勒海峡大桥不是原定于 2000 年 12 月 1 日前完工。

事件促使业主开始内部审查,以评估整个项目中可能的时间节省。

1998 年 1~4 月期间进行业主的内部进度审查,业主进行内部进度审查以评估 Sunlink 的建议书和整个项目的可能节省时间。审查包括:

◆评估隧道、疏浚/填海与桥梁合同是否能在比原先计划的时间早约四个半月的时间内合理完成设备安装。这意味着这三份合同必须在 2000 年 1 月 1 日前完成所有机电安装,包括测试。

◆调查跨海安装承包商是否能更早开始安装并在 2000 年 3 月 15 前完成安装,包括测试。

业主根据有关承包商的最新计划修改制定了一份基本协调计划:厄勒隧道联合体、ØMJV、Sundlink、BVI、S&S、Sainco 及 ASØ。该计划包括业主活动,例如调试以及准备运行阶

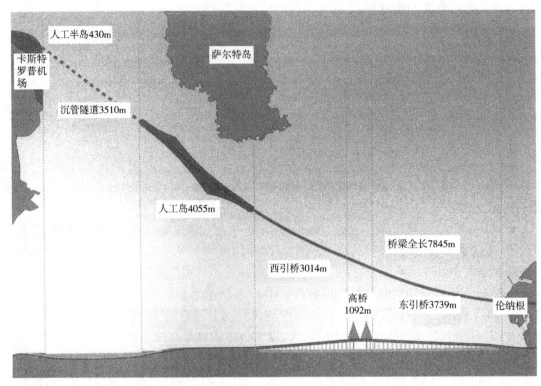

图 2　厄勒大桥的组成部分（The components of the Oresund Link）

段的任务。在此期间,业主在隧道与桥梁承包商的积极参与下积累了有关剩余实际工程和相关物流的必要知识。

业主的内部进度审查的结论是厄勒海峡大桥可比原竣工日期提前五个月投入运行。下表简述提议的进度改进：

|  | 原竣工日期 | 修改竣工日期 |
| --- | --- | --- |
| 隧道 | 2000年3月15日 | 2000年1月1日 |
| 疏浚/填海 | 2000年5月15日 | 2000年1月1日 |
| 跨海承包商 | 2000年8月28日 | 2000年3月15日 |
| 厄勒海峡大桥完工 | 2000年12月1日 | 2000年7月1日 |

为了满足新的竣工日期,必须查明一列关键路线里程碑日期,确定每个跨海承包商何时能交付装置,并将装置安装在隧道内和岛上。

**开发西半部的关键里程碑**

认真考虑以下方面后,得出这些里程碑：

◆实际修建隧道的顺序；

◆疏浚填海工程的顺序和状况；

◆后勤要求（工作空间及环境）；

◆资源（人力）可用性；

◆设备及材料的预计交货期。

为了说明问题,开发路线里程碑,供:

◆S&S 在隧道内安装泄漏馈电电缆;

◆ASØ 通过通往岛的隧道交付铁路车辆及道岔;

◆BVJ、S&S、SCADA 与 ASØ 在隧道维修走廊内安装机电设备;

◆BVI 在铁路孔内安装架空接触网系统;

◆完成铁路孔内的接触网系统,以备常规测试。

特别注意建立节点,以便向每个跨海安装承包商提供永久电力。

必须强调的是,在内部进度审查期间,业主意识到隧道内的所有机电系统的常规测试程序在关键路径上,因此对完成工程至关重要。隧道总共需要 14 个不同机电系统的常规测试,测试 4400 个信号。

为了确保常规测试程序不会引起关键路径的延迟,业主在隧道内启动挑战性二级常规测试程序,并增加两个关键节点。要求厄勒隧道联合体完成所有机电安装,包括在 1999 年 10 月 1 日前测试隧道的前半部分,2000 年 1 月 1 日前测试隧道的后半部分。

**承包商确保节点:1998 年 4~9 月**

一旦业主完成初步进度审查,并确定进度和节点比较实际且可实现,业主便与各承包商讨论确定里程碑日期。该过程的关键是制定和商定实际且可实现的协调计划。1998 年 4 月至 9 月,业主根据所有承包商和相关第三方的最新计划修改制定出一份基本协调计划。这个计划涉及施工过程中的其余施工和测试活动,并确定大桥东部和西部的所有活动。计划还包括业主的内部进度审查中确定的关键节点。

在此期间,业主在所有承包商的积极参与和同意下确定比较实际且可实现的基本协调计划。1998 年 9 月初,业主要求所有承包商确认与合同相关的基本协调计划和里程碑是可实现的。由此对各承包商发出变更通知,以确保实现节点日期。

**制定协调计划:1998 年 10~12 月**

一旦承包商确认基本协调计划,业主根据约定地理区域(东部和西部)制定详细协调计划。该计划仔细检查了交付关键设备和材料的物流及交通路线。制定详细协调计划也是为了确保适当协调东部和西部的活动,详细协调计划包括相对于准备运行阶段的业主活动,例如履行维修合同、教育程序员、有关当局审批该项目。

然后,业主根据从承包商和业主组织收到的最新规划信息每月更新详细协调计划。每个月都将这个计划复制并分发给承包商。

1998 年 10 月至 12 月期间,业主和厄勒隧道联合体与所有跨海安装承包商举行介绍性会议,详细讨论计划、协调及设计接口事宜。

# 现场协调代表团(1998 年 12 月~2000 年 3 月)

1998 年 10 月下旬,业主从隧道和桥梁承包商购买了与 PW 活动相关的协调与施工管理任务。这些施工管理服务从 1998 年 12 月开始,持续到 2000 年 3 月,厄勒隧道联合体负责大桥西部的全面协调,Sundlink 负责东部。要求厄勒隧道联合体和 Sundlink 制定适当程序和例行程序，以管理该过程。业主管理该过程并执行审计。

### 现场协调：基本责任

厄勒隧道联合体与 Sundlink 分别任命现场协调员作为独立公正的第三方。这些都需要紧密遵循计划和执行，包括所有 PW 的健康与安全。此外，现场协调员必须主动避免冲突、障碍、干扰和建议，提议并促进双方达成协议。要求业主、承包商和第三方随时可获得现场协调员的帮助，且现场协调员应向业主提交月度报告。此外，要求东部和西部的现场协调员相互协调，业主在双方现场协调员出席的情况下召开月会。

### 由隧道承包商组成的平行作业组（PWG）

1998 年 10 月，厄勒隧道联合体组建 PWG，PWG 包括一名 PW 协调经理、两名规划工程师、一名健康与安全专员、一名行政助理和两名现场协调员，以执行现场协调调度和协调职责。

### 月度计划及协调

PWG 召开月度计划协调会议，所有承包商在该会议上审查接下来 30 到 90 天的工作。承包商研究详细协调计划、确定可能发生冲突的领域、提出解决方案并参与解决施工问题。在会议上，鼓励所有人提出实际且可实现的时间安排，以最合乎逻辑的方法达到目标，并汇报改进情况和可能的进度延误。会议结束时，要求承包商根据会议上达成并总结的协议更新其合同活动计划。

承包商每个月底将更新计划转交业主，然后业主编制进度表并更新详细协调计划。每个承包商都获得更新详细协调计划的光盘，用于计划和跟进。

除了业主编制及更新的详细协调计划外，PWG 规划人员定期为每个区域编制协调计划综合图（简单柱状图）：半岛口部、隧道管节 1~20、岛口及人工岛。

### 周计划及协调

同样，PWG 召开周会，讨论健康与安全、现场协调事宜、规划工程活动与进入工作区。特别有用的是简单易懂的 6 周滚动进度表，从计划角度看，滚动进度表显示每个承包商计划在何时何地进行工作。

## 实际考虑或经验教训

总的来说，成功实现了 PW 目标：
◆ 承包商比原规划进度表提前 4 个月满足其里程碑并完成工作；
◆ 业主比原目标竣工时间提前 5 个月将整个大桥投入运行；
◆ 没有不能克服或影响进度的严重冲突；
◆ 确实发生的问题都得到令人满意且迅速的确认和解决；
◆ 安全进行工作，没有严重浪费时间或事故，质量与工艺均令人满意。

PW 的成功说起来很容易，但是这种规模的项目一定会出现冲突或问题。业主学到了什么教训，可以做什么使 PW 更好？

### PW−公正的重要性

早在 PW 初期（1999 年 1~4 月），几个参与者指出，PWG 花了些时间才"学会"公平公正地执行现场协调任务。某些承包商认为由厄勒隧道联合体组建构成的 PWG 有时偏向于厄勒隧道联合体。回想起来,业主应认识到完全脱离其母公司对 PWG 全体人员有一定的难度。对厄勒隧道联合体基本忠诚对于 PWG 全体人员来说是很自然的事。

在项目后期评价中,几个参与者建议,业主应要求厄勒隧道联合体从外部或独立来源雇佣 PWG 人员;而其他参与者则认为,业主应建立一个完全独立的 PWG 组织。然而,还有一些参与者认为,由于隧道承包商具有最有效管理现场协调的专门技能和工程知识,所以业主采用厄勒隧道联合体的服务是最合理的。

在最后分析中,业主认为在这种情况下采用厄勒隧道联合体的现场协调服务的决定是最佳解决方案。

### 集中隧道及跨海设计团队

某些承包商认为,业主组织有时对设计协调事宜的反应较迟钝。

业主的项目组织结构分为合同管理组,每个管理组负责管理具体施工合同。在 PW 期间,跨海组(包括铁路、通信及 SCADA 合同)、隧道/疏浚填海组及 ASØ 组均具有独立办事处。

回想起来,业主认为应将来自这三个组的设计工程师集中在同一屋檐下。这样应该会加快决策过程:确认和分配设计问题、收集和交流信息及评选最佳方案。

### 设计协调过程:SCADA 设计接口期间的进度控制

设计协调不是 PWG 工程范围的组成部分,业主负责设计协调任务。一些参与者认为,业主应更好协调设计接口或厄勒隧道联合体与 Sainco 和 SCADA 承包商之间的设计信息交流。问题的根源主要是 SCADA 与隧道合同之间缺乏清晰完整的设计接口。同样地,SCADA 设计信息交流是一个复杂的过程,涉及交换两个承包商之间的 8 个不同设计包。在设计阶段,延迟或收到不完整的某些设计包会产生"连锁反应",从而造成设计阶段的进一步延迟。

回想起来,业主的隧道管理组应早在此过程中额外聘请 SCADA 工程师,以严密监控 SCADA 设计接口,并在解决问题和决策过程中扮演更积极的角色。鉴于这种情况,业主现在认为应在跨海设计阶段设立 PW "设计"组。

### PWG 会议结构

PWG 在协调会议中必须面对许多参会人员。典型问题包括:

◆人太多:一个会议通常会有来自承包商和业主组织的 20~25 名参会人员。此外,许多分包商代表也会参加。这是一种优势也是必要的(由于许多承包商不知道其分包商身在何处或在做什么),但是由于会议增加了参会人员的数量,所以也是一种劣势。

◆代表未出席会议或更改参会人员或毫无准备地出席会议。

◆问题说明或会议期间制定的'行动'有时不完整或将"行动"分配给不适当的代表。

经再三考虑后,业主建议如下,以便更好开展会议:

◆制定会议规则,说明如何召开会议及谁将出席会议;

◆限制会议规模:一名承包商派一名代表,业主派一名代表;各承包商代表应代表其分包商;

◆各代表必须有权也有责任替他/她的组织作决定和承诺;

◆各代表在决策过程中应给予同等的重视；
◆同样的代表必须出席每次会议。

## 计划及进度

业主在本项目中的经验显示，致力于实际且可达到的计划会增加承包商提供有意义信息、作出明智的进度决策及坚守进度承诺的能力和信心。同样地，致力于实际且可达到的计划也必须扩及分包商。缜密而连续的计划可有效减少项目不确定性、加强合作并建立参与者之间的信任。

相反，业主发现在某些情况下，缺乏实际计划会降低承包商作出明智的进度决策和坚守进度承诺的能力或信心。在某些情况下，这增加了项目不确定性和挫折感、减少合作并减少参与者之间的信任。

## 以下内容应改进计划及进度

◆由于计划是一个"由下而上"的过程，所以必须始终反应实际执行施工活动的方式，并且要求管理和协调工作的施工管理团队的输入。然而，根据业主对本项目的观察，所以调度员在很少或没有施工管理团队的输入的情况下进行计划是很平常的。规划是一个需要来自不同来源的输入和信息的交互过程；例如评估、设计及采购部门、分包商和施工管理团队（最重要）。

◆重要的是，施工管理团队接受并致力于该计划，并与项目参与者适当沟通。

◆你所期待的是什么。由于业主管理整个项目，因此重要的是在项目启动时鼓励承包商致力于实际且可实现的计划和报告。据此，业主在项目初期"他所期待的是什么"及承包商的计划是很重要的，以便：

—审查范围：确保活动充分覆盖待执行的工程范围。

—审查网络规划：确保关键路径合乎逻辑且合理，且网络规划与承包商如何进行实际规划以与实施工作匹配。

—审查活动持续时间与人力：活动持续时间与执行活动所需的人力之间存在直接关系。验证关键活动持续时间与估计执行关键活动所需的人力相一致；

◆规划不是一件事情而是一个过程。完美计划可导致走错方向，改变是不可避免的。各方致力于连续检查和更新计划是非常重要的。

◆监控设计阶段：严密监控设计和采购阶段。

◆解决PWG以外合同事宜的方法：业主在PWG过程早期决定解决PWG会议以外的合同事宜。业主授权PWG明智且从实际上解决问题。在单独讨论会中解决所有合同事宜。因此，当问题成为合同问题时，PWG会避免参与者之间经常发生的冲突；参与者可专注于建设性地解决问题，而不是为自己辩护。

◆在项目早期，团队建设很有价值，它有助于促进或"推动"参与者之间的信任。业主组织和承包商组织由来自不同国籍、讲不同语言且具有不同管理能力、企业文化、经验和目标的个体组成。参与同一项目的所有人以他或她自己的专业、背景和经验看待一切，所以他们很自然会倾向于自己的方向。回想起来，PW过程早期的团队建设应该会缩短建立通信联系、建立项目目标承诺、（最重要的是）建立项目参与者之间的信任的时间。

## 信任和合作与沟通之相关性

总之，PW 的整体成功与参与者（业主、PWG 和承包商）通过沟通建立的信任和合作直接相关。各种合作是参与者之间进行有效和高效沟通的有效方式。在参与者之间设定类似目标或共同目标是建立有效和高效沟通的关键。参与者沟通如何在很大程度上是致力于满足项目目标和目的的功能。

在合适的时间给该项目配备合适的人在沟通过程中也很重要。在项目早期配有合适的员工可能会改进 SCADA 与隧道承包商之间的设计接口。

致力于及时准确地传递信息是有效沟通的另一个重要手段。对参与者来说，PWG 会议是识别问题、提出建设性解决方案及传递信息的有效讨论会。

当问题成为合同问题时，将合同事宜从 PWG 转移到单独的讨论会是避免参与者之间经常发生的冲突的有效手段。参与者可集中精力解决问题，而不是为自己辩护。

致力于实际且可达到的计划对沟通过程也很重要。缜密而连续的计划可有效减少项目不确定性、提高坚守承诺的能力，反过来这又加强合作并建立参与者之间的信任。

致力于良好沟通需要耐心、坚持与毅力。参与者之间越坦诚和诚实，相互之间的合作和信任越多。如果沟通真实且值得尊重，那么大多数问题都会得到迅速解决。信任可从根本上避免冲突。

图 3　铺设沥青（Asphalt laying）

# 25 厄勒连接线的大地测量控制

**PER LYKKE LARSEN**
**LARS DALL**
MSC 大地测量学和测量学（两类）
DHI 水与环境协会

## 概述

厄勒海峡大桥的跨海部分包括三份分包合同和三大主承包商。同时,很多分包商均参与该项目。各承包商在不同位置开展其工作。由于有几个相对独立的团体参与本项目,为达到严格的施工限差要求,有必要采用一个共同的、精确且无张力的统一测量系统开展与厄勒海峡大桥施工相关的所有设计、施工工程、报告和制图。尽管在动工之前有多个大地测量控制系统用于厄勒海峡两侧,但是无一满足这些基本要求。因此,决定为本项目建立一个专用系统。该系统被命名为"DKS 系统"。DK 指丹麦,S 指瑞典。

## 确定

1990 年,成立了瑞典–丹麦 DKS 合资集团,确定了对整个厄勒海峡项目专用大地测量网络的要求。基于对预期施工要求的评估,该团体简要概括如下:

◆ 确定与该区域所采用的现有大地测量控制系统相关的转换参数,包括 WGS-84 系统;
◆ 确定涵盖整个施工区域的地图投影;
◆ 评估该区域所用垂直系统之间的高差,包括现有大地水准面模型的有效性评估;
◆ 对大地测量控制站的网络进行勘察;
◆ 确定针对此类网络实际测量和后加工的具体要求。

### 垂直控制

传统水准测量沿铅垂线方向到大地水准面的距离,大地水准面上的重力会有局部变化,大地水准面模型代表了整个地球,考虑了重力对地表的影响。地心和地表物体的变化带来重力的局部变化,从而产生大地水准面及其不规则波动。

当采用全球定位系统（GPS）等卫星定位系统时,大地水准面差距（$N$）用于确定正高（$H$）。原则上,由于GPS系统会产生大地高($h$),因此大地高用近似公式 $h=H+N$ 表达(如图1所示)(注意下面图形中的名词请自己改正,$h$代表大地高,$H$代表正高,$N$代表大地水准面差距)。

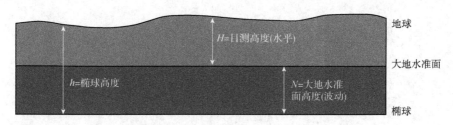

图1　目测高度测定(Orthometric height-eatimation)

为了充分利用 GPS 技术的优势,需要精确了解整个施工区域的大地水准面,这是至关重要的,并且这正是对 DKS 系统的垂直部分进行定义所要考虑的因素。

**建立大地水准面**

DKS 团体的重要任务之一是评估厄勒海峡两侧所用垂直系统之间的高差。评估可采取多种方式,但是最精确的方式是进行"静力水准测量"。通过一条充满脱氧水的管道,等位基准面可准确地与两个或以上不同位置的垂直控制站相连接(如马尔默、卡斯特罗普、Peberholm)。因此,产生的参考基准正高差的精确度可小于1mm。但是,对于本项目,该方面存在两个严重不足。(a) 成本相对较高；(b) 提供的信息对主要施工区域(大海和人工岛屿)现有大地水准面的改良作用微乎其微。

另一个方案是集中区域现有所有相关数据的优势,并将其再加工从而生成一个崭新的、改良的大地水准面模型。数据包括：

◆赫耳辛格与赫尔辛堡之间的静力水准测量；

◆20世纪90年代初,丹麦大地测量研究所（KMS）和 Lantmateriverket 分别对厄勒的丹麦和瑞典两侧开展的精确水准测量活动；

◆1992年对厄勒两侧垂直网大桥进行的 GPS 高度测量；

◆现有 NKG89 椭球,包括斯堪的纳维亚；

◆现有重力测量数据。

由于萨尔特岛或两条航道(杜洛格敦和Flinte)均无重力测量数据可用,所以决定在现有数据的基础上增加16次重力/GPS 测量。其中,在萨尔特岛进行4次,Vestamager3 次,Flinte 海峡 4 次以及马尔默周围 4 次(图2)。

通过评估再加工的 DKS 大地水准面,其与 NKG89 之间±30 mm 的差异显露出来。更为有趣的是,Peberholm 区域周围施工场地内 2-3011 的"丘陵"在 NKG89 大地水准面中消失不见了。同时,预计 DKS 大地水准面的标准偏差范围在 10~20mm 范围内。

根据新的大地水准面分析丹麦高度系统、DNN-GI、马尔默高度系统和 MKH 之间的差异,显示出以下标准偏差为 14mm 的结果：

$$高程_{MKH} = 高程_{DNN-GI} + 14mm$$

目前,决定将 DKS 系统的垂直基准设定为 MKH 和 DNN-GI 系统之间的平均值。因此：

$$\text{高程}_{DKS} = \text{高程}_{MKH} - 7\text{mm} = \text{高程}_{DNN-GI} + 7\text{mm}$$

这些关系与 DKS 大地水准面(见图 3)一起构成 DKS 系统垂直部分的逻辑定义。

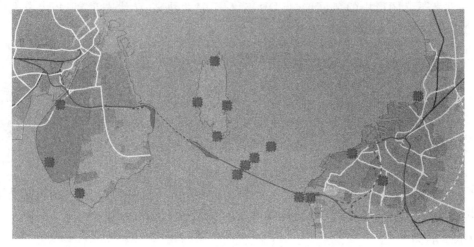

图 2　大地水准面改良需进行的重力/GPS 测量系统
( New gravity/GPS measurements for geoid-improvement)

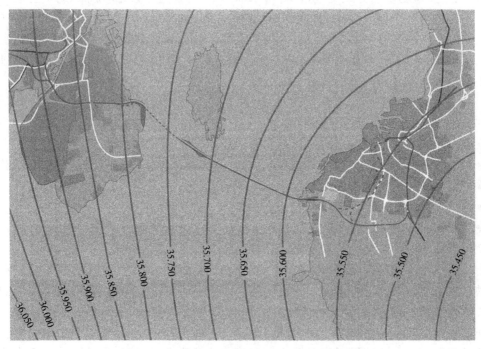

图 3　DKS 大地水准面(The DKS geoid)

# 水平控制

### 水平基准

　　大地测量基准规定了地球的尺寸和形状以及用于绘制的坐标系原点和方向。地球的尺寸和形状通常由参考椭球定义,依据其长半径(赤道半径)和扁率(赤道半径与极半径之间的关系)。椭球表示地球在大地水准面以上约100m以内。

可采用多种方式实现基准转换。整个基准转换统一采用七个参数转换来确定(也称为三维Helmert转换)。这七个参数包括围绕三条轴的三个旋度、三个平移参数以及一个比例因子。

当发现现有网络内存在意料之外的坐标拉伸时,则需要对不同基准之间的关系进行验后确定。在此情况下,通常需要更复杂的关系式,如线性近似公式,某种程度上来说,即多项式。此类多项式基于实际网络之间经严格经验证明的关系。

在本项目中,不同因素,主要是那些与区域内现有基准相关的因素决定着DKS基准的最终定义。

虽然已决定DKS系统为本项目专用,但是也不得忽略其与其他系统之间的联系因素。参数的详细信息将在下一节中阐述,在该节中定义了地图投影参数。

## 地图投影的定义

地图投影将地球表面或部分地表投影到一个平面上(一张纸))。在尝试采用单一的曲率将双曲面转换为直角坐标网期间,总是会出现距离、方向、比例和区域等不一致的扭曲变形。一些投影会以牺牲其他方面的性质来使某些性质的变形最小化。而其他投影则是再次尝试减少所有性质的变形的结果。

对厄勒海峡项目而言,虽然将所有性质的变形控制在一定限制范围内很重要,但是比例和距离性质必须优先考虑。该组合通过横轴墨卡托投影(TM)完成,其中球体投影在与中央子午线相切的柱面上。许多国家格网系统均基于TM投影;世界范围内广泛采用的UTM投影为TM投影中的一种。TM投影采用以下参数统一定义:椭球、中央子午线、比例尺、中央子午线处的比例尺、东移假定值和北移假定值。DKS定义如下:

◆ 投影:TM投影(Gauss-Kriiger等角投影)
◆ 椭球:国际1924
◆ 中央子午线:12°48′东
◆ 中央子午线处的比例:0.999999
◆ 东移假定值:119000
◆ 北移假定值:-5895000

## 基准的定义

基准转换根据实际网络定义,即通过第五级多项式进行。1993年,厄勒海峡大桥业主联合体发布首版"DKS坐标系及测量",其中规定DKS与该区域更常用的坐标系之间通过多项式转换。此外,"DKS坐标系及测量"采用一个转换程序制定,在该程序内实现DKS大地水准面模型之间的规定转换。最后,"DKS坐标系及测量"包括DKS系统、WGS 84(及之后的EUREF89)、UTM、34系统和RT90中规定的相对于所有第一级DKS控制站和基准点的坐标。

因此,不包括基准的传统方法。根据相对控制站的坐标(如在DKS和WGS-84中),如有必要,用户有责任创建此类七个参数转换组。但是,应包括含有大地水准面的七个参数转换实例。

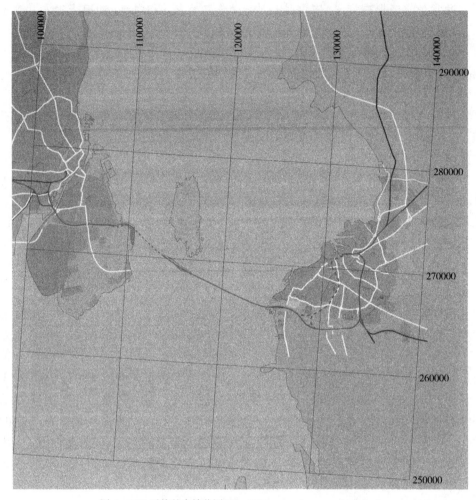

图4 DKS系统的有效范围(The DKS system's area of validity)

**实现**

1993年,建立并测量了DKS主控制网络。该网络由几个站构成,分包位于厄勒两侧以及萨尔特岛和厄勒海峡内所选灯塔上。就物理条件而言,控制站在区域内采用混凝土支柱或混凝土浇注的建筑物、灯塔等。网络被划分为水平和垂直网络。见图5。

**水平系统**

水平网络最初由19个控制站组成,其中14个用户可直接使用。在这14个控制站中,7个位于厄勒海峡的瑞典侧,4个位于丹麦侧,3个位于厄勒内的灯塔上。水平网络采用静态GPS建立,并进行了两次单独的GPS测量;同时,其结果通过传统地面测量抽查并由KMS进行了复查。水平网络每半年进行一次控制测量,主要采用静态GPS程序。因此,经过评估,一旦控制站坐标不满足要求,则会发布修订版。

**垂直系统**

垂直网络最初由11个基准点组成。其中,7个位于瑞典侧(其中两个位于厄勒海峡内

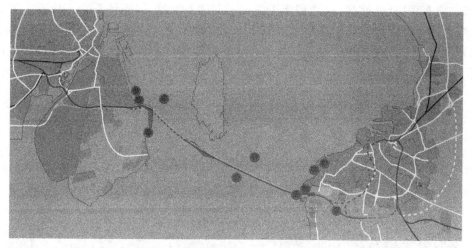

图 5　DKS 控制站和基准点（DKS control stations and benchmarks）

的灯塔上），4 个位于厄勒的丹麦侧（其中一个位于灯塔上）。系统同时采用传统地面精密水准测量和静态 GPS 测量建立。除厄勒内的灯塔站每年作为 GPS 路线的一部分测量外，垂直网络每年进行一次控制测量。

## RTK 系统

与 DKS 控制站一样，在整个项目期间，业主厄勒海峡大桥业主联合体建立并管理永久性 GPS／RTK（实时动态）基准站（世界第一网络）。该网络由 5 个永久性基准站和 1 个移动站组成（图 6）。在每个基准站，设立一个"多功能基准站"持续检测 RTK 网络各部分的可靠性，以确保在使用系统时用户的高度安全性。

在 DKS 系统内，RTK 站坐标通过垂直和水平方式确定，并被视为相对控制站的一个电子当量。在 1 天 24 个小时内，各 RTK 站通过超高频无线电以 1Hz 的频率生成并告知各用户校正处。业主向所有指定用户供应无线调制解调器，以及可支持国际认可的厄勒隧道联合体 M 交换格式的双频 GPS 接收器，由此可实时获得精确的坐标，其在整个施工区域内的。

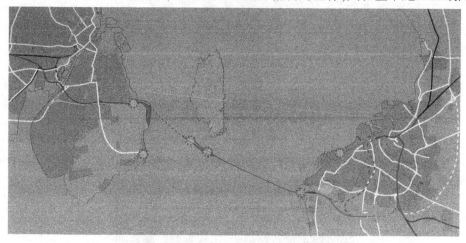

图 6　RTK 网络中的基准站（Reference stations in the RTK-chain）

同时,应布置网络确保其可覆盖至少三个不同的基准站,以保证整个工作区的冗余性和比较性观测值。最后关于各基准站的原 RINEX(接收器独立交换)格式的 GPS 观察值会被自动采集并存储,且通过 BBS(公告板业务)可予以使用。这些数据主要用于与大地测量网络应用相关静态程序。

图 7　隧道预制厂内测量(Surveying in the tunnel factory)

## 结论

总的来说，DKS 系统可达到其功能要求，但是在项目期间也得到了一些教训。这些教训以及未来在类似大型施工项目中大地测量控制方法的一些想法概括如下。

### 大地水准面模型

项目期间，由于承包商面临严格的施工和测量要求，大地水准面的精确度备受争议。其主要问题是，厄勒海峡中的大地水准面质量并不比 1987 年对整个费马恩海峡进行的静力水准测量好，而 1987 年的测量反映出了 76mm 的不一致性。

在铺设最后一段管节后，首次在卡斯特罗普半岛与人工岛屿 Peberholm 的东部之间建立了精密的水准测量，其 23mm 的不一致性主要源自 DKS 大地水准面。这明显优于引起忧虑的费马恩海峡的结果。但是，问题仍然存在，即采用静力水准测量而非仅仅依靠现有数据是否更具成本效益。毫无疑问，该结论可消除关于项目期间大地水准面模型质量方面的疑虑。

### 基准转换

DKS 坐标系及测量仅包含一个七个参数转换的事实引起了一定的混淆。传统上，所有总承包商项目中所用的海上在线导航和数据采集系统等，均采用七个参数转换来转换 WGS-84 基准中获得的观测值。因此，推荐在将来的类似项目上，发布更加正式的七个参数转换组作为大地测量控制系统的一部分，最好应包括大地水准面模型。此外，加上质量指标，使用户可以评估其具体要求是否得到满足。

图 8　多功能浮船（Multi Purpose Pontoon）

### EUREF89、无张力 GPS 网

虽然 WGS-84 基准的定义在世界范围内使用，但是其实现却远不统一且无张力。由于这通常与国家地图网相关，因此，受传统地面测量方法的限制，边境区域处的张力不是最小。

就本项目而言,丹麦和瑞典第一级 DKS 控制站之间的 WGS-84 坐标在水平和垂直方向出现了 40~50mm 的水平拉伸。补救办法是实施更大区域的测量,以此避免固有拉伸。而 EU-REF89 基准可实现该目的。1989 年进行了包括西欧地域在内的首次测量活动。自此,其他 GPS 活动相继展开,不但改良了之前测量活动的结果还将地域扩大至东欧地区。

第二版"DKS 坐标系及测量"包括相对于 DKS 站的 EUREF89 坐标。可惜的是,这些坐标中的拉伸幅度类似于 WGS-84 坐标。因此,建议将来采用 EUREF89 实际坐标。

## RTK 基准站

就精确度而言,RTK 网的各部分、基准站属于相对控制站的电子当量,但当涉及到责任时则并非如此。但是,业主应承担与物理控制站、RTK 网使用相关的所有责任。当然,由于其并非各种合同文件的组成部分,仍由用户自行决定。

网络被多数承包商广泛使用,并非仅因为其精确度完全满足永久性物理控制站。由于业主对 RTK 网络的控制程度远高于相关物理控制站,对于 RTK-网络的使用,业主的责任限制须视为无关紧要的限制。

## 虚拟基准站

众所周知,当今卫星历表以及对流层与电离层误差带来的系统效益的影响限制了 RTK 定位。基准站网络可对 RTK 定位进行校正。但是,由于各种系统误差,要求网络非常密集,即如果需要在网络区域实现精确定位,站间距离必须非常短。这尤其适用于今后几年内的最大太阳活动期间。

图 9　与沉管浮运船相连接的隧道管节
(Tunnel element tied to immersion pontoons)

为响应和切实解决这些问题,引入了"虚拟基准站"(VRS)的概念。通过模拟水平位置的相关系统误差,该概念允许基准站数据的消除/减少,从而在不降低系统精确度和可靠性的情况下,增大基准站与 RTK 飞行器之间的距离。当前,世界范围内已建立

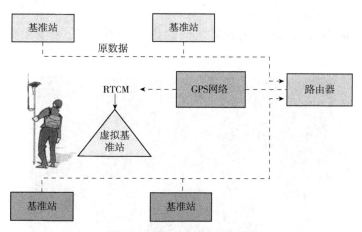

图 10 虚拟基准网络中的数据流
(Data-flow in a virtual reference network)

了数个第二代 RTK 网络。因此,毫无疑问,将来会调整与大型项目有关的大地测量控制参数的要求,如:

◆ 仅在极端情况下方可引入专用 RTK 网络。但是,如果现有 RTK 网络的精确度不能满足要求,那么应在现有网络中增加一个或多个基准站。

◆ 大型第二代 RTK 系统坐标的定义依据 EUREF89 或类似的无张力网络。

◆额外设立物理控制站和基准点。

◆在 VRS 环境中,基准站与飞行器之间的距离微不足道,可采用更简单、便捷的单频 GPS。

# 26 事实与数据

# 概述

| 关键日期： | |
|---|---|
| 招标日 | 1995 年 3 月 1 日 |
| 合同签订日期 | 1995 年 7 月 17 日 |
| 浇注第一节管段 | 1996 年 12 月 2 日 |
| 浇注最后一节管段 | 1998 年 12 月 3 日 |
| 浇注第一段管节 | 1997 年 8 月 8 日 |
| 浇注最后一段管节 | 1999 年 1 月 6 日 |
| 交接日 | 2000 年 3 月 31 日 |
| 通车日 | 2000 年 7 月 1 日 |

| 施工成本设计 | | |
|---|---|---|
| 最终合同金额 | | 41 亿丹麦克朗 |
| | 包括价格调整和变更通知单等在内的最终合同金额 | |
| 几何尺寸： | | |
| 隧道总长： | | 4 050m |
| 沉管隧道段： | | 3 510m |
| 暗埋段,Peberholm： | | 270m |
| 暗埋段,卡斯特罗普半岛： | | 270m |
| 引道段,Peberholm： | | 680m |
| 引道段,卡斯特罗普半岛： | | 440m |
| 隧道管节数： | | 20 |
| 每段管节的管段数： | | 8 |
| 各隧道管节长度： | | 175.5m |
| 各隧道管段的长度： | | 22.0m |
| 隧道管节的总高度： | | 8.6m |
| 隧道管节的总宽度： | | 38.7m |
| 水平线形： | 直线 | |
| 垂直线形： | | |
| 机动车道： | 西引道段： | 0.5% |
| | 东引道段： | 2.5% |
| | 沉管隧道段： | 0.3% |
| | 海平面下最深点： | −21m |
| 铁路： | 最大坡度： | 1.56% |

| 隧道基槽： | |
|---|---|
| 最深开挖点： | 23m |
| 宽度： | 41m |
| 边坡： | 3∶1 |
| 长度： | 3 500m |

| 尺寸和重量： | | |
|---|---|---|
| 隧道管节 | 基础标高： | −10m 至−22m |
| | 重量： | 550MN(55 000t) |

| 通风系统： | 通风装置数量： | 200 |
|---|---|---|
| | 各机动车道隧道内的通风装置数量： | 80 |
| | 各铁路隧道内的通风装置数量： | 20 |
| | 中央隧道处通风装置产生的最大风速： | 10m/s |

| 数量： | |
|---|---|
| 隧道管节用混凝土： | 445000 m³ |
| 隧道管节用钢筋： | 40000t |
| 现浇入口和引道段用混凝土： | 130000 m³ |
| 现浇混凝土用钢筋： | 15000t |
| 压载混凝土总量： | 97000 m³ |
| 隧道基槽的总开挖量： | 2200000m³ |
| 所含哥本哈根石灰岩： | 2000000m³ |

哥本哈根石灰岩的燧石量约为20%。